フェレンツ・フリッチャイ

理想の音楽を追い続けて

大脇 利雄 Toshio Ohwaki

Ferenc Fricsay
1914-1963

アルファベータブックス

フェレンツ・フリッチャイ　理想の音楽を追い続けて

目次

第三章　ウィーン客演とザルツブルク音楽祭デビュー　72

コラム3　リハーサル～曲から想起されるイメージ、色彩～　101

第四章　ベルリン・デビューとＲＩＡＳ交響楽団首席指揮者就任　105

（第一期ベルリン時代その一）

コラム4　最初の妻、マルタについて　144

フェレンツ・フリッチャイ　理想の音楽を追い続けて

はじめに

この本は、第二次世界大戦後、ベルリンを中心に活躍し、将来を嘱望されていたにもかかわらず、病気により四十八歳という若さで亡くなったハンガリー生まれの指揮者、フェレンツ・フリッチャイ（一九一四〜一九六三）の伝記である。

フリッチャイは、ヨーロッパで絶大な人気を博していて、日本国内でもＬＰレコードが多数発売されるなどかなりの知名度があった。記録媒体がＣＤに移ったあとも、国内盤で七十枚にも及ぶ全集ものが発売されたこともある。現在でも、国内で代表的な指揮者を百名挙げると大体ランクインする。二〇一四年に発刊された『偉大なる指揮者たち』（クリスチャン・メルラン著、神奈川夏子訳、ヤマハミュージックエンタテイメントホールディングス）では、伝説的指揮者五十名の中に入っている。

しかし、書籍となると寂しい限りである。一九六二年に発刊されたフリッチャイ唯一の著作『モーツァルトとバルトーク』（*Über Mozart und Bartok*）と、一九六四年に発刊されたフリッチャイゆかりの人たちによる追悼文と写真集を合わせた本『フェレンツ・フリッチャイを偲んで』（Friedrich Herzfeld（hrsg）: *Ferenc Fricsay Ein Gedenkbuch*）を翻訳した『伝説の指揮者　フェレンツ・フリッチャイ　自伝・音楽論・讃辞・記録・写真』が二〇一五年に発刊されるまでは、日本語の本でフリッチャイをテーマにしたものは皆無であった。
実は、海外を見渡しても、書籍は少ない。『モーツァルトとバルトーク』、『フェレンツ・フリッチャイを偲んで』のほかには、講演（フリッチャイと親交の深かったオーケストラの関係者が一九七五年にベルリンで開いた）と、演奏会や録音の記録をまとめた本『フェレンツ・フリッチャイ　回顧と展望』（*Ferenc Fricsay Retrospektive Perspektive*）が一九八八年に発刊されたくらいである。また、スウェーデン、ハンガリーでもフリッチャイをテーマにした本が発刊されていたようだが、国際的な市場にのっておらず入手困難である。

こうして見ると、これまでフリッチャイの生誕から死にいたるまでを辿った伝記はなかったのではないかと思われる（もちろん、スウェーデンとハンガリーで発刊された本の内容は不明であるが）。二〇二三年に没後六十年を迎え、翌年には生誕百十年を迎えるが、このような状況のなかで、フリッチャイを愛好している筆者が伝記を執筆できる機会を得られたことは、大変幸運なことであり、望外の喜びである。

本書は、フリッチャイの生涯をほぼ年代順に辿ったものであり、指揮者としての活動のほか、家庭での生活や親しい友たちとの交流も含まれている。ここでは、生涯を六つの時期に分けている。

★幼少期から大学卒業まで（一九一四年〜一九三三年、〇歳〜十九歳）――幼少期からあらゆる楽器を習い、また大学で作曲を履修し、指揮者としての素地を培った時期である。

★セゲドでの指揮者時代（一九三三年〜一九四六年、十九歳〜三十一歳）――指揮者として実力を蓄えた時期である。ここでは軍楽隊の指揮者として採用されたほか、セゲドのアマチュア・オーケストラの指揮者にもなった。のちにセゲドで歌劇の指揮も任されるようになり、歌劇上演では、指揮者のほか舞台装置の選択や作成、歌手の演技指導などあらゆる役割を担った（ブダペスト国立歌劇場デビューを含む）。

★ウィーン時代（一九四六年〜一九四八年、三十一歳〜三十四歳）――指揮者として世界的に認められるようになった時期である。ウィーンに招かれ、またザルツブルク音楽祭でクレンペラーの代役として現代歌劇の初演を行い、世界的に注目を浴びた。

★第一期ベルリン時代（一九四八年〜一九五四年、三十四歳〜四十歳）――創立して間もないＲＩＡＳ交響楽団（のちのベルリン放送交響楽団、今日のベルリン・ドイツ交響楽団）の首席指揮者に就任。このオーケストラを育成し、トスカニーニを思わせる硬質なサウンドと速いテンポで緊密なアンサンブルを確立、ベルリン・フィルハーモニー管弦楽団と肩を並べるまでになった。また、レコード録音を開始し、日本でも知られるようになった（この時期はコンテンツが多いため、二つの章に分けた）。

★ヒューストン、ミュンヘン時代（一九五四年〜一九五八年、四十歳〜四十四歳）――わずか八週間で終わったヒューストン交響楽団の常任指揮者、その後のフリーランスを経て、バイエルン州立歌劇場の音楽総監督を務めた時期である。この時期は、オーケストラの運営でトラブルが発生し、フリッチャイにとって不遇の時でもあった。芸風は、トスカニーニ的であったり、ロマンティックな方向も見られたりと、模索の時期でもあったようだ。

★第二期ベルリン時代（一九五九年～一九六三年、四十五歳～四十八歳）――生死をさまようような大病から回復してからの活動の時期である。再びベルリン放送交響楽団（ＲＩＡＳ交響楽団から改名）の首席指揮者に就任、芸風もフルトヴェングラーを思わせるようなものに変わり、絶大な人気を博したが、病気が再発し四十八歳の若さで亡くなった。

付章では、フリッチャイが遺した録音の中で、筆者が特に忘れ難い演奏をセレクトして紹介している。フリッチャイは、専属契約を結んでいたドイツ・グラモフォンに約百枚のＬＰレコードを録音したが、近年はその他の放送録音やライヴ録音も多く発売されており、正規のスタジオ録音に迫る勢いである。巻末には、商品化された録音の全て（ＹｏｕＴｕｂｅ等ウェブサイトで視聴可能なものも含む）を記載したディスコグラフィを掲載した。

この本を、フリッチャイという人間とその芸術を理解する一助にしていただければと願ってやまない。

●フリッチャイ関連地図（ヨーロッパ）

※地名のあとの（　）内の数字は、主な関係章を示す

●フリッチャイ関連地図（ベルリン）

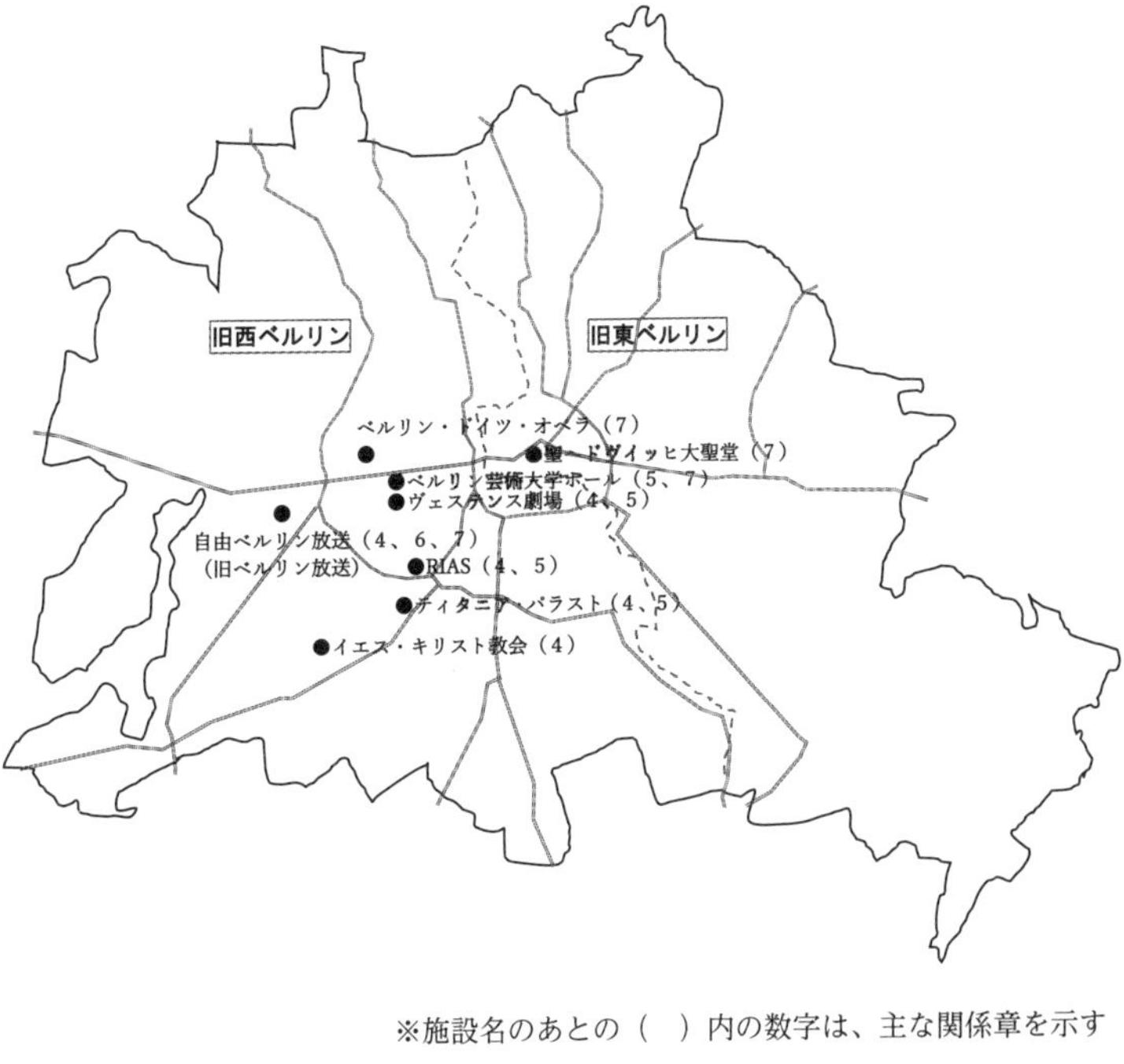

※施設名のあとの（　）内の数字は、主な関係章を示す

第一章　幼少期から大学卒業まで

生誕

フェレンツ・フリッチャイは、一九一四年八月九日、ハンガリーの首都、ブダペストの八区にあるアパートの六階で生まれた。明るい陽射しの正午のことであった。ミドルネームも入れた正式の名前は、フェレンツ・カール・フリッチャイ（Ferenc Karl Fricsay）である。

アパートの反対側には、フリッチャイがのちに入学する予定の小学校があったが、そこはちょうど、出兵する兵士たちで一杯であった。オーストリア＝ハンガリー二重帝国の最高位の武将が動員をかけたからである。

当時のオーストリア＝ハンガリー二重帝国の状況は次のとおりである。

・一八〇六年　九〜十世紀から現在のドイツ、オーストリア、チェコ、イタリア北部を中心に統治していた神聖ローマ帝国が崩壊、チェコ（当時のボヘミア王国）もハンガリー（当時のハンガリー王国）もオーストリア帝国領となった。

・一八四八年　ハンガリーが独立宣言。
・一八六七年　オーストリア皇帝がハンガリーの皇帝にもなり、一人の皇帝、二つの国（政治）という、オーストリア＝ハンガリー二重帝国成立。
・一八七八年　オーストリア帝国が、ボスニア・ヘルツェゴビナを占領、一九〇八年には併合を宣言。
・一九一四年六月二十八日　オーストリア＝ハンガリー二重帝国の皇位継承者で、オーストリア＝ハンガリー軍の全軍監察官のフランツ・フェルディナント大公が、妻ゾフィーと、ボスニア・ヘルツェゴビナの首都サラエヴォに軍事演習の視察に行った際、ボスニア系セルビア人青年、カヴリロ・プリンツィプによって暗殺された。
・一九一四年七月二十八日　暗殺事件究明の外交交渉も成果なく、オーストリア＝ハンガリー二重帝国は、セルビアに宣戦を布告した。以後、周辺各国がそれぞれを支持、支援し第一次世界大戦が勃発した。

このようなことで、ブダペストでもまさに兵士たちが出兵するところであった。

そのときの助産師の話によると、フリッチャイは兵士たちが到着した時、大きな泣き声を発したとのことである。

父はリヒャルト・フリッチャイで、一八六七年、チェコのクレムシーエルの生まれ。母はベルタ・レンジェル、一八七六年生まれである。ユダヤ系とする資料もあるが、くわしいことはわからない。母は、のちにフリッチャイが終の棲家としたエルマティンゲンの自宅で一緒に暮らしている。

フリッチャイ一家は、元々チェコ（当時のボヘミア王国）に住んでいて、祖父はオロモーツの教会のテノール歌手をしていた。父、そしてフリッチャイも祖父のそのテノールの声質を引き継いだ。フリッチャイ自身は歌手にならなかったが、指揮をするうえで、楽員たちに歌って聴かせるのにおおいに役だっていると、後年述懐している。晩年に録画されたスメタナの《モルダウ》などのリハーサルの映像を見れば、なるほどと頷ける。

祖父は子供に恵まれ、このため父リヒャルトは十五歳になった時、独立しなければならなかった。最初は、ヴァイオリン奏者として活動を開始し、ドヴォルジャークの指揮のもとでも演奏した（注：参考文献（16）では、さらに彼の《スターバト・マーテル》の初演に参加したとある。この曲の初演は、一八八〇年十二月、アドルフ・チェフの指揮で行われたが、このときリヒャルトはまだ十二歳か十三歳の頃であり、初演に参加したということには疑問が残る）。

一八九七年、祖父母、父、そして叔母のマリアは、ハンガリー中西部の都市、セーケシュフェヘールヴァールに移住した。その後、一九一二年に東部の都市、ナジヴァーラド（現在、ルーマニアのオラデア）、一九一三年にはブダペストに転居した。

セーケシュフェヘールヴァールに移住した後、父リヒャルトは軍楽隊の指揮者になり、最終的には、ハンガリー軍楽隊の第一指揮者にまで上り詰めた。

当時のオーストリア＝ハンガリー二重帝国における軍楽隊の指揮者は、いわゆるブラスバンドの指揮者とは全く異なっていた。それは、百～百二十人の楽員を擁し、管楽器だけでなく、オーケストラの編成もあった。楽器も一流のものを揃えていた。

そして、エルンスト・フォン・ドホナーニ（指揮者・ピアニスト、一八七七～一九六〇、指揮者クリストフ・フォン・ドホナーニの祖父）、ヨーゼフ・シゲティ（ヴァイオリン奏者、一八九二～一九七三）、コロマン・パータキ（テノール歌手、一八九六～一九六四）などの優れたソリストの参加を得て、フリッチャイの父はこのオーケストラとの演奏会を、シーズンあたり最大で八回開いたのである。プログラムには、モーツァルト、ベートーヴェン、ブラームスなどの作品が含まれており、時に第一ヴァイオリンが二十人という大規模編成での演奏もあった。

フリッチャイの父は、夏のシーズンには毎日、二千の席を持つ動物園の野外演奏会場で二時間半から三時間のプログラムを演奏した。

一九一七年、父と軍楽隊は、トルコ、ブルガリア、ドイツへ演奏旅行に出かけた。この際、彼らはリヒャルト・ワーグナーの墓の前で、妻コジマと息子ジークフリート・ワーグナーのために演奏するという、軍のオーケストラにとって大変名誉な機会に恵まれた。

● 写真1
1917年、自宅前で母と
フリッチャイは足に軽い障害があった

あらゆる楽器を習得

フリッチャイは四歳の時、ちょっとした騒ぎを引き起こした。

前述のとおり、フリッチャイの父は毎年、夏の午後に屋外での演奏会を指揮していたが、フリッチャイは母に連れられてその演奏を聴きに来ていた。

父の指揮を見ていたフリッチャイは突然、母のもとを離れたかと思うと父の背後に立ち、指揮の真似を始めた。フリッチャイ自身に言わせると、それは「大成功[1]」であった。

しかし周囲から笑い声が起き始め、それに気づいた父は困惑した。というのも父が演奏していた曲は、明らかに面白いというような曲ではないので、笑いが起こるはずはなかったからである。父がどうしたものかと思っていると、主催者もそれに気づき、フリッチャイは即座に母のもとに戻されたのであった。

これは、フリッチャイが覚えていた一番古い記憶である。


両親は、フリッチャイのそのような行為や才能を考慮し、彼が小学校に入るのと同時に音楽教育を始めた。

まずはピアノの勉強を始めた。

フランツ・リスト音楽院では、音楽教師を目指している学生に卒業前の二年間、実践として初心者に教えることを課していた。フリッチャイは週三回、母に連れられて音楽院に通い、そのような学生からレッスンを受けていたのである。母はその間、レッスンを受けに来ている他の子供の母親と一緒に音楽院の玄関で編み物をして待っていた。フリッチャイは、「そんなに熱心だったわけでもなかったが上達はした[3]」と回想している。父は時間の許す限り、ピアノのレッスンを聴きに来た。

フリッチャイは十歳になった時、音楽院のヴァイオリン科のマンブリーニ教授のもとで学ぶようになった。それは、指揮者になるには弦楽器のことを広く理解し、リハーサルの時に奏者に専門的な指導ができなければならないと父が考えたからであり、フリッチャイは、父のこの判断を「彗眼であった[3]」と述べている。

フリッチャイは、レッスンによりピアノとヴァイオリンの腕前が上達していった。そして、

●写真2
1926年、父と

十二歳か十三歳の時、今度は父の軍楽隊の第一クラリネット奏者、アルトー・ベーネルからクラリネットを習うようになった。父が「オーケストラのことを理解しようと思ったら、管楽器も理解しなければならない」[3]と言ってベーネルに依頼したのである。フリッチャイは、「名人になれたのではないが、それでも二年間教わったおかげで、木管楽器の奏法を知ることができた」[3]と回想している。

その後、父は金管楽器、打楽器も習うよう手配をした。こうしてフリッチャイは、バルブ式トロンボーンから、小太鼓のダブルストローク奏法やティンパニのロール奏法、そしてトルコと中国のシンバルの違いまでも習った。

フリッチャイは、このようにして幼少期から指揮者になるための英才教育を受けていたのである。もちろん他の子供たちと同様、サッカーやテニスをして遊びたいという気持ちがないわけではなかったが、それでも指揮者になりたいという一心で臨んでいた。彼がハープ以外の楽器はなんでもこなせたと言われているのは、幼少期からのレッスンに由来しているのである。

クラスでアンサンブルを編成、指揮

フリッチャイは、十一歳の時にはじめて指揮をする機会に巡り合った。

学校のラテン語の先生への誕生日プレゼントとして、クラスの選抜メンバーでアンサンブルを編成し、その指揮を受け持ったのである。

このラテン語の先生は、クラスの児童みんなに好かれていた。児童たちは、四月の先生の誕生日に、何か喜ばせることをしたいと考えた。学校では、贈り物をすることは禁止されていたが、かといって、ラテン語で何かをするのにはラテン語の知識が不十分であった。そこで彼らが考えたのは、自分たちでオーケストラを編成し、誕生日にセレナーデを演奏することであった。オーディションを行い、クラスでヴァイオリンが弾ける児童六人、チェロが弾ける児童一人、そしてピアノが弾ける児童二人を見つけた。しかし、解決しなければならないいくつかの難題があった。

一．「オーケストラメンバー」の技術力はそれほど高くなかった。

二．シャープやフラットがつく調性の楽譜を演奏できるのは数名しかいないため、作品は絶対にハ長調又はイ短調で設定する必要があった。

三．そのような編成で演奏できる作品をどこから調達するか。

四．そして作品は誕生日にふさわしい曲である必要があった。(1)


フリッチャイは、このような問題を解決できる曲がないか探し、J・シュトラウスの《ジプシー男爵》の曲の中から見つけた。フリッチャイは、この曲を十分自信を持って選んだのであるが、後年、その理由を思い出せないと回想している。しかし、彼の提案は、大きな感動をもって満場一致で受け入れられたのである。

そして、六週間にわたる秘密のリハーサルののち、その日を迎えた。フリッチャイと九人のオーケストラは、先生が教室にやって来る一時間前の朝七時から教卓の隣に座ってスタンバイしていた。教卓は綺麗に片付けられ、花が飾られていた。八時、先生がやって来ると、フリッチャイたちはすぐさま演奏を開始した。驚いた先生は、嬉しくて口を開けたまま立ちすくんでいた。大人たちは、その気がなくとも生活のために演奏するということがあるかもしれないが、彼らは違った。十一歳の児童たちは嫌々ではなく、先生のために一心不乱になって演奏したのである。とても心温まる光景であったに違いない。

先生はいたく喜び、そのご褒美として一時間目をお休みにしてくれたのである。

これが、フリッチャイが演奏をして得た「最初の報酬」であった。

フランツ・リスト音楽院に入学

フリッチャイは十四歳になった時、フランツ・リスト音楽院に入学した。父が「楽器はこなせるようになったので、今度は作曲を学ばなければならない」と考えたからである。

フランツ・リスト音楽院は、その名前からもわかるように、リストによって創設された高等教育機関である。当時の学長は、有名なヴァイオリン教育者イェネー・フバイ（一八五八～一九三七）、ピアノ科は、エルンスト・フォン・ドホナーニを筆頭に、作曲家のベラ・バルトーク（一八八一～一九四五）もピアノ科の教授であった。作曲科は、ゾルタン・コダーイ（一八八二～一九六七）とレオ・ヴァイネル（一八八五～一九六〇）が担当し、錚々たるメンバーが揃っていた。

フリッチャイは、当時の音楽院を「これ以上の素晴らしい環境は期待できないだろう[3]」と絶賛し、こういった環境で音楽を学ぶことができたことに感謝している。そして、巨匠たる教授陣による授業は、フリッチャイをはじめ学生たちに大きな影響を与えたのである。

ただ、ここで一つ疑問が生まれる。

十四歳のフリッチャイが、高等教育機関である音楽院に入学できるわけがないのだが、当時、ハンガリーで尊敬される地位にいた父が教授たちにかけあい、その結果、フリッチャイは入学試験を免除され、音楽院で作曲の勉強を始めることができたのである。

こうしてフリッチャイは、二十歳以上、中には三十や四十を超えようというような学生に交じって、半ズボン姿で勉学にいそしんだ。

音楽院での専攻は作曲であったが、当然、それ以外も学ぶことは可能であった。フリッチャイは毎日、授業の掲示板を見て、時間が空いているときには別の授業にも忍び込んだ。とはいえ、十四歳、半ズボン姿のフリッチャイが目立たないはずはなく、教授や学生たちによく知られていた。

そのような中、フリッチャイはピアノ科において、ドホナーニとバルトークの正反対な授業を受けることになる。

バルトークは学生たちに、楽譜に忠実であるべきと何度も何度も徹底的に教え込んでいた。それは、例えば「モーツァルトが望んだこと以外を求めてはいけない(3)」というように。一方、ドホナーニは、言葉で言いたいことを表すのは得意ではなかったが、非常に魅力的で気高いピアノの演奏をすることによって、伝えたいことを示すことができた。それは、「夢見るようにロマンティックで、ダルベールを思わせる」(3)ものがあり、フリッチャイは「音楽家にとって本質的なことを目の当たりにした」(3)と回想している。

バルトークは楽譜に忠実であるべきとする客観主義者、対してドホナーニはロマンティックで主観的、といういわば水と油ともいうべき相反する二つの様式をいずれも学ぶことができたのである。

さらに両者を結び付ける第三者として、音楽教育手法を提唱したコダーイという非常に聡明な作曲家の存在があったことを忘れてはいけない。

作曲の勉強をし、時に他の授業も傍聴して音楽の素養を高めていったが、指揮者になるために一番役にたったのは、多くの指揮者のリハーサルを見ることであった。

当時、ブダペストには二つの音楽ホールがあった。一つは舞踏会用の、もう一つはより重要な音楽院のホールである。

フリッチャイが学生だった頃、ブダペストは世界で最も活発な音楽都市のひとつであり、ほぼ毎日、午前にオーケストラのリハーサルが行われていた。そして毎年、偉大な音楽家たちが定期的にやって来た。フリッチャイは、この頃聴いた忘れられない演奏として次のようなものを挙げている。

フェリックス・ワインガルトナー（一八六三〜一九四二）：ベートーヴェンの交響曲第七番、リストのファウスト交響曲
ウィレム・メンゲルベルク（一八七一〜一九五一）：ベートーヴェン・チクルス
エーリッヒ・クライバー（一八九〇〜一九五六）：モーツァルトの《後宮からの誘拐》のリハーサルとベートーヴェンとモーツァルトのチクルス
オットー・クレンペラー（一八八五〜一九七三）：ベートーヴェンの交響曲第九番
アルトゥール・トスカニーニ（一八六七〜一九五七）：ウィーン・フィルハーモニーと来演時のショスタコーヴィチの交響曲第一番、ドビュッシーの《海》、ベートーヴェンの交響曲第七番というプログラムと、コダーイの《ハンガリー詩篇》、ベートーヴェンの交響曲第九番というプログラム（トスカニーニのこの二つの演奏会は、演奏された曲の一つひとつまで思い出せるほど、フリッチャイの記憶に残った）

他に、ブルーノ・ワルター（一八七六〜一九六二）とヴィルヘルム・フルトヴェングラー（一八八六〜一九五四）も名前は挙がっているが、あまり頻繁には来ておらず、演奏についてもフリッチャイは記していない。

指揮科（注：入学時は作曲科のことしか触れられていないが、指揮科にも属していたようだ）の学生

は歌劇場の五階（注：日本とヨーロッパの国などとでは階数の数え方が異なり、日本での一階は地上階、二階は一階というようになっているので、日本の階数では「六階」に相当する）に専用の一角を持っていた。また学生たちは音楽院でのすべての演奏会で、オーケストラの背後のオルガン席に上がることを許されていた。そして、もともと許可があろうとなかろうと、学生たちが午前のリハーサルを聴くことを、誰も阻止することはできなかった。指揮者がリハーサルのためにホールを施錠する場合に備えて、学生たちは秘密の鍵さえ持っていたのである。学生たちは総譜持参で四つんばいになって忍び込み、午前中のリハーサルをずっとしゃがんだり横になったりして聴いていた。フリッチャイは、音楽院の最後の数年間、ほとんど毎夕のように演奏会や歌劇を聴きに行っている。

「音楽をたくさん聴く、それが大切です！[1]」とフリッチャイは言い、次のように述べている。

私の素養と想像力を高める決定的な刺激を、偉大な指揮者たち、そして、その次のランクの指揮者たちのリハーサルから得ました。時には間違いからも人は学ぶことができます。一人の指揮者が一生の間に蓄積した豊富な経験をもとに、リハーサルに際して楽員たちへ伝える心理的洞察やフレージングの工夫、総体的な響きをつかむセンス、様式感、人を思いやる心は、理論や書物で代替できるものではありません。[1]

フリッチャイは、他の指揮者のリハーサルを指揮者になってからも続けて聴いていたが、クレンペラーやカール・シューリヒト（一八八〇〜一九六七）、エルネスト・アンセルメ（一八八三〜一九六九）のリハーサルを聴いているとき、そこにいるのはほとんどいつも自分一人だけで、リハーサルに興味を持った若者に会うことはめったになかったと嘆いている。

ラジオ放送で初めてオーケストラを指揮

一九二八年、フリッチャイは初めてオーケストラを指揮する機会を得た。当時、父はハンガリー・ラジオ放送局で週一回、放送のために演奏していた。当時は生放送であったため、時間厳守が当たり前になっていたが、その日は父が現われず代役を務めたのである。

この日、フリッチャイは父に会いに音楽院からラジオ・スタジオに来ていた。午後五時（注：参考文献（3）による。（2）の自伝では六時となっている）からの放送で、プログラムの最初はワーグナー《タンホイザー》の〈大行進曲〉であった。オーケストラはすでに着席し、チューニングも完了していた。しかし、五時十分前になっても、いつもはスタンバイしている父がまだいない。時間は、四分前、そして三分前になった。すると、古参の下士官の一人がフリッチャイのところにやってきて、父が来なかった場合に備えてプログラムを指揮するように頼んだのである。「ねえフェリ君（筆者注：フリッチャイの愛称）、もう演奏を始めなきゃいけない時間だ。お父さんの代わりに振れるかい？[3]」フリッチャイは有頂天になってこれを承諾した。そして、いつでも指揮台に立てるようスタンバイした。五時になり、女性のアナウンサーがマイクのところに来て、「では、第一歩兵連隊付属管弦楽団の演奏をフリッチャイ氏の指揮で始めます[2]」と話した。彼女は機転をきかせ、指揮者の名前が、リヒャルトかフェレンツなのかは伏せたのである。

フリッチャイは、「うまい塩梅[3]」に《タンホイザー》〈大行進曲〉のトランペットのファンファーレを始めた。すると、曲の中ごろに扉が開いた。見ると将校用のコートに身を包み、腰に手を当てて石のように立ちすくんでいる父の姿があった。彼は息子が自分の代わりに指揮をしているのを見たのである。当然、二曲目からは父が指揮をした。

演奏が終わって、フリッチャイが父にマントをかけると、彼は背をむけたまま冷たい声で尋ねた。「どうしてお前が指揮することになったんだい？[3]」フリッチャイは、「お父さん、あの状況で何とかしたかったからだよ。団長さんが言ってくれたので、その通りにしたんだけどね[3]」と答えた。父は振り向いてフリッチャイを見ながら「まあ、演奏は悪くなかった[3]」と嬉しそうに言った。このとき父は「息子は将来指揮者になる[3]」と確信したのだろうとフリッチャイは回想している。

なお、父が遅れた原因については、フリッチャイ自身は言及しておらず、他の資料でも見当たらないため不明である。もしかして、わざと遅刻してフリッチャイが指揮をする機会を与えたのではないかと考えたくなるのは筆者だけだろうか。

実習生のオーケストラを育成

一九三〇年、十六歳の誕生日にフリッチャイは父から実習生のオーケストラの指導を任された。父の軍楽隊は、百人を超える男性で構成されていたが、後継者を養成するため、十二歳以上の青年を実習生として採用し、必要な教育を施していた。父はこの音楽実習生の楽団の指導をフリッチャイに任せたのである。このことは、フリッチャイにとって大変驚くべき出来事であった。こうしてフリッチャイは、週三回、フルオーケストラをリハーサルして演奏することができた。主なレパートリーは、バッハ、モーツァルト、ハイドンの古典的な小品であった。父は月二回、息子がリハーサルした曲を聴きに来た。そして、「たいていはダメ出しをされるのだが、常に誉めてもくれるのだった(3)」。

フリッチャイはこのようにして音楽院で作曲を学び、時間があればその他の授業にも忍び込み、また毎朝のように行われていたオーケストラのリハーサルを聴き、さらには父から実習生のオーケストラの育成を任され、指揮者としての素地を培っていった。

一方で彼は、音楽院入学当初はまだ中学生であり、中学校にも通っていた。

こうして一九三三年、フリッチャイは作曲科と指揮科の卒業試験に臨んだ。

卒業試験は、自身が作曲した《シラノ・ド・ベルジュラック》序曲とワーグナーの楽劇《ニュルンベルクのマイスタージンガー》の一節の演奏であった。フリッチャイは、「多少コダーイ風のロマンティックな作風の曲をたくさん作って[3]」いたが、それらは自身で「平凡か少し劣る[2]」と評価していた。一方で、管弦楽法に関するフリッチャイの才能については、教授たちの誰もが認めるところであった。

フリッチャイは十九歳で、フランツ・リスト音楽院を卒業した。

イムレ・パロとの出会い

イムレ・パロ（一八九一〜一九七八）は、ブダペスト国立歌劇場のバリトン歌手で、一九五六年から一九六〇年までは同歌劇場の総支配人を務めていた。フリッチャイが生涯にわたって「若い父」として慕った人物であり、今後、色々な場面で関わってくるが、その出会いについてパロは次のように回想している。

第一次世界大戦後、ハンガリー放送には独自のオーケストラはありませんでした。そのため、フリッチャイ楽長が指揮する第一ブダペスト国防歩兵連隊のオーケストラの演奏がよく放送されていましたが、私も歌手として時々演奏に参加していました。そうした折に、いろいろな譜面を前に、ヴァイオリンやホルン、トロンボーン、ティンパニ等を演奏しているかわいい少年が私の目に留まりました。父君フリッチャイ氏は自慢げに、当時音楽院で作曲を学んでいるその子を私に紹介しました。

その子は一九三三年の秋に、航空隊の一年間の無給見習い楽長に任じられます。そのころ私とフリッチャイ親子の交友はますます親密になっていました。フェリ君は私たちの家族の一員同様となり、同時に我が家の専属伴奏ピアニストにもなりました。砲兵隊員たちが彼らの聖女バルバラの記念日を祝った折には、私たちは一緒に舞台に上がったものです(3)。

コラム1　芸風～「トスカニーニ」と「フルトヴェングラー」

フリッチャイの芸風を語るにあたって一番わかりやすいのは、往年の大指揮者と比較してどうかということである。新即物主義と言われたトスカニーニ、官能的であり精神的と言われたフルトヴェングラー、この二人の指揮者と比べて、フリッチャイはどうであっただろう。

大ナタを振るって言うならば、若い頃の演奏はトスカニーニ、病気から復帰した一九五九年以降はフルトヴェングラーに似ていると言えるだろう。

フリッチャイがセゲド時代、ピアニストのゲザ・アンダと共演した際に目指していたのは、トスカニーニとホロヴィッツよりも、大きな音で速く弾くということであった。また、フリッチャイがベルリンにデビューした頃も、指揮者・作曲家のヴォルフガング・シュトレーゼマンが「その規範は、トスカニーニだった」(4)と述べているように、フリッチャイ自身トスカニーニを意識していて、批評家もそのように見なしていた。その演奏は、トスカニーニを想起させる極めて速いテンポで、緊密なアンサンブルを構築したものであった。

しかし、一九五九年九月、病気療養後の復帰演奏会を聴いた音楽評論家のヴェルナー・エールマンが、ヴィルヘルム・フルトヴェングラーを彷彿させると評しているように、病気の後、フリッツチャイの芸風はガラリと変わっていった。

ディートリヒ・フィッシャー=ディースカウは晩年のフリッチャイについて、悲劇的な描写をますます自分の本領としていったとしたうえで、これまでの「簡素で、リズミカルで、対声がはっきり分離して聞こえた」演奏は、「透明で、表情豊かで、幅広いテンポによる表現に変貌し（中略）輪郭は軟らかめに、ディナミークの段階は、より細かく設定されていました(3)」と述べている。

さて、大ナタを振るってフリッチャイの芸風を一九五九年でトスカニーニとフルトヴェングラーに分けてはみたが、実際のところは例外がある。特に近年、放送録音やライヴ録音が発売されるに至って、その例外は多くなっている。

一九五五年のシューベルト交響曲第八番のライヴ録音、一九五八年のブラームス交響曲第一番のライヴ録音は、いずれも一九五九年以前であるが、その演奏はトスカニーニではなくフルトヴェングラーを思わせるものがある。

一方、晩年の一九六〇年録音の二つの《モルダウ》は、極めて速い演奏で、一九五三年のスタジオ録音のものより速い。

テンポという視点で見ると若い頃は速い、晩年は遅いというイメージであるが、このような例外が増えてくると一体どう捉えればよいのか迷ってしまう。フリッチャイは、自身の著書『モーツァルトとバルトーク』の中で、「正しい固定したテンポというのは存在しない。響き、緩急、フレーシングと調和しているテンポによって、正しい表現が可能になるということにすぎない(3)」と述べている。フリッチャイの採ったテンポは、その時々において、正しい表現をするために適切なテンポだったのかもしれない。

シルヴィア夫人によれば、当時の新聞は「フリッチャイは、イタリア人の情熱とドイツ人の重厚なロマンティシズムの双方を併せ持ち、フルトヴェングラーとトスカニーニの間に位置する」[22]と書いたという。それはすなわち、フリッチャイには、トスカニーニとフルトヴェングラーの精神が共存していて、時にトスカニーニ、時にフルトヴェングラー、またその両方の傾向が演奏に表れていたということだろう。

第二章　セゲドで指揮者として活動開始、実力を蓄える

セゲドの指揮者に応募

卒業試験のあと、フリッチャイはブダペスト国立歌劇場の総支配人、ゲザ・ラドナイから電報を受け取った。その内容は、明日、国立歌劇場に来るようにというものであった。彼は、フリッチャイの卒業試験に立ち会っていたのである。翌日、フリッチャイは指揮者として雇ってもらえると思って胸を躍らせて監督室に入ったが、結果は練習ピアニストとして採用するとのことであった。フリッチャイは、自分は才能があるから指揮者として採用してほしいと主張したが、それはラドナイを怒らせるだけの結果になった。

フリッチャイはどうしても指揮者になりたかったので、彼の提案を断り、その翌日、セゲドの軍楽隊長に応募した。セゲドは、ブダペストから約百七十キロメートル、ハンガリーの南部に位置し、人口約十六万人、大学とハンガリー軍の駐屯地をもつハンガリー第二の都市で、周辺の農業地帯の中心地である。ちょうどフリッチャイの父がブダペストの軍楽隊長を引退し、その後任としてセゲドの軍楽隊長が就いたため、そのポストは空席になっていた。セゲドでの指揮者とし

ての条件は、卒業証書に加え、兵役を務めることが必要であった。フリッチャイは、さっそく一年半の兵役に就くことを決め、航空隊に志願兵として入隊した。その間の一九三三年十二月、セゲドでの地位をめぐるコンテストで五十七人（注：参考文献（1）（2）の自伝による。（3）では五十三人となっている。また、（3）では、コンテストはセゲド・フィルハーモニー管弦楽団の指揮者になるためのものであったと記述されているが、（1）（2）では、軍楽隊長就任後、予想どおりセゲド・フィルの指揮者に選ばれたとあるので、このコンテストは軍楽隊長になるためのものであるのが正しいと思われる）の志望者の中から選ばれ、この地に着任した。

十九歳で指揮者として活動開始

こうしてフリッチャイは、練習ピアニストではなく、本当の指揮者になったのである。弱冠十九歳であった。

フリッチャイは、ほどなく将校の試験に合格し、士官候補に選ばれた。そして、少尉、中尉と昇進し、最終的には大尉になった。しかし、指揮者になりたい一心でなった軍楽隊長だったが、そこには多くのジレンマや試練があった。

指揮者ではあるが、身分は軍人であるため、外出時には軍服を着なくてはならず、左の腰には、サーベルを下げなければならなかった。フリッチャイ自身は、なんのために必要なのかと疑問を抱きつつも、我慢してサーベルを下げていたが、軍楽隊長であった十一年間に八本以上のサーベルを失くし、また何度もサーベルに引っ掛かって躓いた。しかし、自分が好んでいないことであっても努力して何とかやり通さなければならなかったのである。

そんなへまばかりしていたフリッチャイであるが、上官はそのことをよくわかっていて、大目に見ていてくれた。

サーベルの問題だけではない。この時期、フリッチャイはふたつのレールの上を走っていたと言っている。

フリッチャイは、気持ちの面では音楽家であったが、身体は不本意ながらも軍服をまとっていたのである。しかし、軍楽隊長という一見不都合と思えるこの立場が幸いし、彼は前線に行くことを免れることができた。

この頃の経験を通じて、フリッチャイは人間の個性と軍隊での没個性について次のような考えを持つようになった。

まず、人間はみな違うということ。それは顔が違うのはもちろんのこと、同じ人間など一人もいない、当時十億人いた人類を創造した神にフリッチャイは驚愕している。そして、「人は誰もが、その身体とその心を神によって唯ひとつのかけがえのないものとして創られて」[(1)—2]いて、それゆえ「それぞれの人に元来備わっている人間の尊厳と人間愛の大切さを、自ら考えて発見できるように人間を教育することが重要だ[1]」と述べている。

一方で軍隊では、そういった人間の個性を認めず、均一であることが求められている。軍隊にいるときは同じ制服を着て、同じ靴を履いて、同じ外見をしていなければならない。また、自分で考えることは許されず、命令には無条件で服従しなければならない。それは、「最高の理想に身を捧げ、思考を内へと向け、本当の意味での人間に育てられ、そうした人間として自分を自覚する代わりに、ただひとつの番号になりさがる[1-2]」。そして個人の名前は階級章にとって代わられ、敵意と憎悪について語られ、連帯こそが最高のものであると刷り込まれる。

こうして何百万人という人が、その寿命をまっとうすることなく死んで行かなければならないのである。

フリッチャイは、「こんなことに喜んで服従することを神に誓わなければならない[1-2]」という軍隊を嘆いたが、自身は、分列行進に誠心誠意の態度をもって音楽をつけなければならず、そのことにジレンマを抱えていた。

自分が愛する音楽で、軍の規律たる分列行進を指揮し、ひいては命を落とすかもしれない戦地に向かう兵隊を鼓舞するために音楽をつけなければならなかった時の気持ちは、いかばかりであったろうか。

軍楽隊でのエピソード

フリッチャイは、一九四四年まで同地の軍楽隊長を務めるが、その間、二つのエピソードを自伝に記している。

一つ目は、一九三六年に開かれた大規模なパレードである。

フリッチャイは、配下に二つの従軍オーケストラを持っていたが、参謀総長である大佐からフリッチャイに下された命令は、次のとおりであった。

大聖堂広場から相互に約五百メートル離れた隅に二つのオーケストラを配置し、駐屯軍司令官登場と同時にハンガリー国歌を演奏すること(1)。

フリッチャイは、この命令を聞いて、愕然とした。そして、大佐に「演奏不可能です」と説明しようとしたが、大佐の一言「練習しろ!」で遮られてしまったのである。

困ったフリッチャイはどうしたか。兵舎に戻り、二人の古参の鼓手に同じ命令をしたのである。するると、同じように驚いて「演奏不可能です」と答えを返してきた。そこでフリッチャイは、内心ほくそ笑みながら大佐から下された同じナンセンスな命令を下した。「練習しろ！」

彼らは外に出ていき、オーケストラに大声で練習を始めるように命じた。最初のうちは、お互い目で確認し合っていたので音は合っていたが、二つのオーケストラが相当離れていることから、たちまち混沌たる状態になっていった。

そして、予行演習の日がやってきた。

駐屯軍司令官の代理として大佐が馬に乗ってやって来た。二つのオーケストラは練習していたとおりに一斉に演奏を始めた。しかし次の瞬間、予想された無秩序な混沌とした音が響きわたった。

大佐は広場の真ん中にやって来て、怒って顔を紅潮させながら「軍楽隊長、私のところに！」と大声で呼んだ。フリッチャイは、左側のサーベルが落ちないように気を付けながら、最速で走った。そして、あらかじめ考えていたとおり一矢報いる攻勢に出た。

「大佐、素直に申し上げますが、一度に演奏することは不可能です(1)」

とフリッチャイは報告し、音の周波数帯がどうの、振幅変調がどうのと、途中から自分でも何を言っているのかわからなくなりながら説明をした。しかし、馬上の大佐は、難しい顔でフリッチャイを見下ろしながら、次第にわかったというような表情になり、こう言った。「オーケストラは個別で演奏せよ」(2)。フリッチャイの訳のわからない説明を大佐は理解してしまったのである。

一九三九年九月、ドイツがポーランドに侵攻したことをきっかけに第二次世界大戦が始まった。ハンガリーは、日独伊三国同盟を軸とする枢軸国陣営に属していたので、一九四一年、ドイツがユーゴスラビアに侵攻を始めると、それに参戦した。その後、独ソ戦にもドイツ側について戦った。

一九四一年の復活祭の後、第五次セゲド師団を含むハンガリー軍が第一次世界大戦以来ユーゴスラビアに属していたバナートを占領した。バナートは第一次世界大戦が始まるまでハンガリーの領土だったのである。ユーゴスラビアの愛国者たちはハンガリー軍に激しく抵抗して銃撃を加え、本格的なゲリラ戦が始まった。

エピソードの二つ目は、そのような戦況の中、フリッチャイの軍楽隊が、前線に近い町への出動を命じられた時のことである。

所属する連隊の参謀総長である大佐は、フリッチャイを呼んで、明朝六時、オーケストラと一緒に貨物自動車四台に乗ってサバトカ市（現在のセルビア共和国スボティッァ）に行き、毎日、広場で演奏会を開くことを命じた。

フリッチャイは、サバトカではまだ銃撃戦が続いていると聞いていると返答したが、大佐は我関せずといった様子で「それがどうした」と言って命令を取り消さなかった。

フリッチャイも引き下がらず、さらに「なぜそこで音楽を演奏する必要があるのか」と訊ねた。大佐は、「人々を安心させ、私たちが恐れていないことを証明するため」と答えた。

大佐は恐れていなかっただろうが、フリッチャイはとても怖かったのである。フリッチャイは、さらにそのような場所で演奏するのは無防備であると返答したが、大佐に「これは命令だ」と遮られた。

フリッチャイはもうどうにもならないと考え、あえて真剣な面持ちをしながら軍隊的な口調で次のように最後の指示を求めたのである。

「大佐、ご指示をお願いします。どうすればいいのですか。私が敵軍のオーケストラに遭遇したら(1)?」

このときの大佐の指示について、フリッチャイは、とても文字にできるものではないと回想している。

大佐の答えはどんなものだったのだろう。歌合戦ならぬ行進曲合戦でもやれと言ったのか。前述のとおり、フリッチャイ自身は前線に行くことはなかったと述べているので、中止になったのかもしれない。

どちらのエピソードも、規律の厳しい軍隊にあって、どこかユーモラスな面が出ている。フリッチャイ自身も「私の軍勤務時代の生活の、さほど深刻ではない部分は、そのようなエピソードで満たされていました(1)」と述べている。

セゲド・フィルの指揮者に就任

セゲドに着任して二週間後、年は改まり一九三四年一月、フリッチャイは予想していたとおり、地元の音楽教師、プロ及びアマチュアの演奏家、そして軍のオーケストラの奏者で構成されていたセゲド・フィルハーモニー管弦楽団の指揮者に選ばれた。

一九三四年十一月の日曜日（新聞の日付から推定すると二十五日か?）、開催されていた「レハール祭」（フランツ・レハール 一八七〇〜一九四八）にセゲド・フィルとともに出演した。二十七日の『南ハンガリー新聞』では、そのことが紹介されている。それによると、演奏は大成功で、「彼はレハールの作品を、共感豊かに、きわめて音楽的に、そして細部まで愛情を持って指揮した。特に弱音部から巧みに引き出す嵐のような主題は、聴衆を熱狂させた(5)」と評されている。

● 写真 3
1936 年、セゲド　サマーフェスティバル

フリッチャイは、毎夏、軍楽隊とともに音楽フェスティバルに参加し、広場で演奏していた。いろいろな作品を吹奏楽用に編曲して演奏し、そのプログラムの中には、ワーグナーの《ニュルンベルクのマイスタージンガー》前奏曲やベートーヴェンの交響曲第七番があった。聴衆、特に町の少女たちは、さっそうとした青年将校のフリッチャイにたちまち夢中になった。そして、聴衆は広場での演奏だけでは満足せず、有料のセゲド・フィルハーモニー管弦楽団の演奏会にも来るようになった。

その実績は次のとおりで、目覚ましいものがあった。

	定期	定期会員
一九三四年	七回／年	二六〇名
一九四四年	十二回／年	二〇〇〇名超

（注：参考文献（3）による。（1）、（2）では三〇〇、一二〇〇名となっている）

フリッチャイは演奏会を行うにあたって六〜八回（注：参考文献（1）による。（2）では八回のみ）、必要であれば十回のリハーサルを行った。もちろん、そのために曲をよく研究していたことは言うまでもない。そして、客演指揮者のためには五回のリハーサルを行い、万全の準備をした。客演指揮者のプログラムの中には、ブルックナーやマーラーもあり、フリッチャイも興味を持つようになった。

セゲドでのフリッチャイの活躍がうわさで広まり、著名な指揮者、ソリストが招きに応じ続々とやって来た。

指揮者では、ウィレム・メンゲルベルク、エーリッヒ・クライバー、セルジオ・ファイローニ（一八九〇〜一九四八）、ゾルタン・コダーイ、ヤーノシュ・フェレンチク（一九〇七〜一九八四）、ロヴロ・フォン・マタチッチ（一八九九〜一九八五）、イサイ・ドブロウェン（ロシアの指揮者、一八九一〜一九五三）、ソリストでは、ベラ・バルトーク（ピアノ）、エルンスト・フォン・ドホナーニ（ピアノ）、ジャック・ティボー（ヴァイオリン、一八八〇〜一九五三）、アルフレッド・コルトー（ピアノ、一八七七〜一九六二）、ヨーゼフ・シゲティ（ヴァイオリン）、そしてゲザ・アンダ（ピアノ、一九二一〜一九七六）などがいた。

フィルハーモニーの経営陣は、高齢の名士からなっていたが、フリッチャイがバルトークやドホナーニと共演するのを見て、この指揮者の実力を正当に評価したのである。

一九三六年には、フリッチャイの作品、ハ長調のミサ曲と、ハンガリーの偉大な詩人・哲学者、イムレ・マダッハ（一八二三〜一八六四）の傑作『人間の悲劇』（一八六一）に付随する音楽の初演がセゲドで行われた（これらのうちミサ曲は、二〇一四年、生誕百年を記念してセゲドとブダペストで再演された）。

このような活躍のうわさはウィーンまで届き、一九三七年一月、フリッチャイはウィーン交響楽団に招かれた。

セゲドでの指揮活動は順調のようであったが、あるとき、未遂に終わったものの、フリッチャイがセゲド・フィルに辞任を申し出るという騒ぎがあった。一九三八年一月、野外演奏会のプログラムを組む際に、この作業から外されていると感じて失望したからである。フリッチャイはセゲドの文化活動に不可欠の人物であったので、あわてたフィルハーモニー協会幹部が対処法を議論した。そして副会長のノーベル賞受賞者、セント＝ジェルジ・アルベルト博士が率いる代表団が、会長である市長のもとに赴き、解決策を見つけるよう要請したのである。その結果、辞任は回避された。

一九三八年には、第九陸軍軍楽隊を指揮して、行進曲を録音した。

一九三九年（と思われる）には、セゲド大学の夏期講座「自由大学」で「指揮者の仕事」について、オーケストラの実演を交えながら講演を行った。講演の抜すいが残されているが、ここでは、その一部を紹介する。

フリッチャイによると、指揮をするにはまず総譜を購入し、ピアノで弾くなどして研究を始める。それは「作品を完全に知るまで、つまり、自分の中で精神的な熟成に到達するまで[6]」行うのである。その中で、暗譜で指揮をすることについて触れているが、暗譜でまずい指揮をする人もいれば、スコアを見て見事な指揮をする人もいると語っている。

リハーサルについては、「練習もせずに、その指揮技術だけで、平均的な指揮者よりもはるかにましな演奏をする指揮者もいる[6]」と述べ、その典型としてハンス・クナッパーツブッシュ（一八八八～一九六五）を挙げている。クナッパーツブッシュが「練習が大嫌い[7]」なのは、指揮者の岩城宏之（一九三二～二〇〇六）も言及しているが、この一九三〇年代に、それが知れわたっていたのは興味のあるところだ。

最後にフリッチャイは、テンポや音量のバランス、強弱などをまとめていく点において、指揮者は劇の演出家に似ていると述べている。


この頃、ゲザ・アンダとの共演が始まり、それはフリッチャイの最晩年まで続いた。

アンダの回想によれば、当時、フリッチャイとアンダは、「トスカニーニとホロヴィッツ（筆者注：一九〇三～一九八九）よりも、大きな音で速く弾こうと頑張って[3]」おり、セゲドでの演奏会では、聴衆の鼓膜が破れるのではないかと思われるほどの大音量で、チャイコフスキーのピアノ協奏曲（アンダは番号を特定していないが、トスカニーニ／ホロヴィッツを例に挙げていることから第一番と思われる）を演奏したのである。二人はチャイコフスキーのピアノ協奏曲第一番を、フリッチャイ最晩年の一九六一年十月にもベルリンで演奏しており、この際の演奏時間は、三十三分三十秒であった（録音は残されているが、現時点では発売はされていない）。

また、時期は明らかにはなっていないが、フリッチャイがセゲドでの活動が認められてブダペストでデビューした折には、チャイコフスキーの序曲《一八一二年》を演奏している。曲の終わり頃、舞台後方にある舞踏会場の大きな扉が開いて、制服を着たフリッチャイの軍楽隊が現われ、緋色の帽子をかぶった隊員たちが、《マルセイエーズ》を朗々と吹き鳴らしたのである。楽器はよく磨かれて光輝いていたという。そのときの音は、「荘厳な会場全体が揺れているのが分かるほど(3)」であったとアンダは回想している。

憎いまでの演出、そして会場が揺れるほどの大音量で迫る音楽に、聴衆は惹きつけられたことだろう。

パロとの交流

ブダペストに客演に行った折には、イムレ・パロとの親交をますます深めていった。あるときフリッチャイは、「レシュック」と呼ばれるパロ家で開かれた晩さん会に招待された。「レシュック」という名前は、「愛し合え」という一節から始まる歌にちなんだもので、その目的は唯一、談笑して楽しく過ごすことであった。

メンバーは、指揮者のアンタル・ドラティ（一九〇六〜一九八八）、国立歌劇場コントラバス奏者のミハリー・シェケリー、上席演出家グスタフ・オラー（一九〇一〜一九五六）、指揮者ヤーノシュ・フェレンチク、音楽出版者ルドルフ・バレーで、これらのみんなは、妻と一緒に参加していた。そして、テノール歌手の故ヨーゼフ・ガボールの子息と息女、パロ、パロの妻とその兄弟という面々であった。座長は教皇庁収入役でバジリカ聖堂の指揮者であるデツェー・デメーニ、名誉座長はヴィクトル・デ・サーバタ（一八九二〜一九六七）であった。

フリッチャイは、この集まりの気の置けない雰囲気を気に入り、パロに仲間に入りたいと言ったのである。すると、次の「レシュック」ではフリッチャイがホスト役になった。フリッチャイは、「なんてこった」などと言っておどけてメンバーを出迎えた。居心地が良かったのか、このときの五日間のブダペストの滞在予定は二週間にもなってしまった。

またあるときは、パロの別荘にも招かれた。

パロは、フリッチャイのことを「才気に富み、いつもユーモアあふれる」[3]若者と表現し、このときは、パロの別荘に数日滞在し、キャンプにも参加した。そして、みんなの笑い声は、家の中にも庭にも響きわたり、昼も夜も、時には朝まで続いたのである。

オペラ指揮者として

フリッチャイは、一九三六年からセゲドの市立劇場のオペラ指揮者になった。そして一九三九年からは、歌劇部門の首席指揮者になった。

当時のセゲドでの歌劇上演は、シーズンに十六回行われていて、歌手はブダペスト国立歌劇場からのゲストで占められていた。このため、あらかじめ地元のオーケストラと合唱団とで予備的なリハーサルを行い、ブダペストのメンバーが加わってのリハーサルは、公演当日の朝、一回だけであった。このような状況であったので、夜の上演はいろいろな事態に備えなければならなかったのである[1]。

そこでフリッチャイは、劇場の首脳陣とかけ合い、歌劇上演用のアンサンブルを編成した。コロラトゥーラ、リリック、ドラマティック、そしてスブレット・ソプラノそれぞれ一人、アルト一人、リリック、ドラマティック・テノールそれぞれ一人、バリトン二人、バス一人、そして演出家一人が雇われた。さらに三十六人の合唱団と必要な規模のオーケストラも編成された。そして、年間八つの歌劇を制作した。四つは舞台装置を一新したが、四つは手持ちの装置や衣装を組み合わせて使用した。フリッチャイは、そのうち五つを担当した。

私は自分で装置類を集めなければなりませんでした。倉庫の中で小道具を探すのは探検のようでした。そして、既存の装置のさまざまな部分を使って舞台を作り上げなくてはなりませんでした。そのため、それがどの部分から作られたのか誰にも気づかれないように色を塗り替え、照明の当て方も検討する必要がありましたが、これらの準備も自分でやりました(1)。

こうして、フリッチャイは歌劇の仕事を一から知ることができた。

フリッチャイがセゲド時代に指揮した歌劇は、次のようなものがあった。

ヴェルディ　《仮面舞踏会》

ヴェルディ　《椿姫》

プッチーニ　《ラ・ボエーム》
ビゼー　《カルメン》
グノー　《ファウスト》
ヴェルディ　《リゴレット》

一九四〇年四月四日、フリッチャイはセゲドでヴェルディの《リゴレット》を上演した。イムレ・パロによれば、フリッチャイにとって初めての歌劇の指揮であったという。

フリッチャイは、ジルダ、スパラフチーレ、リゴレット役をブダペストの歌劇場から招待した。パロは、リゴレット役であった。また、侯爵役を全くの新人に割り当て、事前に徹底的に教育した。ブダペスト国立歌劇場の三人の歌手は四月三日にセゲドに来て、歌手たちの練習にだけ参加した。

パロは、劇場での経験がないフリッチャイが本当にうまく演奏できるだろうか、しくじってしまうのではないかと心配し、開演前から舞台のそでに控えて、第一場を見てから対処を考えようとしていた。

パロは、フリッチャイのコンサート指揮者としての実績を知っていたので、序曲は心配しておらず、実際に素晴らしい演奏であった。彼が一番心配していたのは、セゲドで雇った新人のテノール歌手であった。しかし、それは杞憂に終わった。万雷の拍手が沸き起こったのである。パロは、「この歌劇《リゴレット》の上演は、オペラ経験が初めての指揮者のそれではなく、見事な腕前を持つ、熟練の楽長によるもののようでした(3)」と感激し、それどころか、「もう何年もフリッチャイの下でリゴレット役を歌ってきたかのように、またかつてこんなにうまく歌えたことはないような感覚を覚え(3)」たのである。

第三幕では、ちょっとしたアクシデントが起こった。フリッチャイが不自然な動きをして右肩をくじいてしまったのである。フリッチャイは右腕を固定し痛みにこらえながら、左手で指揮を継続した。こんなアクシデントがあっても演奏には影響なく、全体を通してテンポやディナミークの不安定さもなく、フリッチャイがコンサート指揮者だけでなく、歌劇の指揮者としても優れていることが証明されたのである。

パロは上演後、フリッチャイを抱擁し、この前途洋々たるオペラ指揮者としてのテビューに立ち会えたことを喜んだ。

この間の一九三八年に、フリッチャイは裕福な家庭に育った、女医のマルタ・テルビス（一九一五〜一九九七）と結婚した。マルタと出会ったのは、一九三四年、ブダペストにおいてで、彼女がまだ医学生だった時である。一九四一年にフェレンツ・ジュニア、一九四二年にアンドラーシュ、一九四三年にマルタが生まれた。

● 写真 4
1940 年、マルタ夫人と

セゲドでは毎年、劇場チームと記者たちなどで編成された報道チームとのサッカー試合が開催されていた。あるときの試合で、劇場チームのセンターフォワードとして参戦したフリッチャイが「素晴らしいヘディング・シュートで対報道チーム戦での勝利に貢献した[3]」というエピソードをパロが紹介している。

子供の頃は、サッカーをやりたいと思っていても楽器のレッスンを優先していたフリッチャイであったが、このエピソードから結構サッカーが上手かったことがわかる。晩年の写真には、子供たちとサッカー観戦をしているものもあり、彼にとってサッカーは好きなスポーツだったのだろう。

第二次世界大戦の影

一九三九年に始まった第二次世界大戦は、ドイツ、イタリア、日本、フィンランド、ハンガリー、ルーマニア、ブルガリアなどの枢軸国と、イギリス、ソビエト連邦（以降、ソ連という）、オランダ、フランス、アメリカ、中国などの連合国との間で戦われた。最初は枢軸国側が優勢で、ハンガリーも第一次世界大戦前は領土であったユーゴスラヴィアのバナートを奪回している。

しかし、一九四一年九月から九百日近くにわたったドイツ軍のレニングラード包囲が、ソ連軍によって撃退されると状況は変わってきた。フィンランド、ルーマニア、ブルガリアなどが枢軸国から離脱、東ヨーロッパで枢軸国はハンガリーのみとなった。ハンガリーでも和平工作が画策されたが、これがドイツに漏れ、一九四四年三月にはドイツ軍がハンガリーを占領するに至った。

一九四四年九月、ソ連軍がハンガリーの国境近くまで侵攻、ハンガリー軍はそれを阻止しようと戦ったが劣勢に立たされ、戦意を喪失し戦線を離脱する部隊が続出した。やがて国境を越えたソ連軍は、十二月、ブダペストでドイツ軍と交戦、一九四五年二月に陥落した。

フリッチャイは、自伝の中で第二次世界大戦について「戦雲の闇がヨーロッパの地平線を黒く染めた[1]」と言い表している。そして戦況が悪化していくにつれ、彼は一層音楽に勤しみ、ピアノの練習に励んだ。

このとき、彼が自ら考案した独特の訓練がある。ピアノの音階練習をしながら、軽めの文献を読み、理解し、同時に十分によく知っている詩を空で朗唱するのである。この訓練によって集中力が研ぎ澄まされ、彼は目前の作業をこなしながら、別のことを考える能力を高めることができたという。

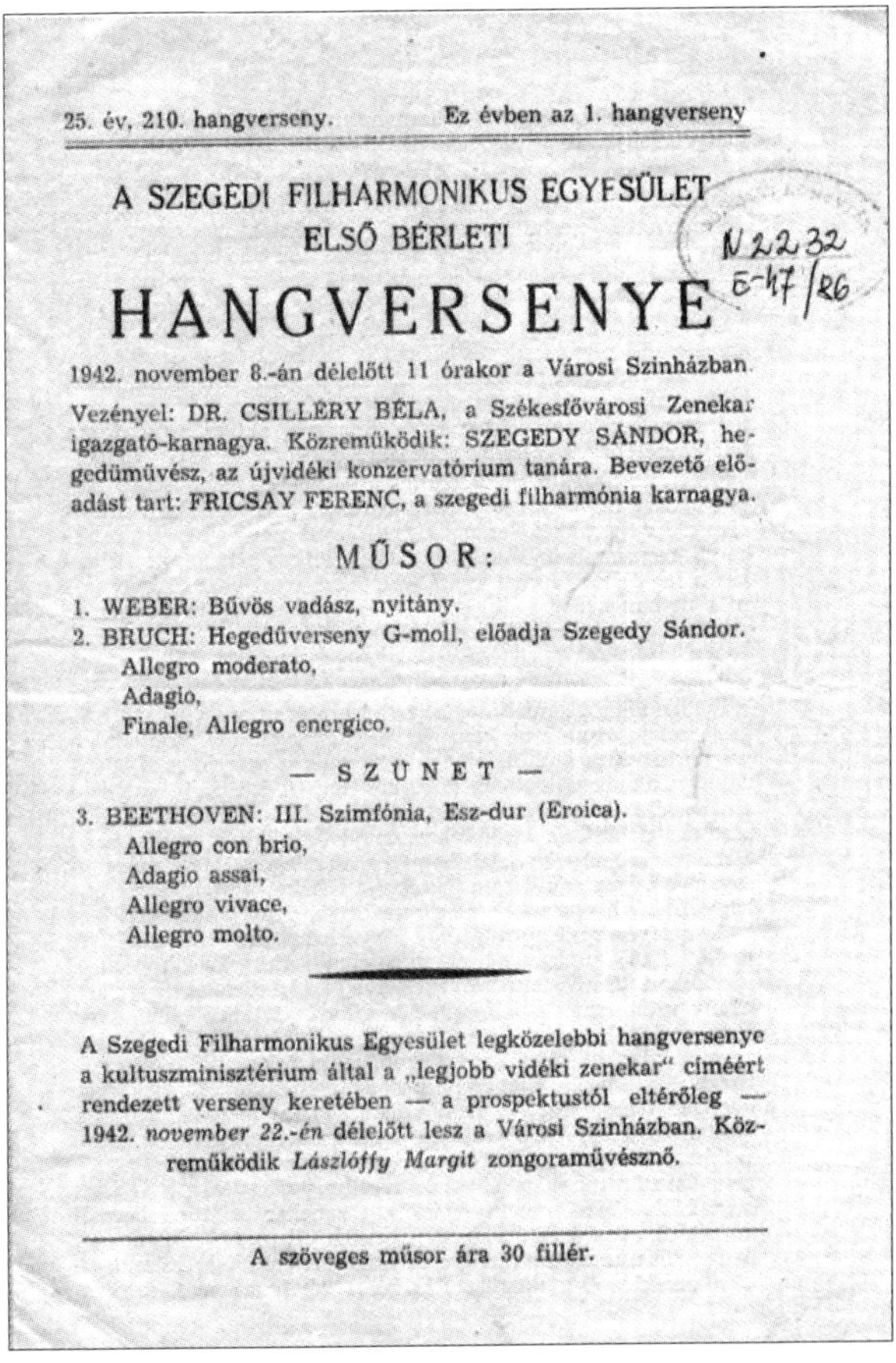

25. év, 210. hangverseny. Ez évben az 1. hangverseny

A SZEGEDI FILHARMONIKUS EGYESÜLET
ELSŐ BÉRLETI

HANGVERSENYE

1942. november 8.-án délelőtt 11 órakor a Városi Szinházban.

Vezényel: DR. CSILLÉRY BÉLA, a Székesfővárosi Zenekar igazgató-karnagya. Közreműködik: SZEGEDY SÁNDOR, hegedűművész, az újvidéki konzervatórium tanára. Bevezető előadást tart: FRICSAY FERENC, a szegedi filharmónia karnagya.

MŰSOR:

1. WEBER: Bűvös vadász, nyitány.
2. BRUCH: Hegedűverseny G-moll, előadja Szegedy Sándor.
   Allegro moderato,
   Adagio,
   Finale, Allegro energico.

— SZÜNET —

3. BEETHOVEN: III. Szimfónia, Esz-dur (Eroica).
   Allegro con brio,
   Adagio assai,
   Allegro vivace,
   Allegro molto.

A Szegedi Filharmonikus Egyesület legközelebbi hangversenye a kultuszminisztérium által a „legjobb vidéki zenekar" címéért rendezett verseny keretében — a prospektustól eltérőleg — 1942. *november 22.-én* délelőtt lesz a Városi Szinházban. Közreműködik *Lászlóffy Margit* zongoraművésznő.

A szöveges műsor ára 30 fillér.

● 記録1
1942年11月、セゲド　ベートーヴェン 交響曲第3番《英雄》ほかフリッチャイは、劇場公演や演奏会を通してレパートリーを蓄えていった。すでに毎年ブダペストで六～八回の演奏会を行っていたが、そこでの評判は徐々に広まり、首都の音楽界で一定の役割を果たすようになっていった。

ブダペストの地下に潜む

しかし一九四二年、フリッチャイは、ユダヤ人の演奏家を雇ったことで、「ユダヤ人を支援している」とされ軍法会議にかけられた。ハンガリー王国は、ユダヤ人を良き友であり、王国国民であるとして、ドイツのユダヤ人移送計画に反対していたが、この頃になると反ユダヤ思想が高まり、職業制限や財産没収が行われていた。

一九四四年にドイツ軍がハンガリーを占領した後、危険は増大した。フリッチャイは、ゲシュタポから目をつけられていた。逮捕が差し迫っているという情報を得たフリッチャイは、どう対処するべきか検討した結果、セゲドから離れることを決めた。幸いにも、軍の大佐であった年配の友人の計らいによって、一九四四年九月、六か月間の傷病休暇を取得することができた。フリッチャイは、友人たちの助けを得て一家でブダペストに行き、ある療養所の地下のバスルームに潜んだ。そして、戦争が終わるまでの数か月間、困難な日々を耐え忍んだのである。

このとき、パロも一緒に避難しており、彼はフリッチャイの振る舞いが「指揮台の上にいる時と同じように、全く寛大で、礼儀正しく、信頼のおける」[3]ものであったと回想している。フリッチャイとパロ、親子ほどの年の違いはあるが、二人の友情はますます深いものになっていった。

こうしてフリッチャイは、軍楽隊長という軍の将校として捕らわれる危機を免れた。

一九四四年十二月二十九日、ソ連軍とルーマニア軍はブダペストを包囲し、翌年二月十三日まで続いた都市の戦いが始まった。

フリッチャイは、そのときのことを「思い出してもぞっとする」[1]と回想している。それは、無責任で無意味な命令によって、何万ものドイツとハンガリーの兵士が絶望的な状況で戦わされたのである。しかし、スターリングラードに始まったソ連軍の反撃を、ブダペストを前にしても押しとどめることはできず、年が明けた一月十三日には、フリッチャイたちが潜んでいた地区も攻撃を受けたのである。

この戦いにより、ブダペストは歴史的価値のある国会議事堂、ブダペスト城を含む八割の建物が破壊され、ドナウ川に架かっていた五つの橋のすべてが破壊された。そして、何よりも多くの軍人、市民の血が流された。

ブダペストで戦後、最初の演奏会を指揮

一九四五年一月十九日、フリッチャイのもとをブダペストのオーケストラの管理者が訪ねて来た。一月二十九日に演奏会が開催されるので、指揮をしてほしいという依頼であった。フリッチャイはこれを引き受けた。演奏会場となる劇場は、暖房はないもののそれなりに使える状態であり、一家が潜んでいる場所からそれほど遠くはない場所にあった。しかし、そこから一～一・五キロメートル離れた場所では、まだ戦闘が続いていた。

リハーサル会場への道々には、埋葬されていない死体が散乱し、高圧電線や路面電車の送電線は切れて雪の中に横たわっていた。いたるところが廃墟になっていて、まるで地獄絵図のようであった。

演奏会は、午後二時に始まることになっていたが、人々はかなり前からチケットを求めて奔走していた。

フリッチャイは、のちにこのときのことを回想し、楽譜や楽器がどのように調達され、演奏者や聴衆にどのように知らされたのか、今でも謎であるとしている。

こうしてフリッチャイは、まだ戦闘が続いているブダペストで、演奏会の指揮をしたのである。そして、二月にも国立歌劇場での最初の演奏会の指揮をした。

戦禍において、日々の食べ物を確保することさえ困難なときにあっても、人々は音楽を欲し、チケットを求めて奔走するとは驚くべきことである。音楽は、食欲を満たさなくとも、人間の心を変える、希望を与えることができるのだということが、この事実によってわかる。この後、ザルツブルク、ベルリンでも同じようなことをフリッチャイは経験する。

ハンガリーでは、一九四四年十二月二十一日、ソ連軍の支援を受けて暫定国民議会がハンガリー東部、ブダペストから約二百三十キロメートルのデブレツェンで開催され、翌日、臨時政府が成立した。

フリッチャイは、そのデブレツェンに本部を置いていた臨時政府から、ブダペスト市管弦楽団の設立を委嘱され、ラディスラウス・ソモギ（一九〇七～一九八八）と一緒にオーケストラの首席指揮者を引き受けることになった。こうして、フリッチャイは現役兵士を辞め、サーベルを永遠に外すことになった。

また、計画中のフォルクスオーパーの監督も引き受けて欲しいと依頼された。フォルクスオーパーは、国立歌劇場に加えて、ブダペストで二つ目の歌劇場となり、専属のオーケストラ、合唱団、ソリストを持つ予定であった。しかし、フリッチャイは慎重に検討した結果、この招きを辞退した。管理の仕事に忙殺されたくなかったのである。

ブダペスト国立歌劇場にデビュー

そして、ハレの日はやってきた。歌劇が再開され、一九四五年三月二十七日（注：参考文献（1）（2）の自伝による。参考文献（3）に添付されている年表では四月二十六日となっているが、これは、パロがこの日、フリッチャイと共演したと回想していることからと推測される）、フリッチャイはついに歌劇でブダペスト国立歌劇場にデビューしたのである。演目は、ヴェルディの《椿姫》であった。これは、最愛の父の一番の願いであった。そして、その日は父の誕生日でもあった。しかし、この日を待ち望んでいた父は劇場にはいなかった。八日前に永遠の眠りについたのである。一生の望みの実現に立ち会うことを、彼は許されなかったのである。これは父のみならず、フリッチャイにとってもつらいことであった。

フリッチャイは、父の優しさと愛に、自身の成功をもって報いることができなかったことをしばしば悩み苦しんだ。父の精神と心はいつでも導いてくれ、自分は最後の日まで息子として感謝の念を抱き続けるとフリッチャイは回想している。

フリッチャイの《椿姫》は大成功であった。

この結果、翌日、フリッチャイはブダペスト国立歌劇場の一員となった。

当時の国立歌劇場は、卓越した声楽陣と伝統に則って鍛えられたオーケストラと合唱団からなる優れたアンサンブルを持っていた。フリッチャイは、このときすでに歌劇場のレパートリーの大部分、主にイタリア、スラヴ、そしてハンガリーの作品を手中に収めていた。

フリッチャイは「ここでの体験は、私のその後の人生全体の規範となった[1]」と回想している。

四月二十六日に上演された《椿姫》には、パロがジェルモン役で出演した。

パロをはじめ優秀な歌手が揃う中、フリッチャイは十分なリハーサルを行った。第一幕が終わると、指揮者に対して万雷の拍手が響き渡った。第二幕でのヴィオレッタとジェルモンの二重唱も拍手喝采を受け、二人は再度舞台で歌うことになった。

終演後も拍手が鳴りやまず、いったん退出していたオーケストラの楽員が、ピットに呼び戻され、パロは緞帳の前でアンコールに応えたのである。

フリッチャイは、一九四九年三月までの四年間、ブダペスト国立歌劇場で次の歌劇を指揮した。

ロッシーニ　《セビリアの理髪師》
ビゼー　《カルメン》
J・シュトラウス　《こうもり》
プッチーニ　《ラ・ボエーム》
プッチーニ　《トスカ》
ムソルグスキー　《ホヴァンシチナー》
フロトウ　《マルタ》
ヴェルディ　《オテロ》
ヴェルディ　《仮面舞踏会》
ヴェルディ　《椿姫》
ヴェルディ　《ドン・カルロ》
レオンガヴァッロ　《道化師》
ドニゼッティ　《ランメルモールのルチア》
ヴォルフ＝フェラーリ　《スザンナの秘密》

●写真5
1946年、ブダペスト
ドニゼッテイ
《ランメルモールのルチア》上演

《ルチア》上演

一九四六年五月五日、フリッチャイは、ドニゼッティの《ランメルモールのルチア》上演の指揮をした。フリッチャイは、「ハンガリーとチェコという自分の血筋と気質に非常に近いヴェルディとイタリア音楽全般に対して、深い親しみと愛情を持っていた[1]」と述べ、イタリア歌劇を好んで演奏したが、その中でも《ルチア》は、ことさら愛情をもって指揮をした歌劇である。

実現はしなかったものの、セゲド時代にも上演計画が立てられていた。ベルリン市立歌劇場では上演しなかったが、一九五三年、ベルリンでＲＩＡＳの放送用に録音した。これは、原語のイタリア語ではなくドイツ語での上演であったが、世界中に放送された。一九五六年には、イスラエルにおいて演奏会形式で上演、この年のクリスマスにはバイエルン州立歌劇場で新演出上演を指揮した。一九六〇年にもバイエルン州立歌劇場で再演している。

一九四九年三月五日のブダペスト国立歌劇場での最後の上演では、フリッチャイは新しい方法でリハーサルを行ったという。彼は自宅に歌手を呼び、約三十回に及ぶリハーサルを行ったが、その内容を明らかにした資料は見当たらない。しかし、その練習法はとても効果的で、当時、最も成功した公演となった。そのため、他の指揮者に変わってもその練習法は続けられた。

このとき、テノール歌手として参加し、のちにブダペスト国立歌劇場の楽友後援者協会の会長を務めたラースロー・キュルカイ（一九二六〜二〇一一）は、そのときのことを「今日においても思い出す[4]」とフリッチャイ協会のルッツ・フォン・プーフェンドルフ（一九四二〜）に語っている。

この典型的なイタリア歌劇のフリッチャイの解釈は、数年を経た後も語り草になっていたという。

コラム2　リハーサル～「正確」から「正しい表現」へ

フリッチャイは自伝で、「関係するすべてのメンバーが参加する最初のリハーサルで、自分こそが曲を最もよく知っている人になっていなければなりません」(1)と述べている。また、プーフェンドルフによれば、フリッチャイは原則として、「少なくとも作曲家の作品全体の主要な特徴に精通するまで」(13)作品を演奏しなかったという。それは、「ある作曲家の個々の作品を通して作品全体にアプローチするのではなく、まずその創作の全体を見渡し（中略）そして室内楽作品をも加えてスコアを研究」(55)して、自分なりのイメージを醸成したうえで、演奏会プログラムと演奏会や録音の日程を計画したのである。

アイネムの《ダントンの死》を初演した時は、十日十晩スコアを研究したという。このような人の何倍もの努力が、結果として表れていったのである。このときのウィーン・フィルの評は、フリッチャイは「リハーサルを巧みに行なうことを心得ていた」(14)というものであった。一九四八年のマルタンのオラトリオ《魔法の酒》の舞台版の初演の時には、作曲家のヴェルナー・エックが、「フリッチャイがいかに短時間で合唱やオーケストラ、そして歌手たちをうまく整え、バラバラに鳴り響く音から完全無比の統一感を作りあげるかということを私は知った」(15)とそのリハーサルの効果についてより具体的に説明している。

では、どのようにリハーサルを進めていったのだろうか。

RIAS交響楽団の創成期の頃、フリッチャイが、「みなさん、機械のようにきわめて正確に演奏してください[3]」と話していたことからもわかるように、その当時は、完璧性、正確性が第一であった。それは、一九五六年にバイエルン州立歌劇場で《オテロ》を上演した際も同じで、劇場の総支配人ハルトマンは「上演の能うる限りの完璧性が唯一の目的であるような、揺るぎない基本構想が、全ての演奏者に強く浸透[3]」していったと回想している。

そのために、例えば弦楽器について「一プルトずつ、また一人ずつさえ弾かせ[3]」自分のイメージに近づける努力を払い、また、適材適所の配置を行ったのである。

しかし、一九六〇年六月にシュトゥットガルト放送交響楽団を指揮してスメタナの《モルダウ》のリハーサルと本番を収録した際、フリッチャイはリハーサルを進める中で、「間違えてもいいから、表現を確実に。ミストーンは気にせずに[47]」と話しており、リハーサルに取り組む姿勢が変化している。フリッチャイの死後、写真集・追悼文集を編纂したフリードリヒ・ヘルツフェルトは「完璧性というものは、いまや余計な重荷のようなものでもなく、芸術活動の目的でもないことは明らかとなり、リハーサルで払った努力により、おのずと達成される結果であるべきものとみなされるようになりました[3]」と述べている。

このような姿勢の変化は、一九五八年の暮れに生死を分かつような病気に罹ったことが、大きな要因になっていると推定される。

　そのリハーサルの映像では、フリッチャイが祖父から受け継いだ良く通るテノールでさまざまな楽器のパートを歌ってみせており、さながら人間楽器である。弦も、フルートも、金管も、ティンパニも……むずかしいパッセージでさえもフリッチャイはいとも簡単に自分の喉で表現してしまうのである。ＲＩＡＳ交響楽団のソロ・チェロ奏者だったハンス・シュラーダーは、フリッチャイの死を悼んで開かれた対談で「あるフレーズをフリッチャイが歌って聞かせると、奏者はその箇所を、すぐさま彼が望んだとおりに、また彼の期待どおりに演奏することができたのです」[(3)-3]と語っている。

　フリッチャイは、自ら会得したさまざまな楽器の扱いと、もって生まれたテノールを活かして、技術面の向上を図るとともに、楽員にさまざまなイメージを語り、演奏により内面的な表現と、生命を吹き込んでいったのである。

第三章　ウィーン客演とザルツブルク音楽祭デビュー

《カルメン》でウィーン国立歌劇場デビュー

一九四六年七月、ウィーン・フィルハーモニー管弦楽団は、フリッチャイのブダペストでの活躍を聞きつけ、電報で秋の演奏会の指揮をして欲しいと招待してきた。

フリッチャイからすれば飛び上がるほど驚いたことだろう。

しかし、当時はまだブダペストとウィーンとの間には正規の郵便が復旧しておらず、招待の電報がどのようにしてフリッチャイのもとに届いたのか謎であった。フリッチャイは、あらゆる手段を尽くして返事を出そうとした。当時は電話も復旧しておらず、彼はウィーンに向かって「行きます(3)」と叫びたかったと回想している。

フリッチャイの回答は、回り回ってようやくウィーンに到着したが、そのときは時既に遅しであった。

フリッチャイは大いに落胆した。ウィーン・フィルハーモニー管弦楽団は、世界一、二を争う超一流のオーケストラである。それを三十一歳の、指揮者でいえば若僧が指揮できるということは、とても名誉なことであり、それゆえフリッチャイの失望は大きかったことであろう。

しかし、それだけでは終わらなかった。

十一月に、今度はウィーン国立歌劇場から招待を受けたのである。十二月に上演されるビゼーの《カルメン》を指揮して欲しいというものであった。当時、ウィーン国立歌劇場は、一九四五年三月十二日の連合軍の爆撃により大部分が焼失しており、爆撃を免れたウィーン・フォルクスオーパーの劇場と、アン・デア・ウィーン劇場を間借りして公演を行っていた。フリッチャイが招待されたのは、フォルクスオーパーの劇場での公演であった。

フリッチャイは、第二次世界大戦後の難しい交通事情のなか、ウィーン（ブダペストから約二百五十キロメートル）に行き、一九四六年十二月十九日、ウィーン国立歌劇場の《カルメン》新演出上演（前述のとおり、会場はフォルクスオーパーの劇場）を指揮した。公演は大成功で、オーストリア連邦行政長官で総支配人のエゴン・ヒルベルト（一八九九〜一九六八）の計らいにより、次のシーズンも指揮をすることになった。

ウィーン芸術週間への招待とザルツブルク音楽祭でのクレンペラーの補佐役受諾

一九四七年六月、フリッチャイは第一回ウィーン芸術週間に招かれ、同僚の指揮者ソモギとともに、ブダペスト市管弦楽団を率いてウィーンにやって来た。フリッチャイは、六月二十六日

（注：参考文献（16）による。（3）の年表では、六月二十二日となっている）にバルトークの《二つの肖像》とヤーノシュ・ヴィシュキ（一九〇六〜一九六一）のヴァイオリン協奏曲（注：バルトークのヴァイオリン協奏曲とする資料もある）、ドヴォルジャークの交響曲第九番《新世界より》を指揮した。ソモギはベートーヴェンの交響曲第七番ほかを指揮した。

そのときの評価を分けたのは曲の選択であったと、当時、ウィーン・コンツェルトハウスの事務長で、のちにフリッチャイの招きでベルリン・ドイツ・オペラの副監督になったエゴン・ゼーフェルナー（一九一二〜一九九七）が著書『ウィーン——わが都』で述べている。

当時、フリッチャイもソモギもハンガリーで有望な若手指揮者であったが、ソモギは大成功を見越して、ベートーヴェンの交響曲第七番をプログラムにのせた。ゼーフェルナーはそれが失敗であったという。「外国の一流オーケストラとどんな指揮者が、ウィーンで、ベートーヴェンの最もポピュラーな交響曲の一つを演奏しても、成功することは恐らくないだろう[8]」というのだ。それはウィーンという土地柄、ベートーヴェン監視人ともいうべき人たちがいて、その人たちのお眼鏡に適うのは、極めて困難なことであるからだ。

一方、フリッチャイは、自分が一番得意とする作品、ドヴォルジャークの交響曲第九番《新世界より》で、圧倒的な勝利を勝ち取ったのである。

フリッチャイ自身も「マスコミ、批評家、聴衆に大好評だった[1]」と回想している。

● 写真 6
1947 年、ザルツブルク
カラヤン、クリップスと

フリッチャイが指揮した演奏会には、まだ戦前・戦中のナチスへの協力嫌疑が晴れておらず、演奏活動再開の許可が出ていなかったヘルベルト・フォン・カラヤン（一九〇八～一九八九、一九四七年十月活動再開）が聴きに来ていて、彼はソモギとフリッチャイを比較して、フリッチャイのほうが「より聴衆を魅了する」[10]と評価した。そして、フリッチャイがザルツブルク音楽祭で、当時二十九歳であったオーストリアの作曲家、ゴットフリート・フォン・アイネム（一九一八～一九九六）の《ダントンの死》の初演を指揮する予定であったオットー・クレンペラーの補佐役に就任する際には、アイネムにフリッチャイの才能を保証した。

こうして、ウィーンでの演奏会の翌日（注：参考文献（1）（2）の自伝による。（3）では翌々日となっている）、フリッチャイとソモギは、ザルツブルク音楽祭の事務局から《ダントンの死》初演に際し、クレンペラーの補佐役を務めてくれないかと打診を受ける。第二次世界大戦直後のクレンペラーは、一九三九年に発症した脳腫瘍の影響か、体調がすぐれないことが多く、まさかのときには公演自体も引き受けてもらいたいという意図もあったようだ。補佐役としての依頼内容は、歌手と合唱団のリハーサル、それとオーケストラの下稽古であった。

まずソモギが打診を受けたが、彼は練習時間が短いと考え、これを断った。次に打診を受けたフリッチャイは、総譜を手に入れ一晩研究した。翌日には、《ダントンの死》の総譜の出版元であるユニヴァーサル社で、アイネム自らがピアノで弾く《ダントンの死》を聴いた。その結果、補佐役を引き受けることを決めた。この際、七回ある上演のうち一回は指揮をさせてくれという条件をつけたが、その条件は承諾された。

このとき以来、アイネムとは親しい仲となり、フリッチャイはアイネムのことを「彼の世代の中で最も才能のある作曲家であり、特に独唱や合唱で劇的な表現力を持っている」[1]と評価している。

一方、アイネムはフリッチャイの才能について、カラヤンのお墨付きはあったものの、自身は彼の演奏を聴いたことがなく、不安もあったようだ。しかし、フリッチャイが補佐役を引き受け、「もしクレンペラーの健康状態が悪化することにでもなれば、フリッチャイは初演の指揮を引き受けるとも言ってくれ」[3]、安心したのではないかと思われる（注：このとき初演の指揮も引き受けると言ったという内容は自伝では触れられていない）。

このとき、フリッチャイがザルツブルクについて持っていたイメージは、非常に漠然としたもので、そこで大変重要な音楽祭が開催されているという程度であった。彼はかつて一度だけ、ザルツブルク音楽祭の演奏会を聴いたことがあった。一九三七年のトスカニーニ指揮による、ブラームスの演奏会である。そして、音楽祭と切り離せない音楽家たち、リヒャルト・シュトラウス（一八六四～一九四九）、ブルーノ・ワルター、クレメンス・クラウス（一八九三～一九五四）、クナッパーツブッシュ、トスカニーニ、フルトヴェングラーの名前を思い浮かべて、音楽のために聖化された場所に自分が招かれているような気がしたと回想している。

ザルツブルクは、ヒトラー（一八八九～一九四五）の別荘があったベルヒテスガーデンに近かったことから、第二次世界大戦末期の一九四四年から一九四五年にかけて、大聖堂、ザルツブルク駅をはじめ市内各区が空襲による爆撃を受けていた。街は、チェコのズデーテン地方から逃れて来たドイツ人難民であふれていた。一九四七年時点で、通りの照明は復旧していたが、一部の地域ではガスがまだ復旧していなかった。

ザルツブルク音楽祭は、一八四二年に開始されたとされており、以降、不定期で開催されていた。一九二〇年、マックス・ラインハルト（演出家、一八七三～一九四三）やフーゴー・フォン・ホーフマンスタール（詩人、作家、劇作家、一八七四～一九二九）らにより戯曲《イェーダーマン》が上演され、現在につながるザルツブルク音楽祭の基礎が築かれた。これより毎年開催されるようになり、栄華を誇ったが、一九三八年、ドイツのオーストリア併合以降、ナチスの干渉にさらされることになった。

第二次世界大戦後、ザルツブルク音楽祭はゼロからの再スタートを切ることになるが、戦前の汚名を返上するために模索していた。

そしてそれは、現代歌劇の上演という方向に向かった。当時の総裁、プトン男爵（一八七二～一九六二）、のちに総裁となるベルンハルト・パウムガルトナー（一八八七～一九七一）、そしてオーストリア連邦行政長官のエゴン・ヒルベルトの三人が会談を行ない、オーストリア人による新しい歌劇の世界初演が計画された。

それがアイネムの歌劇《ダントンの死》であった。この歌劇は、特に第二次世界大戦後、話題の中心になっていた。革命が独裁にどのようにつながるのか、ダントンのような主要な革命家がなぜ、同士であったはずのロベスピエールから攻撃されるのか。この歌劇はそれを示していたのである。

音楽祭の計画が始まっていた一九四七年の初頭は、ナチス協力嫌疑に関連してヴィルヘルム・フルトヴェングラーやヘルベルト・フォン・カラヤンは演奏活動を再開していなかった（フルトヴェングラーは同年四月活動再開）。またブルーノ・ワルターは、新たに開催されるエディンバラ音楽祭への出演を決め、ザルツブルク音楽祭には出演しないことになっていた。このように戦前の常連指揮者が出演できない状況下にあって、アメリカからヨーロッパに戻っていたオットー・

クレンペラーが、アイネムの《ダントンの死》を指揮することを受諾し、話題になっていた。

アイネムは、《ダントンの死》のほかにも、現代的な管弦楽曲や室内楽曲の数も増やしたいと考えていた。もちろん彼自身、これまで保守的だったザルツブルク音楽祭において、斬新ともいえる取り組みが聴衆にすぐ受け入れられるとは思っていなかった。それでも、繰り返し演奏していけば、いつか聴衆は現代作品を受け入れ、最後にはそれを楽しむようになると期待していたのである。

一方、フリッチャイのクレンペラー補佐役就任について太鼓判を押したカラヤンであるが、アイネムのそのような方針については反対の立場をとっていた。スティーヴン・ギャラップ（一九三九〜）は、著書『音楽祭の社会史』で次のように記している。

このアイネムの考えに、お互いの手の内を知りつくした「顔見知り」であるヘルベルト・フォン・カラヤンは同意しなかった。カラヤンはアイネムを現代音楽の旗手として認めたくなかったこともあり、ザルツブルク音楽祭での『ダントンの死』の上演に反対した。(9)

アイネムはこの年の秋、ザルツブルク音楽祭の理事に就任し、この考え方を推進していくことを理事会で表明している。

ブダペストに戻り、スコアを研究

フリッチャイは、この《ダントンの死》を非常に難しい歌劇であると思い、この後、ブダペストに戻り、スコアを徹底的に研究した。

最初のリハーサルに臨む際、自分こそが曲を最もよく知っていなければならないと常日頃思っていたフリッチャイにとって、「それは大変な課題(1)」であった。しかし、十日十晩を費やして、フリッチャイはこの困難事を成し遂げた。こうして、リハーサルを開始するためザルツブルクに到着した時、彼はその歌劇に精通していたのである。

一方、クレンペラーはどうしていたのだろう。まず、この歌劇の初演の打診は、一九四七年の始め、ウィーン滞在中のクレンペラーのもとを訪れた歌劇の監督、オスカー・フリッツ・シューー（一九〇四〜一九八四）からもたらされた。クレンペラーはアイネムを呼び出し、歌って演奏するよう要請した。アイネムはそれを非常に効果的に行ない、クレンペラーはその後すぐに自分がそれを指揮しようと伝えたのである。そして、ザルツブルク音楽祭で新しい歌劇を上演するプロジェクトについて、とりわけカラヤンから攻撃を受けていたことを意識して、彼がこの歌劇から受けた「素晴らしい印象」を紙上で強調したのである。

新作を公の場で擁護することに慎重なクレンペラーとしては異例なことであった。

七月、クレンペラーはウィーンに滞在していたが、数日間の余裕があったため、グラーツ音楽祭に出演することを受諾、七月十日にウィーン交響楽団の演奏会を指揮した。この演奏会には、カラヤンが聴きにきていた。

演奏会の翌朝、カラヤンはクレンペラーをウィーンまで車で送った。しかし、ピーター・ヘイワース著のクレンペラー伝によれば、第三帝国（ここではナチ党統治下で呼ばれたドイツの名前）の寵児であったカラヤンとワイマール共和国（一九一九〜一九三三のドイツ）の大立者であったクレンペラーが、ドライブを伴にするという稀有な機会は、「有意義なものにはならなかった[12]」のである。クレンペラーは道中、ほとんど眠っていたようだ。

クレンペラーは、その日のうちにザルツブルクに向けて出発した。それは、八月六日に行われる新しい歌劇《ダントンの死》の初演に向けたリハーサルを開始するためであった。

リハーサル

フリッチャイは、ザルツブルクに到着（ブダペストから約五百五十キロメートル）すると、すぐにリハーサルに取り掛かった。自伝から推定すると、それは七月十一日頃になる。そのリハーサルはとても充実したものであった。

フリッチャイと作曲者のアイネム、監督のシュー、そして演出のカスパー・ネーアー（一八九七～一九六二）との間で、どのようなスタイルで上演するかについて議論が交わされた。アイネムによると、それは「予想を超えた、まことに刺激的な議論[3]」となったのである。

主催者側のこの曲の初演に対する期待は大きく、マリア・チェボターリ（一九一〇～一九四九）、パウル・シェフラー（一八九七～一九七七）、ユリウス・パツァーク（一八九八～一九七四）、ロゼッテ・アンダイ（一九〇三～一九七七）といった一流の歌手を揃えていた。

独唱者たちだけでなく、合唱も重要な役割を担った。合唱団の歌唱は、音も言葉もはっきりと聴き取れるというもので、これはフリッチャイがウィーン国立歌劇場の合唱指揮者ロスマイヤー博士と作り上げたものであった。このことについて、アイネムは「本当に不思議な体験[3]」だったと表現している。またシューも同様に、「彼（筆者注：フリッチャイのこと）は、歌劇の中の言葉の明瞭さを、徹底して重んじていました。そのため、観客は、現代の作品でも一語一句、難なく理解できるようになりました[13]」と述べ、それが、他のあらゆる指揮者からフリッチャイを際立たせていた能力の一つであるとしている。

フリッチャイは、この革命ドラマの精神的な内容を理解し、原作者ゲオルク・ビューヒナー（一八一三～一八三七）の美しい文章が織りなす繊細な感覚と、音楽に潜むドラマを引き出そうと情熱的に取り組んだ。ボリス・ブラッハー（一九〇三～一九七五）による大胆な編曲と相まって、その表現は実に圧倒的なものであった。

このときの様子について、ウィーン・フィルハーモニー管弦楽団の第二ヴァイオリン首席奏者で、のちに楽団長を務めたオットー・シュトラッサー（一九〇一～一九九六）は、その著書『栄光のウィーン・フィル』で次のように述べている。

私たちはこのザルツブルクの夏のフェスティヴァルで、またフェレンツ・フリッチャイと知り合いになるチャンスも得た。この芸術家は、もし彼が、あんなに早く世を去りさえしなければ、私たちにとって、大きな意味を持ち得たろうに。彼は、ゴットフリート・フォン・アイネムのオペラ、〈ダントンの死〉の初演を稽古し、それを通して、稀にみる表現力、形成力を有する熱狂的な音楽家たることを実証した。さらにこれに加えて、リハーサルを巧みに行なうことを心得ていた。(14)

ここで、「私たちにとって、大きな意味を持ち得たろうに」とは、第七章で述べるが、フリッチャイが長生きしたならば、ウィーン・フィルの首席指揮者に就任していた、ということを意味している。

ザルツブルクの街には、祭りにつきものの混雑や喧騒はなかった。シューは、「当時、外国からの聴衆はほとんどおらず、当てにできるのはオーストリア人とわずかばかりかのアメリカ人だった(13)」と報告しており、祭りにもかかわらず静かであったのは、それが要因の一つと考えられる。

フリッチャイは、ザルツブルクのことを「奇跡ともいえる素晴らしい雰囲気がありました(1)」と回想している。

というのは、豪華な民宿があって、宿の主が芸術家たちをとても良くもてなしてくれたからであり、また、音楽祭の関係者たち、最高の歌手から裏方にいたるまでが、祝祭劇場の騎士の間で一緒にテーブルを囲んで、アメリカ軍支給の食事を楽しく味わうことができたからである。フリッチャイは、「私たちはただ音楽のことだけに夢中でした。そして私たちはみんな友達でした(1)」と述べている。

一方、クレンペラーも、七月十一日頃にザルツブルクに到着、本格的なリハーサルが始まった。しかし、クレンペラーはすでにこの歌劇に興味が無くなっており、彼が何の準備もしていなかったことが、すぐにわかった。

クレンペラーは体調がすぐれなかったのか、リハーサル中、最悪の気分であった。音楽祭の理事からどうしたのかと質問されると、クレンペラーは体調不良を原因に上げた。理事たちは心配になって彼の医師団に連絡してみたが、新しく判明したことは何もなかった。

そのような状況が続く中、最終的にクレンペラーは理事たちの前で次のように宣言したのである。

「私はこの歌劇を指揮したくないし、指揮することもできません」(13)

(Ich kann und will diese Oper nicht dirigieren!)

さあ、困った。初演まであと二週間しかない。しかし、音楽祭の総裁、プトン男爵は少しも慌てることなく、こう言って周囲の者を奮い立たせた。

「いや我々にはまだフリッチャイがいる」(10)

第二次世界大戦前のケルン歌劇場やベルリンのクロール・オペラ時代にヤナーチェク（一八五四～一九二八）やシェーンベルク（一八七四～一九五一）など先鋭的な作品に積極的に取り組んでいたクレンペラーだけに、これは意外なことである。この頃のクレンペラーは、奇行が報告されており、それは脳腫瘍の後遺症からきていることなのかもしれない。

一方、フリッチャイは毎日リハーサルに励んでいたが、その九日目にアイネムがリハーサル会場に飛び込んで来た。

アイネムは興奮した口調で、「あなたは一人でリハーサル全体を引き受けて、すべての公演を行うことができますか？　私たちはみんな、あなたを信頼しており、必ず成功すると確信しています。クレンペラーが病気になってしまったのです(1)」と言ったのである。

その日の夕方から、オーケストラのリハーサルが始まった。フリッチャイは、「ウィーン・フィルハーモニー管弦楽団と国立歌劇場合唱団を、私の、そして作品の味方につけることに成功しました(1)」と回想している。

この日は、七月二十日前後と推定される。そして、八月一日、クレンペラーが病気で休養が必要であり、代わってハンガリーの指揮者、フェレンツ・フリッチャイが《ダントンの死》の初演を指揮することが発表された。当時、すでに伝説的な指揮者となっていたクレンペラーが、《ダントンの死》の初演を指揮するということで話題になっていただけに、その衝撃は大きなものであったと推察される。

センセーションを巻き起こした《ダントンの死》初演

そして、ついに一九四七年八月六日、初日を迎えた。

初演は大成功と評され、翌日の新聞には、「フェレンツ・フリッチャイ」という名前が飛び

●写真7
1947年8月、ザルツブルク
アイネムと

交っていた。

フリッチャイは、次のように回想している。

初演は成功というより勝利でした。ゴットフリート・フォン・アイネムにとっても私にとっても。翌日の新聞は誉め讃えていました。二十四時間も経たぬうちに、私の名前はヨーロッパの音楽界で知られるようになっていました。名前を発音できる人は、一人もいませんでしたが。[1]

シューも「新作世界初演の持つ新しさが人に及ぼす効果は、確かに圧倒的で、この公演のニュースは世界中を駆け巡りました」[13]と回想している。

その日からフリッチャイのもとには非常に多くの招待状が届くようになった。ハンブルク、ブリュッセル、チューリッヒ、ローマ、そして何よりもフリッチャイの気を引いたのは、ウィーン国立歌劇場からの招待であった。その内容は、以前客

SALZBURGER
FESTSPIELE
1947

WELTURAUFFÜHRUNG

DANTONS TOD

EINE OPER IN ZWEI TEILEN (SECHS BILDERN)
FREI NACH GEORG BÜCHNER VON
GOTTFRIED EINEM

TEXT EINGERICHTET VON BORIS BLACHER
UND GOTTFRIED EINEM

DIRIGENT:
FERENC FRICSAY

INSZENIERUNG:
OSCAR FRITZ SCHUH

BÜHNENBILD UND KOSTÜME:
CASPAR NEHER

ORCHESTER:
DIE WIENER PHILHARMONIKER

CHOR DER WIENER STAATSOPER

●記録2
1947年8月、ザルツブルク
アイネム 《ダントンの死》

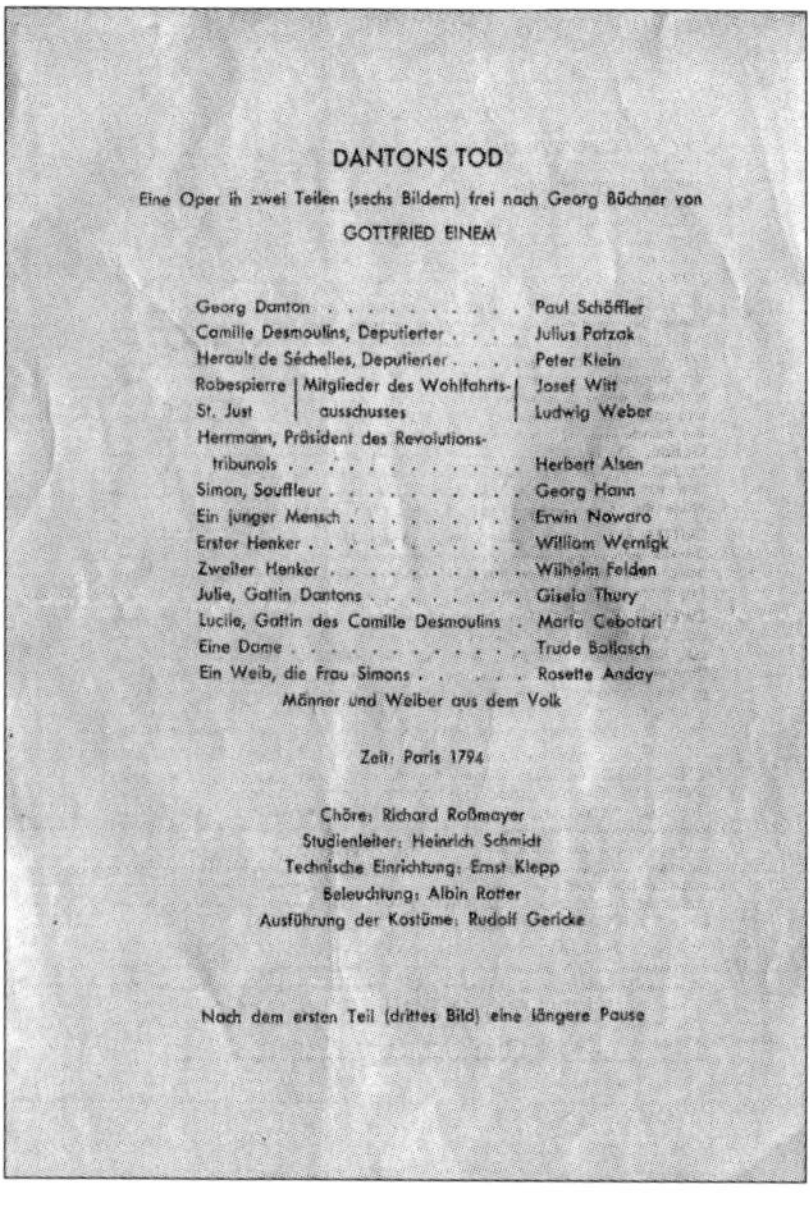

DANTONS TOD

Eine Oper in zwei Teilen (sechs Bildern) frei nach Georg Büchner von

GOTTFRIED EINEM

Georg Danton	Paul Schöffler
Camille Desmoulins, Deputierter	Julius Patzak
Herault de Séchelles, Deputierter	Peter Klein
Robespierre | Mitglieder des Wohlfahrts- |	Josef Witt
St. Just | ausschusses |	Ludwig Weber
Herrmann, Präsident des Revolutions-tribunals	Herbert Alsen
Simon, Souffleur	Georg Hann
Ein junger Mensch	Erwin Nowaro
Erster Henker	William Wernigk
Zweiter Henker	Wilhelm Felden
Julie, Gattin Dantons	Gisela Thury
Lucile, Gattin des Camille Desmoulins .	Maria Cebotari
Eine Dame	Trude Ballasch
Ein Weib, die Frau Simons	Rosette Anday

Männer und Weiber aus dem Volk

Zeit: Paris 1794

Chöre: Richard Roßmayer
Studienleiter: Heinrich Schmidt
Technische Einrichtung: Ernst Klepp
Beleuchtung: Albin Rotter
Ausführung der Kostüme: Rudolf Gericke

Nach dem ersten Teil (drittes Bild) eine längere Pause

演したフォルクスオーパーの劇場での公演ではなく、当時の本拠地、アン・デア・ウィーン劇場での公演であった。フリッチャイは、「夢とも現ともわからない気分でした(1)」と回想している。

ただ、フリッチャイも述べているように、Ferenc Fricsayという綴りだけは、世界を駆け巡ったが、誰もそれを発音できなかった。これは日本国内でも同じであった。日本国内で、フリッチャイのレコードが発売され、ヨーロッパでの活躍が伝えられるようになった頃、現在使用されている「フリッチャイ」の表記のほか「フリクセイ」、「フリクサイ」というものもあった。そもそも「ドヴォルジャーク」と同様、正確な発音を日本語で表記することは不可能なのである。

ウィーン国立歌劇場での挫折

フリッチャイはこの成功によって受けた多くのオーケストラからのオファーの中から、ウィーン国立歌劇場と指揮者としての契約を結んだ。

フリッチャイにとってウィーン国立歌劇場は、とびっきり最高のものを意味していた。

彼の父は制服を着ているときでも、必ず教会の前では脱帽して敬意を表していた。それと同じように、ウィーン国立歌劇場の前でも脱帽しており、「ここは音楽の教会だ(1)」（彼は、ここでマーラーの極めて完成度の高い演奏を聴いたことがあった）とフリッチャイに語っていた。フリッチャイも父と同じように敬意を持ってウィーン国立歌劇場の指揮台に立ったのである。
しかしながら、ウィーン国立歌劇場での仕事は、十分な練習時間も与えられず、毎日違う演目を上演するレパートリー公演の指揮であり、フリッチャイはこの仕事のせいで疲弊しきってしまった。

ウィーン国立歌劇場で最初に担当したのは、プッチーニの歌劇《ラ・ボエーム》であった。それは大成功を収め、フリッチャイはウィーンの報道機関から注目を集めた。

しかし、始めの二〜三回の公演が終わると状況は変わってきた。フリッチャイが稽古をつけた配役が変更されてしまったのである。また、他の誰かが稽古をつけた曲を、オーケストラのリハーサルなしで、それも彼の見解からすれば誤った配役で上演しなければならないこともあった。

フリッチャイは、一九四七年から一九四八年にかけて四十以上の公演を行ったが、このようにレパートリー制の要求に応じなければならなかったのである。ステージやオーケストラピットでの人員の変更は日常茶飯事で、リハーサルをしていない作品の指揮も余儀なくされた。多くの有名な歌手が参加していたにもかかわらず、それは拷問のようであった。フリッチャイは、このことは歌劇に対する裏切りであり、彼は指揮者ではなく単純に拍子を刻む役割をさせられていると感じたのである。

セゲドで歌劇の指揮をしていた頃は、自分で倉庫を探って舞台装置から衣装まで決めるなど、歌劇制作全体にかかわってきたことから、自分の考えが採り込まれていない作品や、ましてリハーサルなしでいきなり指揮をするなどということは、彼にとって耐えられなかっただろうと容易に推察できる。

そのため、のちにベルリンとミュンヘンで音楽総監督を務めることになった時、最初の契約交渉で、フリッチャイは総支配人に対して、自分がリハーサルした作品だけ指揮することを明言したのである。

フリッチャイは一九四八年のザルツブルク音楽祭で、フランク・マルタン（一八九〇〜一九七四）の《魔法の酒》舞台版を初演して二回目の成功を収めた後、一年ちょっとでウィーン国立歌劇場の契約を終了した。この間に指揮した歌劇は、わかっているだけで次のとおりである。

プッチーニ　《ラ・ボエーム》
ヴェルディ　《リゴレット》
ヴェルディ　《椿姫》
ヴェルディ　《アイーダ》

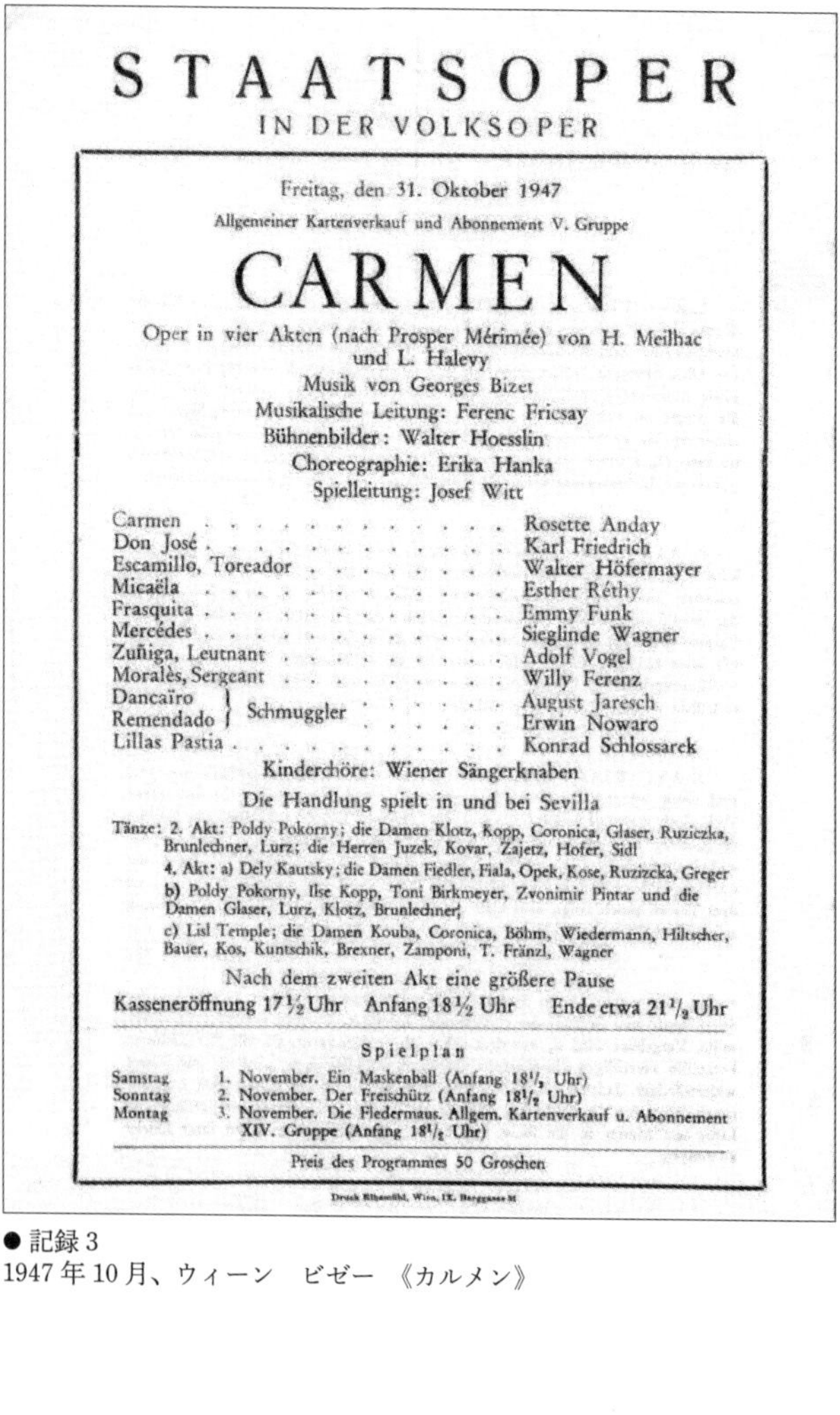

STAATSOPER

IN DER VOLKSOPER

Freitag, den 31. Oktober 1947

Allgemeiner Kartenverkauf und Abonnement V. Gruppe

CARMEN

Oper in vier Akten (nach Prosper Mérimée) von H. Meilhac und L. Halevy

Musik von Georges Bizet

Musikalische Leitung: Ferenc Fricsay

Bühnenbilder: Walter Hoesslin

Choreographie: Erika Hanka

Spielleitung: Josef Witt

Carmen	Rosette Anday
Don José	Karl Friedrich
Escamillo, Toreador	Walter Höfermayer
Micaëla	Esther Réthy
Frasquita	Emmy Funk
Mercédes	Sieglinde Wagner
Zuñiga, Leutnant	Adolf Vogel
Moralès, Sergeant	Willy Ferenz
Dancaïro } Schmuggler	August Jaresch
Remendado } Schmuggler	Erwin Nowaro
Lillas Pastia	Konrad Schlossarek

Kinderchöre: Wiener Sängerknaben

Die Handlung spielt in und bei Sevilla

Tänze: 2. Akt: Poldy Pokorny; die Damen Klotz, Kopp, Coronica, Glaser, Ruziczka, Brunlechner, Lurz; die Herren Juzek, Kovar, Zajetz, Hofer, Sidl

4. Akt: a) Dely Kautsky; die Damen Fiedler, Fiala, Opek, Kose, Ruzizcka, Greger

b) Poldy Pokorny, Ilse Kopp, Toni Birkmeyer, Zvonimir Pintar und die Damen Glaser, Lurz, Klotz, Brunlechner;

c) Lisl Temple; die Damen Kouba, Coronica, Böhm, Wiedermann, Hiltscher, Bauer, Kos, Kuntschik, Brexner, Zamponi, T. Fränzl, Wagner

Nach dem zweiten Akt eine größere Pause

Kasseneröffnung $17\frac{1}{2}$ Uhr Anfang $18\frac{1}{2}$ Uhr Ende etwa $21^{1}/_{2}$ Uhr

Spielplan

Samstag	1. November. Ein Maskenball (Anfang $18^{1}/_{2}$ Uhr)
Sonntag	2. November. Der Freischütz (Anfang $18^{1}/_{2}$ Uhr)
Montag	3. November. Die Fledermaus. Allgem. Kartenverkauf u. Abonnement XIV. Gruppe (Anfang $18^{1}/_{2}$ Uhr)

Preis des Programmes 50 Groschen

● 記録 3
1947 年 10 月、ウィーン　ビゼー 《カルメン》

アイネム　《ダントンの死》
ビゼー　《カルメン》（フォルクスオーパーの劇場）

フリッチャイが《アイーダ》を指揮していたことは大変興味があるが、録音が残されていないのは残念である。トランペットのファンファーレ〈大行進曲〉を聴いてみたかったものである。

一九四七年十一月には、チューリッヒ歌劇場にも客演し、ヴェルディの《トロヴァトーレ》を指揮した。

ブダペスト国立歌劇場の二人の指揮者

フリッチャイは、ウィーン国立歌劇場の指揮者になってからも、ブダペスト国立歌劇場の指揮者を継続していた。そのブダペストで指揮をしていた一九四五年から一九四九年の間で、フリッチャイの記憶に特に残っている指揮者が二人いる。

一人は、セルジオ・ファイローニである。フリッチャイはこの指揮者を大変尊敬しており、自分が知っている中で最も重要な指揮者の一人であったと述べている。

ファイローニは、一九二〇年代後半にムッソリーニの政治思想を嫌ってイタリアから逃れて、ブダペストにやって来た。そして、そのままブダペストに留まったため、西ヨーロッパではあまり知られていなかったが、第二次世界大戦後すぐにニューヨークのメトロポリタン歌劇場やミラノのスカラ座と契約を結ぶなどして名声は高まっていた。

フリッチャイは、ヴェルディをはじめイタリア音楽を好んで演奏したが、この偉大な指揮者からイタリア音楽の真髄を直に、そして最良の形で受け取ることができたのである。フリッチャイ自身、このことは「私にとって何より素晴らしいことでした(1)」と述べている。

また、ファイローニは並外れたワーグナー指揮者でもあった。

彼は記憶力がよく、ベルリーニの《ノルマ》、ワーグナーの《ニーベルングの指環》、そしてバルトークの作品まで、すべて暗譜で指揮をしたのである。

そのことは、フリッチャイの心に強く刻まれた。

フリッチャイによれば、ファイローニはまっすぐで勇敢な性格であった。彼が思想の自由をどう貫くかがわかる次のようなエピソードがある。

それはハンガリーのユダヤ人法の施行後間もなくのことである。

ファイローニは、舞台裏に配置されている合唱に難しい部分がある作品のリハーサルを行っていた。いつもはユダヤ人の優秀なコレペティートル（練習ピアニスト）が稽古をしていたが、不在だったので、若くて経験の浅い同僚が担当していた。実は、ユダヤ人だったそのコレペティー

● 写真 8
1948 年、ブダペスト　国立歌劇場
マルタ夫人と

トルは、歌劇場から追放されていたのである。しかし、ファイローニはそのことを知らなかった。彼は稽古がうまくいかず、我慢の限界に達し、大声でいつものコレペティートルの名を呼んだのである。彼はもう歌劇場にはいないと言われると、ファイローニは事情がまるでわからない様子であった。呆然とした彼は、裏手で合唱の稽古をしている男に会いたいと言った。新人のコレペティートルはビクビクしながら、ふらふらと舞台へ出て来た。

ファイローニはしばらくの間沈黙して、それから次の言葉を発したのである。それは当時、下手をすると非常に深刻な結果をもたらしかねない言葉であった。

「良い時代になったものだ。君は、裏の合唱団の稽古もろくにできない。私たちのイエス・キリスト様でさえ、この歌劇場でコレペティートルにはなれぬだろうに、君なんぞが(1)！」

ファイローニは、フリッチャイがブダペスト国立歌劇場に在任中の一九四八年、五十六歳で亡くなった。

もう一人は、オットー・クレンペラーである。

すでに触れたとおり、クレンペラーは一九四七年のザルツブルク音楽祭で、アイネムの《ダントンの死》の初演をリハーサルの途中でキャンセルし、フリッチャイがその代役を務め、世界から脚光を浴びるきっかけを作った張本人である。このクレンペラーがザルツブルクに滞在中、ピアニストのアニー・フィッシャー（一九一四～一九九五）の夫で、ブダペスト国立歌劇場の総支配人、アラダール・トート（一八九八～一九六八）から招かれ、一九四七年十二月に同歌劇場の指揮者に就任していた。奇しくもフリッチャイとは、盟友関係となっていたのだ。この時期、フリッチャイとクレンペラーは、共同でモーツァルトの総譜の研究をまとめている。

フリッチャイは、クレンペラーについて、「熟練の極みに達していた」(1)と評している。彼のベートーヴェン、モーツァルトやブラームスの比類なき演奏会と歌劇公演は、フリッチャイに規範とすべき、ドイツ・ロマン派音楽の確固たる方向性を明らかにしたのである。

フリッチャイは、イタリア音楽の真髄をファイローニに、ドイツ音楽の真髄をクレンペラーから学び取ったと言えよう。

――重要な出会いをもたらした一九四八年、ザルツブルク音楽祭

　ザルツブルク音楽祭は、翌年、そして翌々年もフリッチャイを招き、現代歌劇の初演を行った。一九四八年には、トリスタン伝説を題材にしたフランク・マルタンのオラトリオ《魔法の酒》の舞台版の初演を、シュー監督、ネーアー演出、フリッチャイ指揮という同じ顔ぶれで行った。上演では、ウィーン・フィルハーモニー管弦楽団ではなく、ブダペスト・フィルハーモニー管弦楽団のアンサンブルからなる《魔法の酒》オーケストラが演奏した。

　この初演に際しても、カラヤンは反対を唱えた。

　マルタンは、カラヤンが共感する同時代の作曲家のひとりであり、ほの暗い世界、ドビュッシー的な繊細さと病的な美しさをもつ《魔法の酒》は、彼にとっても魅力的だった。しかし、ドイツ語に翻訳され演奏されたオラトリオは雑なもので、今回もその版を使用することは、彼にとって認めがたいものがあった。彼は、もし上演を敢行するなら音楽祭には協力しないとまで言ったのである。

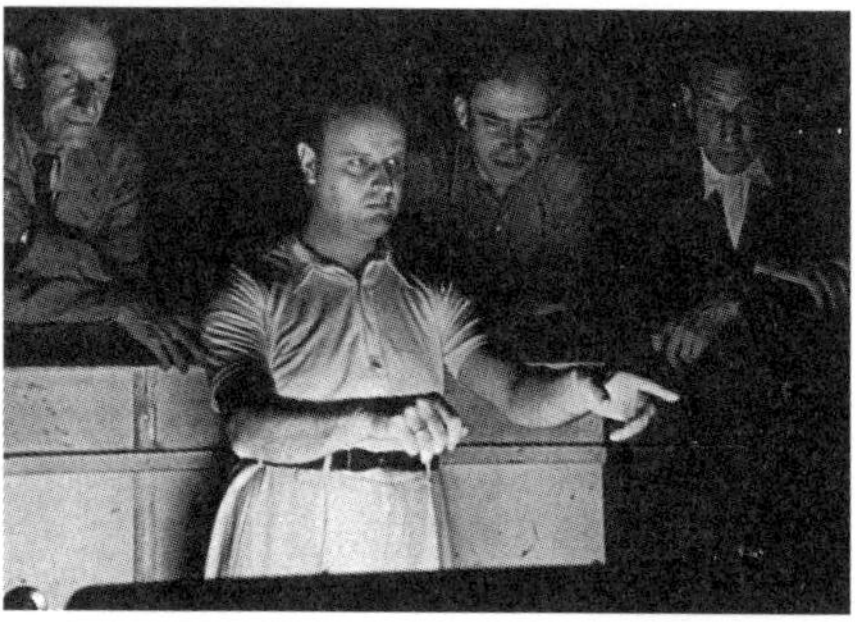

● 写真9
1948年8月、ザルツブルク
《魔法の酒》リハーサル
マルタン、シュー、ネーアーと

結局八月十五日、上演は行われたが、評価はまちまちであった。成功とする評価もあれば、失敗とするものもあった。失敗とする評の中には、《魔法の酒》をもじって「悲しい酒[9]」とも「阿呆の酒[11]」とも呼んでこき下ろした。

評価はともかく、この一九四八年のザルツブルク音楽祭での演奏は、フリッチャイにとって大きな転機となった。

戦後のベルリンは戦禍により荒廃していたが、音楽に対する情熱はむしろ高まっていた。そのような中、若くて優秀な指揮者を求めてベルリンからスカウトが来ていたのである。

フリッチャイは、作曲家のヴェルナー・エック（一九〇一〜一九八三）とベルリンの音楽評論家、ヨーゼフ・ルーファー（一八九三〜一九八五）と出会った。フリッチャイはこの二人から、今ベルリンでは音楽が重要で、そのための人材が必要であることを熱心に説明され、最後にはベルリンに行くことを説き伏せられたのである。

この夏の音楽祭では、エルザ・シラー（一八九七〜一九七四）とも出会った。フリッチャイは、この出会いを「運命的かつ幸運」[1]な出来事だったと述べている。

シラーは当時、ベルリンの放送局、ＲＩＡＳ（Rundfunk im Amerikanischen Sektor　アメリカ軍占領地区放送局）に在籍し、音楽部門の長をしていた。一九五二年からはフリッチャイが契約していたドイツ・グラモフォンの責任者になっている。シラーはオーストリアで生まれ、ブダペスト大学でドホナーニに学びピアノ教授の学位を取得、その後ベルリンに住んでいた。

このとき以来、フリッチャイたちにとって、シラーは誰よりも心を許せる、信頼できる友人となった。シラーとのつながりは、フリッチャイの生涯にわたって、仕事上のみならず、個人的な交友においても途切れることがなかった。

フリッチャイは、「彼女は私たちが人生の喜びと悲しみを分かち合う友人でした」[1]と述べている。

エックは、旧友であり支援者でもあったベルリン市立歌劇場の総支配人、ハインツ・ティーチェン（一八八一〜一九六七）から、もし若く才能のある指揮者を見つけたら、すぐに知らせるようにと依頼されていた。そして、彼はオーストリアの放送局ロート・ヴァイス・ロートを通じて、ティーチェンに電話をかけたのである。「ザルツブルクで、将来ベルリンの音楽総監督になるべき人物を見つけた」[15]と。同じようにルーファーはベルリン放送局、エルザ・シラーはＲＩＡＳにフリッチャイのことを急報したのである。

このときのエック、シラーのフリッチャイの評価は次のとおりである。

（エック）

フリッチャイがいかに短時間で合唱やオーケストラ、そして歌手たちをうまく整え、バラバラに鳴り響く音から完全無比の統一感を作りあげるかということを私は知った。彼の内面では意識的な芸術的悟性と、仕事を続けるなかで次第に高揚してくる想像力の絶え間ない流動を伴った、完璧な処理能力が一体となっている(15)。

（シラー）

フリッチャイは個性的で、あらゆる美に対する没入力と、全身全霊をささげる、きわめて高い志を持っていました(3)。

コラム3　リハーサル～曲から想起されるイメージ、色彩～

フリッチャイの死後、写真集・追悼文集を編纂したヘルツフェルトは、「完全性と人間的なイメージの中で」と題したフリッチャイ論の中で、「彼のリハーサルでは、次々にイメージが喚起され、どんな作品からでも詩的な情景を作り出していきました」[(3)]と述べている。

いくつかの例を次に挙げる。

★モーツァルト《イドメネオ》序曲

まず曲の冒頭が、英雄的な性格を規定する。するとすぐ続いて、われわれは、海がざわめくのを覚え、巨大な波がさかまくのを聴く[(3)-4]（『モーツァルトとバルトーク』から）。

★モーツァルト《ドン・ジョバンニ》

フィナーレの導入で鳴り響くふたつの悲劇的な和音、騎士長の石像がドン・ジョバンニの招待に応じる場面で奏されるその和音は、詐欺師や放埒者をもなお見捨てることのない生への不屈の意志を表す[(3)-5]（シュラーダー談）。

★ベートーヴェン　交響曲第三番《英雄》

葬送行進曲冒頭のコントラバスの忍び歩くようなアウフタクトのところで、英雄の墓に投ずる土をいっぱいに掬いとった手にたとえた[(3)-5]（シュラーダー談）。

★ヴェルディ《レクイエム》

最初の数小節に、ほとんど光の届かぬ地下納骨堂に下りていく人を想起した。[(3)-5]

★スメタナ《モルダウ》

冒頭の二本のフルートのやりとりについて、一見合わないかもしれないという前置きをして「大雨ののち、太陽が再び顔を出します。すると小さなミミズが土の中から出てきて、日光浴を始めるのです。するとそこへ別のミミズがやってきて一匹目のミミズに言い寄ります。すると一匹目のミミズが『あんたバカじゃないの、アタシはあんたのしっぽなのよ！』と言うのです」[(47)]（リハーサルの映像から。フリッチャイはここで、二本のフルートのやりとりを一匹のミミズの頭としっぽに例えた）

★ドヴォルジャーク　交響曲第九番《新世界より》

ニューヨークに着いた移民たちの姿を思い浮かべ、この約束の地で移民たちが生活をはじめ、希望の煙が立ち昇る中から彼らの家々の小さな尖塔が姿を見せるイメージや、移民たちの郷愁や悲しい経験などのイメージを魔法のように呼び起こした[(60)]（メニューイン談）。

第一楽章でホルンが奏する第一主題の上昇して下降する音型は、ドヴォルジャークが摩天楼を前にして驚嘆した様子を表している。ドヴォルジャークはちっぽけな存在として街路に立っており、最上階まで仰ぎ見てから、その視線をふたたびファサード沿いに下へと滑らせていった[(61)]（ヴェルナー・テーリヒェン［ベルリン・フィルのティンパニ奏者、フリッチャイの《新世界より》録音に参加、一九二二〜二〇〇八］談）。

★バルトーク　《管弦楽のための協奏曲》第一楽章の金管のファンファーレ

テーマがごく狭い所に詰め込まれ、（中略）どの一吹きも鋭く、銃剣の尖端にきらめく陽光のように[(3)-6]（『モーツァルトとバルトーク』から）

これらの描写は、時には曲の背景とは全く関係のないものもあるが、それらはみな、奏者たちの演奏の助けになっているように思える。特に、《管弦楽のための協奏曲》でのファンファーレの描写は、この曲の録音で聴くことのできる早いテンポで勢いよく奏されるトランペットの音色にまさに反映されていると感じた。《新世界より》の第一楽章第一主題に対しては、筆者はこれまで馴染みやすいメロディであるという印象以外は何も感じていなかったが、この摩天楼を仰ぎ見る描写を知って、十九世紀末期のニューヨーク、マンハッタンでのドヴォルジャークの視点を、そしてその情景をありありと思い浮かべることができた。

またフリッチャイは、その著書『モーツァルトとバルトーク』で、音楽作品にはそれぞれに固有な響きの基本となる色彩があるとしており、次のような例を挙げている。

★モーツァルト　《魔笛》での天上の魔法のような響き

青く美しく光る銀色の、うっとりするようなピアノ

★ビゼー《カルメン》前奏曲冒頭

深紅や金色銀色に輝き、たくさんの花が咲き乱れるような豪華絢爛さ

★ブラームス　交響曲第四番冒頭

金茶色の、色褪せてはいるが心温まる赤みをおびた秋の響き

★プッチーニ《トスカ》第一節

まばゆい黄金色の目のくらむようなローマの真昼の太陽

★バルトーク《青ひげ公の城》の冒頭

不吉な威嚇するような響きをもつ真っ黒な恐ろしいもの

第四章　ベルリン・デビューとＲＩＡＳ交響楽団首席指揮者就任

（第一期ベルリン時代その一）

ベルリンへ行くには

さて、ベルリンに行くことは決めたが、時はまだ第二次世界大戦後の混乱期、ウィーンやザルツブルクに行くのとは違った障壁があった。

第二次世界大戦後のベルリンは、空襲によりいたるところが瓦礫の山となっていた。フィルハーモニー、ドイツ・オペラ（戦後の市立歌劇場、一九六一年からは再度、ドイツ・オペラ）は空襲に遭い、演奏会は市の中心から離れていて被害を免れたティタニア・パラスト、歌劇はヴェステンス（西部）劇場で行われていた。東西に分断され、東ベルリンは当時のソ連、西ベルリンはイギリス、フランス、アメリカの三国による共同統治にあった。

一九四八年六月には、ソ連政府が、西ベルリンに向かう全ての鉄道や道路の東西ベルリンの境界をバリケードで封鎖（ベルリン封鎖）して西ベルリンを陸の孤島にし、物資の供給を断っていた。これに対し西側諸国は、「ベルリン大空輸」とも「ベルリンへの空の架け橋」とも言われる空輸で物資を供給する対抗処置をとっていた。

フリッチャイが招待されたベルリン市立歌劇場、ベルリン放送局、RIAS放送局は、すべて西ベルリンに位置していたため、それらへ行くにはソ連の占領地を通らなければならなかった。フリッチャイ協会のプーフェンドルフは、「フリッチャイをベルリンに連れて行くこと自体が冒険だった」(16)と述べている。また、RIAS交響楽団のフルート奏者で、のちに楽団の代表となったハインツ・ヘーフス（一九〇九～一九八一）は、ベルリンでの二つの契約——ベルリン市立歌劇場の音楽総監督及びRIAS交響楽団の首席指揮者に就任すること——を実現するには、「策を練る必要があった」(13)と回想している。

その「冒険」なり「策」と言わしめた内容は、どんなものだったのか。それは当時、西ベルリンのイギリス占領地区にありながら、ソ連軍が占領していたマズーア通りにあるベルリン放送局への客演という名目で、ソ連の影響下にあったハンガリー政府にビザを発行してもらうというものであった。ベルリンまで来ることができればあとは何とかなるだろうという、いわば賭けのようなものであったが、のちに述べるように、それを成功に導いたのはフリッチャイの実力にほかならない。

こうしてフリッチャイは、ベルリン放送局に所属するベルリン放送交響楽団（のちの東ベルリンのベルリン放送交響楽団、日本では、西ベルリンのベルリン放送交響楽団と区別するため、ベルリン放送管弦楽団と呼んでいた。本書では以降、区別するため末尾に（ソ連）とつける）との演奏会を行うためにベルリンの文化当局から招待され、ビザが発行された（一九五〇年、ソ連は、放送局の機器を破壊したうえで、東ベルリンに設置した放送局に移転している）。

この手配をしたのが、当時、ベルリン放送局の音楽部門に勤めていて、のちにＲＩＡＳの広報兼室内合唱団指揮者になったギュンター・アルント（一九〇七～一九七六）であった。

彼の尽力により、東ベルリン側だけに放送するという条件で、フリッチャイがベルリン放送交響楽団（ソ連）との演奏会を一回だけ開くことが認められたのである。

アルントは、チェコ国境までフリッチャイを迎えに行き、ベルリンに連れて来た。

ブダペストからベルリンまでは、約九百キロメートル、当時の状況からすれば、リスクを伴った困難な旅であったことが想像できる。

ベルリン・デビュー

一九四八年十月、フリッチャイはマルタ夫人を連れて、ソ連による封鎖で険悪な状況にあるベルリンに赴いた。この後、マルタ夫人は、西ベルリンに移住する機会を得ている。一方、三人の子供たちは、子守りのハンガリー女性に預けられ、初めはオーストリアに、その後はスイスのエーブナート・カッペルのある農家に滞在していた。

フリッチャイは、まず、十一月六日（注：参考文献（13）による。（3）の原著の年表では、十一月三日となっているが、（13）では当日のプログラムのコピーも収録されているため、六日が正当と思われる）、マズーア通りにあるほぼ無傷のベルリン放送局のホールで、放送局のオーケストラであるベルリン放送交響楽団（ソ連）を指揮して、マルタンの小協奏交響曲、コダーイのガランタ舞曲、ドヴォルジャークの交響曲第九番《新世界より》を演奏した。

ヘーフスは、演奏会の成功を次のように述べている。

この演奏会がベルリンの音楽界で勝ち得た成功は、空前絶後でした。フェレンツ・フリッチャイは、ドヴォルジャークの《新世界》ほかを指揮しました。その演奏はベルリンにセンセーションを巻き起こしました。フリッチャイは、すでに、世界に通用するレベルの若手指揮者と呼ばれるにふさわしいことを実証しました。
ことに、この演奏会以降のベルリンでは、フリッチャイのさらなる契約の妨げとなるものは何もありませんでした。(13)

また、ＲＩＡＳの音楽指導者で評論家であったヴォルフガング・ガイゼラー（一九一三又は

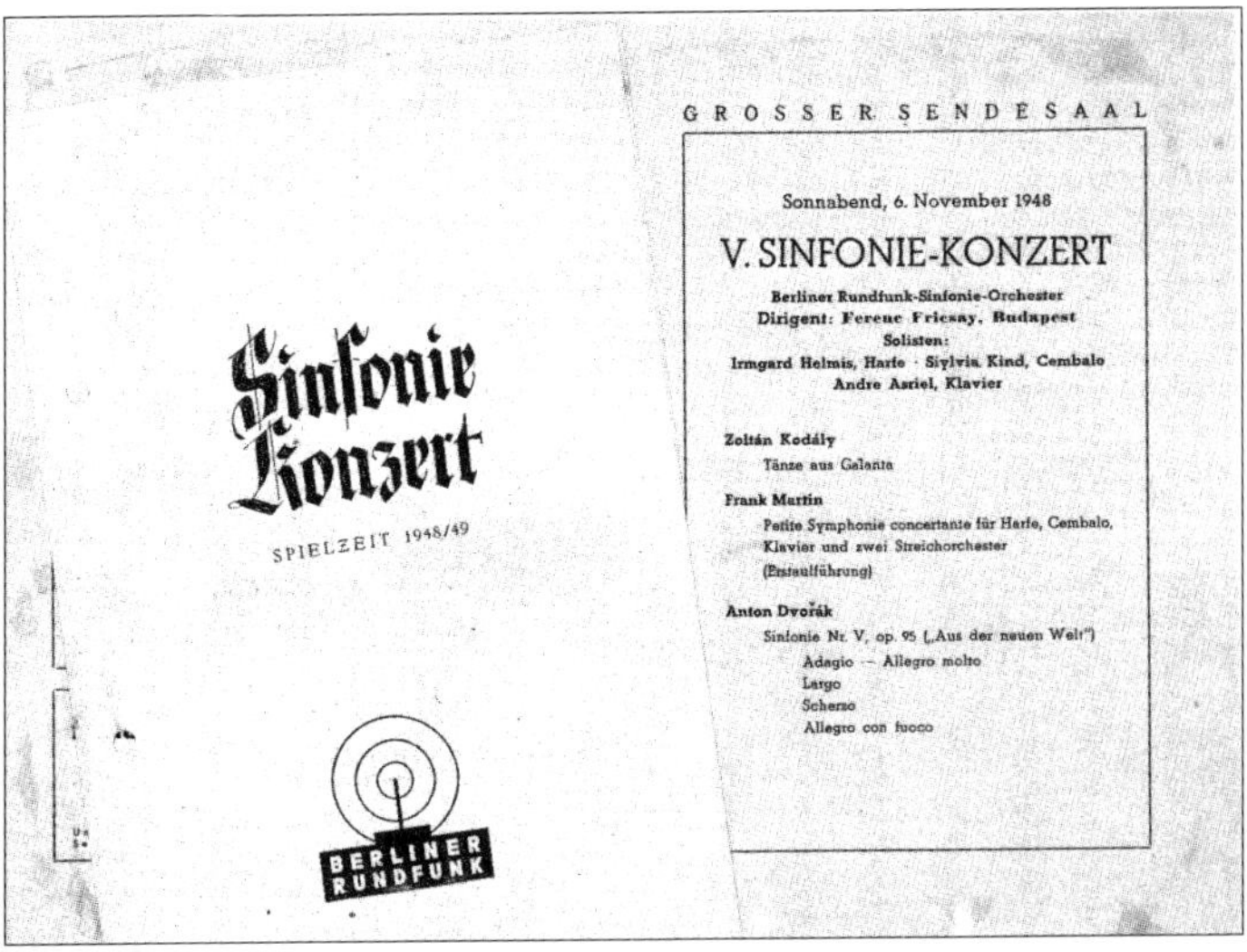
Sinfonie Konzert
SPIELZEIT 1948/49
BERLINER RUNDFUNK

GROSSER SENDESAAL

Sonnabend, 6. November 1948

V. SINFONIE-KONZERT

Berliner Rundfunk-Sinfonie-Orchester
Dirigent: Ferenc Fricsay, Budapest
Solisten:
Irmgard Helmis, Harfe · Siylvia Kind, Cembalo
Andre Asriel, Klavier

Zoltán Kodály
Tänze aus Galanta

Frank Martin
Petite Symphonie concertante für Harfe, Cembalo, Klavier und zwei Streichorchester
(Erstaufführung)

Anton Dvořák
Sinfonie Nr. V, op. 95 („Aus der neuen Welt")
Adagio — Allegro molto
Largo
Scherzo
Allegro con fuoco

● 記録 4
1948 年 11 月、ベルリン　ドヴォルジャーク　交響曲第 9 番ほか

一九一四〜二〇〇二）は、十一月八日のベルリンの『ナハト・エクスプレス』紙で次のように述べている。

張り詰めてしなやかに弾むような、しかし外から見ると完全に平静を保った、弱冠三十四歳の若いハンガリー人。その切り詰めた動作の中には見てくれの効果を狙ったところなど微塵も無い、オーケストラを操るこの卓越したテクニシャンは、あり得ないくらい精確な知性に基づいて、ありとあらゆる考えられる限りの指示を与えてオーケストラをフォロウする。つまるところ根っからの音楽家なのだが、強烈な情熱を、絶えずコントロールして表にはあらわさず、音楽上の流れを大切にして一切の安直な効果を求めない。それは並々ならぬ音楽的成熟を見事に証明している。フェレンツ・フリッチャイのことである。放送局で行われた彼の初めてのベルリンでのコンサートを聴いただけでも、これから彼が辿るであろう並外れたキャリアをもう予測したくなる。(17)

この両者は、ベルリンの西側諸国の人による歓迎のコメントであり、ガイゼラーの予言、「並外れたキャリア」は、まさにそのとおりとなった。

当時、ベルリンではまだフリッチャイの名前がそれほど知れ渡っていなかったと見え、最初のベルリン放送交響楽団（ソ連）やＲＩＡＳ交響楽団との演奏会のプログラム（記録４）には、名前のあとに出身地のブダペストが記載されている。

ベルリン放送交響楽団（ソ連）との演奏の成功により、ベルリンでの演奏活動を妨げるものは無くなり、こうして当初の目論見どおり、ベルリン市立歌劇場とＲＩＡＳ交響楽団の指揮ができることになった。

ベルリン市立歌劇場では、第二次世界大戦後の一九四八年、ハインツ・ティーチェンが総支配人になり、復興に努めていた。そして、復興の象徴としてヴェルディの《ドン・カルロ》を新演出で上演することにしていた。

「一九四八年という時点で、ヴェルディのそのオペラは、すこぶるトピカルな内容を持っていた」[18]と、ケネス・Ｓ・ホイットン（一九二五〜）は、著書『フィッシャー＝ディースカウ』で述べている。

フリードリヒ・シラーの戯曲『ドン・カルロス』（一七八七年）に基づくこの歌劇は、強情な王子ドン・カルロと彼の父フェリペ二世との間、そして、その若い王子とマルタ騎士団の貴族で、年上のより控え目な理想主義者のポーザ侯爵との間の対立を扱っているが、第三幕第十場での一節、「陛下、彼らに思想の自由を与えたまえ」は、「戦後の日々、真理に飢えていたドイツの聴衆にとって格好の響きを持っていた[18]」のである。

空襲にあって、瓦礫となっていたドイツ・オペラの中で、わずかに残っていた劇場支配人室で歌手のオーディションが行われた。そのオーディションに、前年、歌手デビューしたばかりのディートリヒ・フィッシャー＝ディースカウ（一九二五〜二〇一二）が応募していた。

当時は、ベルリン封鎖の最中、電気が一日二時間しか供給されていなかった。それも多くは深夜の供給であったので、主婦たちは夜中に起きて、この二時間で次の日のために調理と洗濯をしなければならなかったのである。

瓦礫となった歌劇場も同様で、エレベーターも暖房もなかった。このため、オーディション会場は氷のように冷え切っていて、ピアノ伴奏者の多くは洋服を二枚重ねて着ていた。フリッチャイも人工皮革のコートを着ていた。

フィッシャー＝ディースカウが階段を上ってリハーサル室に入ると、フリッチャイが待っていた。フィッシャー＝ディースカウは、このとき「フリッチャイは不機嫌だった(19)」と自伝の中で回想している。

なぜ不機嫌だったのかは、よくわかっていない。このときフリッチャイは、ティーチェンから彼がポーザ侯爵を歌うかどうかの判断を委ねられており、それが関係しているのか、それとも凍り付くような寒さに対してだったのか。

フリッチャイは、フィッシャー＝ディースカウを上から下までじろじろ見た。というのは、彼が着ていた服は、彼の体格からすればとても小さく短すぎたのである。「彼はオペラ歌手というよりも恥ずかしがり屋の若く貧しい学生のように見えました」[1]とフリッチャイは回想している。そんな不機嫌そうなフリッチャイであったが、彼が歌い終わると態度は一変した。今自分が聴いた歌声が信じられなかったのである。そして、このように言った。

「このベルリンでイタリア風のバトリン?」[19]（筆者注：イタリア語をイタリア風に変更）

このあと、フリッチャイはコートを脱いで、指揮棒を手にした。そして、「スペイン高官達のような巧みさ」[19]でフィッシャー＝ディースカウを招き、カデンツァのついたイタリア風の二重唱を、ハスキーなテノールで楽しげに歌ってみせたのである。

フリッチャイが自分の耳を疑ったのは、ベルリンにイタリア風に歌えるバトリンなどいないと思っていたからである。さながら、あるリクルート関連会社の「こんな逸材どこで⁉」という気持ちだったのだろう。

この結果、フィッシャー＝ディースカウは、ティーチェンから四週間後に上演するヴェルディの歌劇《ドン・カルロ》でポーザ侯爵を歌うことを告げられた。

このあとフリッチャイは、歌劇が初めてということこの若い男のために、愛と確信をもって初舞台への準備をした。それは、「短剣への手の置き方、舞台を退場するときの外套のひるがえし方[18]」というような、細かな演技指導にまで及んだのである。

リハーサルはとても有意義なものであった。二時間の電力供給という窮状は歌劇場のメンバーも同じで、このため彼らは睡眠不足で疲れていた。そのような苦境にあっても、リハーサルにはみんな揃っていたのである。会場に暖房はほぼ皆無で、とても寒く、みんな膝当てや肘当てをしてリハーサルを行った。フリッチャイは、「それにもかかわらず、いや、おそらくそのためでしょうか、とても素晴らしい雰囲気でした。一九四七年のザルツブルクと同じように、ベルリンでも音楽と芸術という言葉には非常に重きが置かれていたのです[1]」と回想している。

こうして、十一月十八日、《ドン・カルロ》の初日の上演が行われ、フリッチャイのベルリン市立歌劇場へのデビューと、希代の名歌手、ディートリヒ・フィッシャー＝ディースカウの歌劇デビューは、大成功に終わった。

フリッチャイは、フィッシャー＝ディースカウを「初演の夜に、楽界に新しい星が輝きました[1]」と賞賛している。

続いて、十二月十二日には、こののちに首席指揮者に就任し、最も深い繋がりを持つこととなるＲＩＡＳ交響楽団を指揮した。

ＲＩＡＳ交響楽団は、名前のとおりＲＩＡＳ放送局のオーケストラであり、一九四六年に創設されている。ＲＩＡＳ交響楽団との演奏会では、メンデルスゾーンの交響曲第四番《イタリア》ほかを指揮したが、フリッチャイの実力を実感させる次のようなエピソードがある。

リハーサルは、クライスト通りにあるホールで行われていた。ＲＩＡＳ交響楽団のヴィオラ奏者であったカルレーネがホールのロビーに着くと、オーケストラがメンデルスゾーンを演奏しているのが聴こえた。

彼は素晴らしい演奏に感心し、事務方の一人にどこのオーケストラが練習しているのかと尋ねた。

すると事務員は、到着したばかりのハンガリー人、フリッチャイと答えた。彼は、今度指揮をするのがフリッチャイだというのは知っていたので、驚いて、「何ですって、すると私たちのオーケストラ？」[13]と叫んだ。のちに彼は「思いもよらない演奏でした。昼と夜ほどの違いがあったのです[13]」と述べている。

自分が所属しているオーケストラとわからないほど見違える演奏をするとは！　驚嘆すべきことである。

このベルリンでの滞在で、フリッチャイは幸運も手にした。ベルリン・フィルハーモニー管弦楽団にデビューすることができたのである。当初、オイゲン・ヨッフム（一九〇二〜一九八七）が指揮をする予定であったが、ベルリン封鎖を嫌ってキャンセルしたため、その役割がフリッチャイに回ってきたのである。十二月十五日、十六日、フリッチャイは、ベルリン・フィルを指揮してベートーヴェンの交響曲第一番、チャイコフスキーの交響曲第六番《悲愴》ほかを演奏した。そのときの聴衆と批評家の反応は熱狂的なものであり、作曲家で批評家のハンス・ハインツ・シュトゥッケンシュミット（一九〇一〜一九八八）が十二月十八日付けのベルリンのアメリカ占領地区の新聞『ノイエ・ツァイトゥング』紙に評を寄せた。

彼は、フリッチャイが演奏技巧や音楽内容をいかに見事にコントロールして、ベルリン・フィルハーモニー管弦楽団の指揮に臨んだかを知るには、直接、リハーサルに立ち会ってみなければならないと述べている。そこでフリッチャイは、「ヴァイオリン奏者のボーイングのすべて、管楽奏者の息継ぎ全部、強弱法の微細なニュアンスに至るまで分析[20]」していた。また、シュトゥッケンシュミットは、「打楽器奏者がトライアングルを上から叩くのと下から叩くのとは、この指揮者の絶対確実な聴覚にとっては同じことではない[20]」というフリッチャイのこだわりも報告している。これらによりフリッチャイは、劇的な表現と室内楽的な緻密さというふたつの極の間で、「客観性に優れた強みを発揮している[20]」というのである。

そして、チャイコフスキーの交響曲第六番《悲愴》のクライマックスは第三楽章であったとして、次のように述べている。

前代未聞の大胆で引き締まったテンポをとることによって、フリッチャイはこの楽章にまったく現代的で、いわば余計なものをすべて除去した表情を付与しており、それにすっかり魅了されたオーケストラはまるでボーデン湖を越えて突っ走って行くような勢いであった。楽章の終わりには、聞き手は拍手をおくりたい気持ちを必死に堪えなければならなかった。悲歌のようなアダージョが終わったときには、それゆえにいっそう大きな喝采が指揮者とオーケストラに雪崩をうつようにおくられた。[21]

「ボーデン湖を越えて突っ走って行くような勢い」の第三楽章は、一九五三年七月に同じベルリン・フィルハーモニー管弦楽団と録音した《悲愴》で聴くことができる。

また、画家のルドルフ・バウアー（一八八九～一九五三）は、この《悲愴》の演奏について、ベルリンの『ターゲスシュピーゲル』紙に評を寄せた。

彼によると、フリッチャイは哲学とか、民族的な気質、作曲者自身の悲劇といった音楽ではない要素はすべて放棄し、「ただ音楽することに専念し、（中略）情熱に満ちあふれ、しかも規律を保った演奏によって（中略）すべて表現した[21]」という。その音楽造りは、アルトゥール・ニキシュ（一八五五〜一九二二）を思い浮かべるとしている。そして《悲愴》の終楽章では、「醒めた感覚から魂の情熱を導きだす[21]」ことができ、これによって「アダージョ楽章は交響曲全曲のまさに身震いするほどのクライマックスを形成した[21]」のである。

シュトゥッケンシュミットが演奏後の喝采について触れているが、バウアーも演奏が終わってしばしの沈黙のあと、熱狂的な拍手喝采が送られたと語っている。それは、「戦争が終わって以来、人々が滅多に味わったことのない体験に対する感謝の念の表明に他ならなかった[21]」のである。

ベルリンでの成功で、十二月十七日、フリッチャイはベルリン市立歌劇場の音楽総監督（Generalmusikdirektor）とＲＩＡＳ交響楽団の首席指揮者（Chefdirigent）という地位を手に入れた。契約の内容は、次のとおりである。

契約書

ベルリン市立歌劇場管理部、芸術監督　ハインツ・ティーチェン氏、ならびにベルリンＲＩＡＳ放送局代表、監督　W. M. ハイムリック氏の二名を一方とし、フェレンツ・フリッチャイ氏（ブダペスト）を他の一方として、双方の間に、後者に関し、前二者の共同による次の契約を締結する。

1

ベルリン市立歌劇場とベルリンＲＩＡＳは、共同して、１９４９年9月１日から8月３１日まで（２契約年の間）フェレンツ・フリッチャイ氏を音楽総監督として任命する。

フリッチャイ氏は、この各契約年の年ごとに、以下の義務を負う。

a) 市立歌劇場に対して
３つの新演出上演とその再演を行うことを基本とする、首席指揮者としての職務を遂行する。
b) ＲＩＡＳ交響楽団に対して
４回の大規模なシンフォニー・コンサート、ならびに６回の反復公演を伴う２回の名曲コンサート、さらに、7回のシンフォニー・コンサートに相当する放送録音（各シンフォニー・コンサートの平均所要時間は１時間半を基本とする）のための演奏を行う。

フリッチャイ氏は、契約期間中に、ベルリンＲＩＡＳの許諾をもってのみ、ドイツ国内の他の放送局に対して、自らのコンサート及び歌劇公演の放送、ならびに放送局のための録音を行うことができる。

フリッチャイ氏は、契約期間中に、ベルリンＲＩＡＳの書面による同意をもってのみ、ＲＩＡＳ交響楽団を除くベルリンの管弦楽団、すなわち、市立歌劇場管弦楽団及びフィルハーモニー管弦楽団とのレコード録音を行うことができる。

本契約の及ぶ範囲におけるすべてのテープ録音に関し、全放送組織内での配布の権利は、ベルリンＲＩＡＳに帰属する。さらにＲＩＡＳは、１a)に定める市立歌劇場公演の実況及び放送の権利を有する。

ベルリン

ベルリン市立歌劇場管理部代表、芸術監督　　ベルリンＲＩＡＳ放送局代表、監督
ハインツ・ティーチェン（サイン）　　ウィリアム・M・ハイムリック（サイン）
フェレンツ・フリッチャイ（サイン）(13)

また、ドイツ・グラモフォンと専属契約を結んだ。

ハンス・ハインツ・シュトゥッケンシュミットは、一九四九年一月、「ベルリンの文化についてのメモ」と題して、当時のベルリン音楽界の充実ぶりを『ノイエン・チュルヒャー・ツァイトゥング(新チューリッヒ新聞)』紙に掲載した。それは、廃墟が並ぶヴィルヘルム通りにある荒廃したアドローン・ホテルに投宿する人たちの様子を描写するところから始まっている。ここは、フリッチャイがベルリンに客演した際、泊まったホテルである。このホテルには、クレンペラー、劇作家のベルトルト・ブレヒト(一八九八〜一九五六)、作曲家・指揮者のパウル・デッサウ(一八九四〜一九七九)、作曲家のエック、小説家のアルノルト・ツヴァイク(一八八七〜一九六八)、ライプツィヒ大学の文化史正教授のハンス・マイヤー博士(一九〇七〜二〇〇一)らが投宿していたという。

このホテルはソ連占領地区にあったが、当時、芸術に関する限りは、占領地区の境界はなかったのである。シュトゥッケンシュミットは、「こうした状況はどうか永続してほしいものだ!」[21]と述べている。その彼が一番注目していたのが、フリッチャイである。

彼は、フリッチャイのベルリン市立歌劇場でのヴェルディ《ドン・カルロ》の演奏について次のように述べている。

彼（筆者注：フリッチャイのこと）が行ったオーケストラ、舞台上の歌手、そして観客をすべて魅了する演奏は、近年においてもっとも大きな音楽的感動をもたらしたもののひとつである。（中略）フリッチャイは各々の情景をシンフォニックに表現し、オーケストラを鼓舞して白熱した音楽を導きだし、すべてのフレーズに彼のハンガリーの熱い気質を吹き込んだ。これはフリッチャイばかりでなく、市立歌劇場にとってもセンセーショナルな大成功といえよう。[21]

ベルリンでは、フリッチャイのほかカイルベルトも帰国して活動を再開しており、またクレンペラーも近々出演予定があり、ベルリンのオーケストラによる演奏会についてシュトゥッケンシュミットは「新しい実り豊かな力の均衡の状態に入った[21]」と表現している。

この年、フリッチャイはワルシャワにも客演した。

シルヴィアとの出会い

一九四八年は、もう一回、フリッチャイの人生を左右する重要な出会いがあった。大成功に終わったベルリンでの演奏会のあと、フリッチャイはマルタ夫人をベルリンに残しブダペストに戻った。そして、十二月二十六日、ブダペスト国立歌劇場でヴェルディの《椿姫》を指揮した。このとき、のちに再婚するシルヴィアと出会った。

シルヴィアは六歳の子供を連れて、午前の《椿姫》の公演を聴きに来ていた。さじき席には、アニー・フィッシャーの姿もあった。このときシルヴィアは、フリッチャイという指揮者を初めて知ったのだが、この出会いを彼女は「ふたたび私の運命の扉が開きました(22)」と自伝で回想している。

シルヴィアは、一九一三年一月一日、ブダペストで生まれた。父はルーマニア人のオイゲン・ヴァレヌーで、ブダペストのある機関車工場の技術部門の責任者であった。母はザルツブルクの生まれで、父とは学生時代にグラーツで知り合い、一九一〇年に結婚した。シルヴィアは、フリッチャイと出会う前に二回結婚をしていた。一回目は、ブルノ・シェーザーと、二回目はスウェーデンの名家の御曹子で、ブダペストを中心に活躍する若い実業家ベルティル・ハルストレムとで、一九四二年、彼との間に息子クリスチャンが生まれていた。

《椿姫》公演の休憩時間にシルヴィアのところにやって来たフリッチャイは、彼女から昼食に招待された。しかしフリッチャイには先約があったため、夕方に招待を受けることになった。彼女は、「そのときにはもう、ハンサムな人だと思っていました。でも、まだ、それで夢中になってしまうほどではなかったのですけれどね(22)」とフリッチャイと出会った時の印象を回想している。

その夜、二人は暖炉の前に座って語り合った。フリッチャイは彼女に、自分のことや音楽のことを深夜まで話した。彼女は、話をするフリッチャイの素敵な手から目を離せなかった。


翌朝、フリッチャイは彼女にお礼と再会を申し込んだが、彼女は大晦日に夫とウィーンに招待されていて叶わなかった。フリッチャイは毎日、彼女に電話をかけ、徐々に惹かれあうようになった。

フリッチャイは一九四九年三月に、スイスに子守といた子供たち、そしてベルリンに滞在していたマルタ夫人と一緒にオーストリアで休暇をとることを計画したが、これは流れてしまった。夫人が重病であるという知らせがベルリンから届いたのである。しかし、これはただの美容整形手術であったため、この後、フリッチャイはシルヴィアとヴェルター湖で二週間を一緒に過ごし、このとき結婚を決心した。

恋のキューピットは、なぜともに結婚していて、子供もいる二人に微笑みかけたのだろう。永遠の謎である。

ＲＩＡＳ交響楽団の再編成と録音開始

フリッチャイは、一九四九年三月五日、ブダペスト国立歌劇場で《ランメルモールのルチア》を指揮したのを最後に、ブダペストに別れを告げた。

こうしてフリッチャイは、一九四九／一九五〇年シーズンからＲＩＡＳ交響楽団の首席指揮者に就任するわけであるが、このときのオーケストラの力量は、彼によれば「非常に貧弱で、二流、三流の演奏会がせいぜいというレベル」[13]であったという。これは、彼自身が一九六〇年に自由ベルリン放送（Sender Freies Berlin SFB）のプログラムディレクター、フィッシャーに宛てた手紙で触れている。

フリッチャイが、初めてＲＩＡＳ交響楽団を指揮した時、楽員に「昼と夜ほどの違い」と感嘆されたが、フリッチャイ自身は、力量がまったく足らないと感じていたのである。

そこで、フリッチャイとエルザ・シラーは優れた演奏家を新たに獲得し、オーケストラのレベルアップを目指すことにした。

一九四九年の春、複数の日刊紙に演奏家の公募が掲載された。それは、ベルリンだけでなく、当時の東地区でも掲載されたのである。

フリッチャイの指揮で《ドン・カルロ》を演奏した市立歌劇場の楽員たちが、彼とともに行ったリハーサルが芸術的に素晴らしかったと知り合いの奏者に語るなど、彼の評判は広まっていた。さらに、アメリカの放送局所属のオーケストラ（言ってみればアメリカ国営のオーケストラ）で、魅力的かつ先々の心配がないポストにつくチャンスでもあった。

こうして、ベルリン（放送交響楽団（ソ連）、国立歌劇場、コーミッシェ・オーパー）からだけでなく、ドレスデン、ライプツィヒ、ケムニッツ、ハレからも多くの優れた演奏家がＲＩＡＳの募集に応じてきた。国立歌劇場からはボーデ（トランペット）、エンゲルス（チューバ）、フークマン（ファゴット）、ゴイザー（クラリネット）、ルッツ（チェロ）、シュルツ（ヴァイオリン）、シューマッハ（コントラバス）、キルヒ（楽器不明）などのトップ奏者を含む合計二十七名が応募し、またベルリン放送交響楽団（ソ連）からはハンス・マールケ教授（ヴィオラ）、ハンス・シュラーダー（チェロ）、そして有名なオーボエ奏者のヘルマン・テトヒャーとホルン奏者のアルフレート・ゴールケ、クルト・ブランクを含む、幾人もの弦楽器と管楽器の名手が応募してきた。

当時、五十～六十人規模だったＲＩＡＳ交響楽団は、これらの優秀な人材が加わり、百人規模のオーケストラに再編された。

フリッチャイは自伝で、「私は彼女（筆者注：エルザ・シラー）と一緒にＲＩＡＳのオーケストラを作り上げたのです[1]」と記しており、日本国内でも「ＲＩＡＳ交響楽団は、フリッチャイにより創設された」という説明が多くあったが、実際のところは再編をしたということである。ただ、その規模（人数）と質（優れた演奏家）を鑑みると、創設に値するものであったのだろう。

フリッチャイは、一九四九年六月十二日、再編されたＲＩＡＳ交響楽団を指揮、ベートーヴェンの交響曲第五番ほかを演奏した。東欧出身のフリッチャイにとって、天賦のものでも、自明のものでもないドイツ・オーストリアの伝統的なクラシック音楽であるベートーヴェンの交響曲、しかも最初に第五番を指揮するということは、相当、意欲的な選曲であったと思われる。

このとき、結婚を約束したシルヴィアと再会している。再会のきっかけは、契約発効前のお披露目公演のため、ベルリンに来ていたフリッチャイの体調不良であった。総支配人のティーチェンが、どうしたわけか、シルヴィアに電報を打ったのである。「フリッチャイはとても体調が悪いので、ベルリンに来てほしい[22]」と。体調不良の内容はわからないが、もしかしたらシルヴィアに会いたいがため、ティーチェンに電報を打ってもらったということもあるのではないかと思われる。

こうして、一九四九年六月二十四日、フリッチャイとシルヴィアはベルリンで再会した。シル

RIAS
BERLIN

IM TITANIA-PALAST

SYMPHONIE-KONZERT

SONNTAG, DEN 12. JUNI 1949, 10.30 UHR

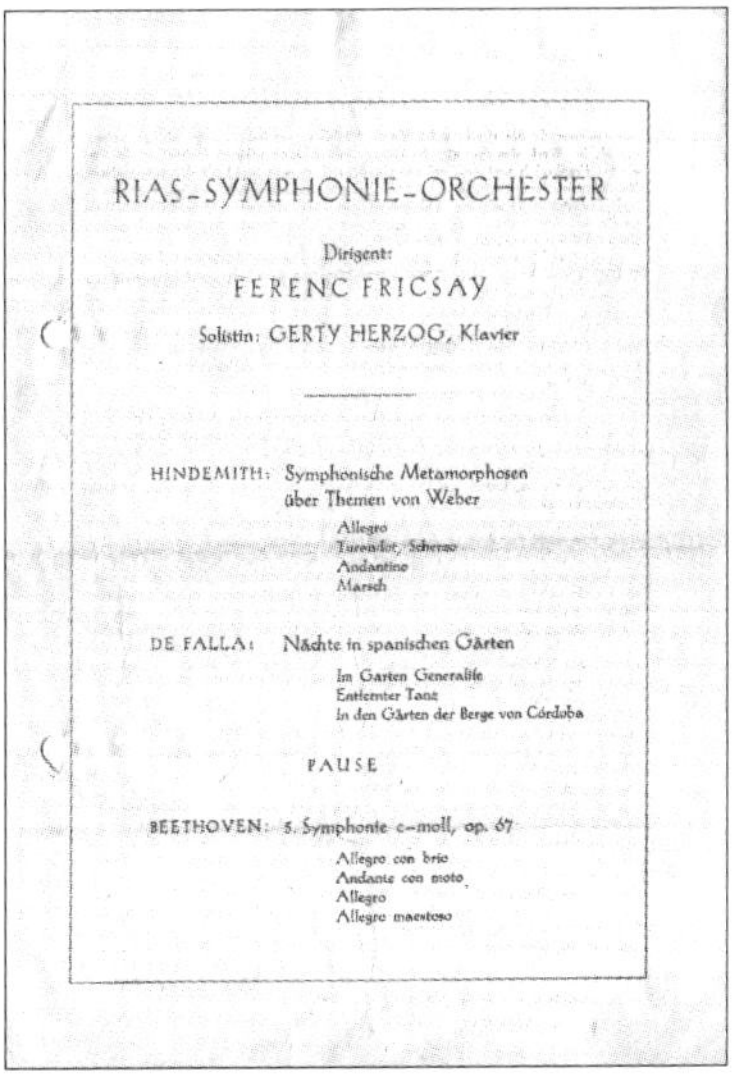

RIAS-SYMPHONIE-ORCHESTER

Dirigent:
FERENC FRICSAY
Solistin: GERTY HERZOG, Klavier

HINDEMITH: Symphonische Metamorphosen über Themen von Weber
Allegro
Turandot, Scherzo
Andantino
Marsch

DE FALLA: Nächte in spanischen Gärten
Im Garten Generalife
Entfernter Tanz
In den Gärten der Berge von Córdoba

PAUSE

BEETHOVEN: 5. Symphonie c-moll, op. 67
Allegro con brio
Andante con moto
Allegro
Allegro maestoso

● 記録5
1949年6月、ベルリン
ベートーヴェン　交響曲第5番ほか

● 写真10
1949年6月、ベルリン　のちに再婚するシルヴィアと

ヴィアにとって、これは人生の節目となった。彼女は、「ここが私の居場所であることを、心の底から感じ、自覚しました[22]」と回想している。

◆録音を開始

一九四九年九月十二日、フリッチャイはドイツ・グラモフォンへの録音を開始した。最初の曲は、ベルリン・フィルハーモニー管弦楽団を指揮したチャイコフスキーの交響曲第五番であった。また、九月二十四日には、ユーディ・メニューイン（一九一六〜一九九九）をソリストに迎え、ティタニア・パラストでRIAS交響楽団とチャイコフスキーのヴァイオリン協奏曲を放送用に録音した。この際メニューインは、当時、物資が不足していた楽員たちのために燕尾服を贈っている。

続いて歌劇全曲の放送録音も行った。十一月にJ・シュトラウスの《こうもり》、十二月にモーツァルトの《後宮からの誘拐》をRIAS交響楽団と録音した。

《こうもり》をティタニア・パラストで録音中、RIASの録音技師、ハインツ・オピッツが、ベルリン郊外のダーレムに録音に適したイエス・キリスト教会を発見、序曲のみイエス・キリスト教会で録音し直した。それ以降、ほとんどの録音はイエス・キリスト教会で行われるようになった。

ベルリン市立歌劇場で《フィデリオ》を指揮

再編されたＲＩＡＳ交響楽団との最初の演奏会に先立つ六月五日には、ベルリン市立歌劇場で、音楽総監督就任前のお披露目として、ベートーヴェンの《フィデリオ》の新演出による上演を行った。フリッチャイは、オーケストラの編成を小規模にして、室内楽的な響きを実現するとともに、緊張感のあるアンサンブルを構築した。また、少し平坦な感じに終始するフィナーレのあとに、《レオノーレ》序曲第三番を演奏し、大好評を博している。

フィッシャー＝ディースカウは、「オーケストラのリハーサルは、目から鱗が落ちる思いで、まるで世界観がひっくり返されたようだった(19)」と回想していて、その内容は次のようなものであった。

異質の要素から緊密なアンサンブルを作り上げるという彼の天分も知ることになりました。どんな小さな部分でも、見たところどうでも良いような細部にいたるまで、彼は愛情をもって取り組みます。彼の解釈は素晴らしく新鮮で、自由で、懐疑的な反対派もたちどころに納得させるものでした。室内楽的で、ロマンティックな情熱とは無縁な若々しい演奏を得て、作品はいつもと違ったように響くのです。(3)

フィッシャー＝ディースカウは、フリッチャイの希望で大臣ドン・フェルナンド役に加え、感動的な独唱がある第一の囚人役も歌い、この「特別出演」は演奏会ポスターに三ツ星で示された。このことについてフィッシャー＝ディースカウは、自分の成長の機会を与えてもらったとフリッチャイに感謝している。

この《フィデリオ》上演は、西ベルリンで開催され世界的に称賛された最初の「文化的自由のための会議」の中心的な催しものに据えられ、政治的にも意味深いものがあった。また、アメリカ政府とボンのドイツ連邦政府の支援の下で開催されたこの会議に際し、フリッチャイはベルリン・フィルハーモニー管弦楽団と開会と閉会の音楽演奏を行っている。

そして、この《フィデリオ》は好評を博し、ベルリンで二十三回上演されたほか、ナポリ（一九五一年四月）とジュネーヴ（一九五一年十一月）でも上演された（ナポリ及びジュネーヴでの上演では、ベルリンから連れて行った歌手たちはドイツ語で、それぞれの都市の歌手、合唱団は、それぞれの言語で歌うという変則的なものであった）。

●記録6
1949年6月、ベルリン
ベートーヴェン《フィデリオ》

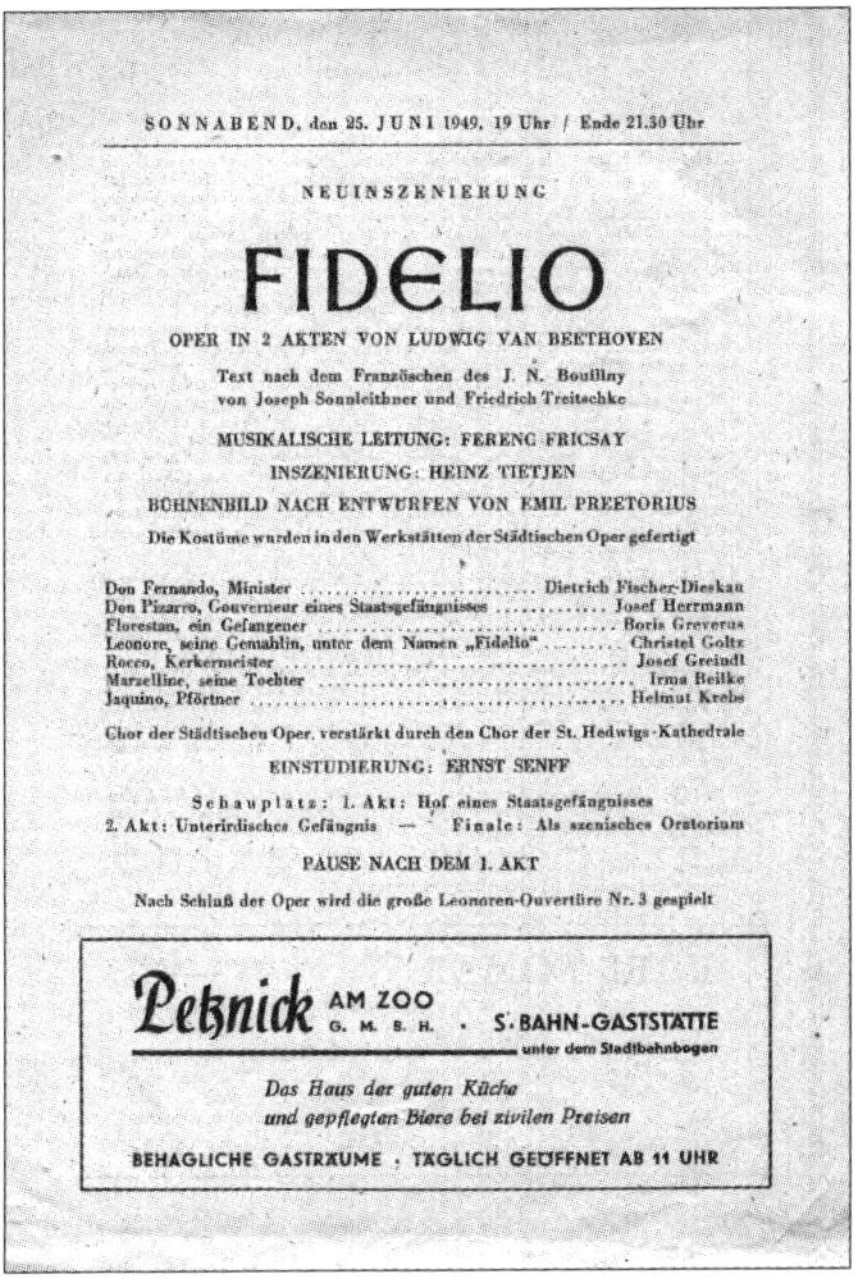

SONNABEND, den 25. JUNI 1949, 19 Uhr / Ende 21.30 Uhr

NEUINSZENIERUNG

FIDELIO

OPER IN 2 AKTEN VON LUDWIG VAN BEETHOVEN

Text nach dem Französchen des J. N. Bouillny
von Joseph Sonnleithner und Friedrich Treitschke

MUSIKALISCHE LEITUNG: FERENC FRICSAY

INSZENIERUNG: HEINZ TIETJEN

BÜHNENBILD NACH ENTWURFEN VON EMIL PREETORIUS

Die Kostüme wurden in den Werkstätten der Städtischen Oper gefertigt

Don Fernando, Minister .... Dietrich Fischer-Dieskau
Don Pizarro, Gouverneur eines Staatsgefängnisses .... Josef Herrmann
Florestan, ein Gefangener .... Boris Greverus
Leonore, seine Gemahlin, unter dem Namen „Fidelio“ .... Christel Goltz
Rocco, Kerkermeister .... Josef Greindl
Marzelline, seine Tochter .... Irma Beilke
Jaquino, Pförtner .... Helmut Krebs

Chor der Städtischen Oper, verstärkt durch den Chor der St. Hedwigs-Kathedrale

EINSTUDIERUNG: ERNST SENFF

Schauplatz: 1. Akt: Hof eines Staatsgefängnisses
2. Akt: Unterirdisches Gefängnis — Finale: Als szenisches Oratorium

PAUSE NACH DEM 1. AKT

Nach Schluß der Oper wird die große Leonoren-Ouvertüre Nr. 3 gespielt

この後、ベルリン市立歌劇場で次の歌劇を指揮している。

モーツァルト　《後宮からの誘拐》
　一九五〇年四月三十日新演出初演、十七回上演
ワーグナー　《トリスタンとイゾルデ》
　一九五〇年五月二十一日新演出初演、七回上演
ワーグナー　《ワルキューレ》
　一九五一年二月二十一日新演出初演、八回上演
バルトーク　《青ひげ公の城》
ストラヴィンスキー　《オイディプス王》（同時上演）
　一九五一年九月二十七日新演出初演、三回上演
ヴェルディ　《リゴレット》
　一九五二年二月五日新演出初演、四回上演
ワーグナー　《さまよえるオランダ人》
　一九五二年四月二十六日新演出初演、三回上演

フリッチャイは、ウィーン国立歌劇場での苦い経験を活かし、新演出の作品を指揮することに

●写真 11
1951 年 9 月、ベルリン《オイディプス王》リハーサル、クレプスと

こだわったが、これがのちに音楽総監督を辞任に追い込まれる一つの要因となってしまうのである。

ワーグナーの伝統を継承

ベルリン市立歌劇場においてフリッチャイが指揮をした演目の中で特徴的なのはワーグナーである。総支配人のティーチェンは、フリッチャイを温かく迎え、彼がかつてバイロイト音楽祭の芸術監督を務めるなど、何十年もの経験を積んで得たワーグナーの複雑に絡み合ったライトモチーフの仕組みをフリッチャイに伝授した。彼は、ハンス・フォン・ビュロー（一八三〇～一八九四）からハンス・リヒター（一八四三～一九一六）、カール・ムック（一八五九～一九四〇）、そしてティーチェンまでずっと引き継がれてきたその伝統を、フリッチャイに託したのである。フリッチャイは「レオ・ブレッヒ（筆者注：一八七一～一九五八）やブルーノ・ワルターの遺産を三十四歳の私に委ね、市立歌劇場を任せてくれました[1]」と回想している。

◆《ワルキューレ》上演経緯

そのワーグナー上演のうち、《ワルキューレ》については次のような経緯があった。ティーチェンは、新演出による《ニーベルングの指環》の上演を計画し、一九五〇年九月、その始めとして序夜《ラインの黄金》を上演したのだが、そのとき誰が指揮をするかが問題になった。

ティーチェンは当然、音楽総監督であるフリッチャイが新演出の《指環》を指揮することを望んでいた。しかし、一九五〇年九月三日の《ラインの黄金》初日の前にトラブルが起き、フリッチャイはベルリンでこの楽劇の指揮を行うことはなかった。そしてこの《ラインの黄金》は、ベルリンで長く指揮をして、第二次世界大戦前のベルリン・ドイツ・オペラの音楽総監督も務めたアルトゥール・ローター（一八八五〜一九七二）が指揮し、彼は一九五四年まで《ラインの黄金》のすべての公演を指揮することになる。

《ラインの黄金》の指揮をする機会を逃したフリッチャイは、《ワルキューレ》の新演出初演こそは指揮をとりたいと考えていた。一方、レオ・ブレッヒ（第二次世界大戦前に音楽総監督を務めており、フリッチャイの指名を受けティーチェンがストックホルムから呼び戻していた）も、自分が初演を担当するものと確信していたが、フリッチャイがあきらめようとしないので困っていた。

そして最終的に、ティーチェンは初演の指揮者をフリッチャイに決めたのである。

しかし、ブレッヒはこれを黙って見てはいなかった。彼はそのことを「ひどい欺き」(23)とみなし、「巧妙なやり方」(23)で復讐を果たしたのである。彼は、市立歌劇場での新演出初演の十三日前にあたる一九五一年二月八日、ベルリン・フィルハーモニー管弦楽団と演奏会を行った。プログラムは、グルックの歌劇《アウリスのイフィゲニア》から序曲とディートリヒ・フィッシャー＝ディースカウの独唱によるアガメムノンのアリア。そして、《ワルキューレ》の第一幕。その夜のソリストは、ジークリンデ役としてビルギット・ニルソン（一九一八～二〇〇五）、そして、ハンス・バイラー（一九一一～一九九三）とゴットロープ・フリック（一九〇六～一九九四）であった。当時、非常に高い評価を得ていたニルソンにとって、これはスウェーデン国外で歌う初めてのワーグナー公演であった。

なんとも皮肉な復讐である。曲目を合わせただけでなく、当時、国際的に有名になりつつあったニルソンを、ジークリンデ役としてわざわざスウェーデンから呼ぶとは！

そんなフリッチャイとブレッヒだったが、私的な集まりでよく会うことがあった。その中で、

BERLINER FESTWOCHEN

SONNABEND, DEN 8. SEPTEMBER 1951

Beginn: 18.00 Uhr　Ende: 22.30 Uhr

„Die Walküre"

In 3 Aufzügen von RICHARD WAGNER

Musikalische Leitung: Ferenc Fricsay · Inszenierung: Heinz Tietjen

Gesamtausstattung: Emil Preetorius

Wotan	Josef Herrmann	Sieglinde	Maria Müller
Siegmund	Ludwig Suthaus	Fricka	Johanna Blatter
Hunding	Gottlob Frick	Brünnhilde	Astrid Varnay a. G.

Walküren:

Helmwige	Fia Fleig	Waltraute	Flora Schmalz
Gerhilde	Irina Grunow	Roßweiße	Elisabeth Hufnagel
Ortlinde	Claire Breske	Grimgerde	Emmi Hagemann
Sigrune	Hilde Grohmann	Schwertleite	Charlotte Schäblen

1. Aufzug: Das Innere von Hundings Hütte · 2. Aufzug: Wildes Felsengebirge

3. Aufzug: Auf dem Gipfel eines Felsengebirges

20 Minuten Pause nach dem 1. und 2. Aufzug

● 記録 7

1951年9月、ベルリン　ワーグナー《ワルキューレ》

一度、ティーチェンの家で会った時のエピソードがある。ブレッヒはもう八十近くで、口調はいつも優しく柔らかかった。そんなブレッヒが、もうベルリンに二年いるが、一度もフリッチャイの演奏を聴いたことがなく、今後も聴くつもりはないというのである。

心配になったフリッチャイがその理由を聞くと、ブレッヒは微笑みながらこう言った。

「君は評判が良いようだね。かつては私が務めた、今の君の地位がふさわしくないのであれば、私は腹が立つだろう。評判どおり良いのなら、私は嫉妬するかもしれない。どちらにせよ、私は苛立ちます。ならば、君の演奏を聴く理由がありましょうか(2)」

結局、《ワルキューレ》は、初日を含む八回をフリッチャイが指揮、ローターが二回、ブレッヒは一回のみであった。

一九四九年、ザルツブルク

一九四九年、フリッチャイはザルツブルク音楽祭から三度目の招待を受け、カール・オルフ（一八九五～一九八二）の《アンティゴネ》の初演を指揮した。一九四八年の《魔法の酒》では、ブダペスト・フィルハーモニー管弦楽団のメンバーからなる《魔法の酒》オーケストラであったが、一九四九年は、再びウィーン・フィルハーモニー管弦楽団がピットに入った。

《アンティゴネ》初演にあたっても、例のごとくカラヤンは異を唱え、アイネムとの対立はさらに激しさを増した。カラヤンは、オルフの《アンティゴネ》の初演がフェルゼンライトシューレの舞台で行われるのなら、一九四九年の音楽祭をボイコットするとまで言って脅したのである。それに対しアイネムは、カラヤンの演奏会への批判的な批評を集めて音楽祭理事会に提出して反撃したとのことである。その結果、《アンティゴネ》の初演は予定どおり行われ、カラヤンはすでに決定していた二つの演奏会以外、何も得られなかった。

《アンティゴネ》の初演は、一九四七年の《ダントンの死》の初演と同様、大成功を収めた。

一方、この初演の準備を行う中、フリッチャイのプライベートにおいては重要な場面を迎えていた。シルヴィアとの再婚である。ただ、フリッチャイもシルヴィアもそれぞれ配偶者がいるわけなので、まずは、離婚に向けた協議をしなくてはならなかった。その協議をリハーサルが行われているザルツブルクで行ったのである。

フリッチャイ、シルヴィア、マルタ、そしてシルヴィアの夫ハルストレムがザルツブルクに集まった。

フリッチャイとシルヴィアは、滞在先として農家を借りた。マルタはホテルに滞在し、リハーサルを見に来た。そして三人の子供たちは、シルヴィアのもとに預けられた。ハルストレムもホテルに滞在し、毎日、フリッチャイのところに昼食を摂りにやって来た。このためシルヴィアは、自分の息子と合わせて四人の子供の世話と客人のもてなしで大忙しだった。

そして食後、子供たちが外で騒いでいる時、大人たちは、「問題を合理的かつ理性的に落ち着いて解決(22)」しようとしたのである。

その結果、ハルストレムはシルヴィアに一年の猶予を与え、一九五〇年になって離婚に同意した。そして、彼はさっさと再婚してスウェーデンに帰って行った。

一九五〇年、フリッチャイとシルヴィアはベルリンで結婚した。シルヴィアはフリッチャイの三人の子供と、自分の子供の四人の子供の母親になった。

シルヴィアと再婚、ベルリンでの生活

こうして、フリッチャイとシルヴィアの結婚生活が始まった。フリッチャイは二回目、シルヴィア夫人にとっては三回目の結婚であった。

● 写真12
1950年、ヴェネツィア　シルヴィア夫人と旅行

シルヴィア夫人は当時のベルリンの状況を次のように記している。

当時の歌劇場、今日のヴェステンス劇場と演奏会場は、満席でした。破壊され、四つの占領地区に分割され、飢えが日常となってしまっていたこの都市で、人々は、音楽に、演劇になだれ込んでいたのです。ベルリンは冷戦の危険な舞台となっていました。敵対している戦勝国同士が向き合っていて、事態は一触即発でした。戦争終結から四年たった当時、音楽は、のちの時代には決してないくらいに、心にしみる、大切なものと感じられ、受けとめられていたように私には思えます。フリッチャイは、あの数年間、貧しさに苛まれていたベルリンの、数え切れないほどの人々に望みと喜びをもたらしていたのです(22)。

一方で、結婚生活はすべてがうまくいったわけではなかったが、シルヴィア夫人によれば「苦難はしだいに和らいでいき、私たちは幸せになった[22]」という。

一家は、破壊の少なかったダーレムに家を借りて、四人の子供たちと暮らした。シルヴィア夫人は、「私は、一から大きな家庭を築かなければなりませんでした[22]」と回想している。まず家事仕事から始まった。最初の八日間は、フリッチャイのシャツのボタンの繕いをし続けたという。この当時のフリッチャイの指揮ぶりは動きの激しいものだったようで、シャツのボタンが飛ぶのはよくあったことなのだろう。

フリッチャイの当時の出演料は晩年と比べるとわずかで、歌劇場とＲＩＡＳの俸給は年間で八千マルクであった。このため、シルヴィア夫人は五千マルクを借り入れた。フリッチャイ一家は台所の手伝いと運転手、そして金髪の快活な子守を雇っていたが、そのお金を従業員の支払いに充てたのである。

また、厨房機器や家具は月賦にし、ベッドはある保養所から借りた。シルヴィア夫人が「自分の衣類はブダペストから持ってきてはいましたが、ストッキングを買うにも、慎重に考えを巡らす必要がありました[22]」と語っているように、厳しい家計であったようだ。

ベルリンでの暮らしは、徐々に豊かになってきた。

シルヴィア夫人は、まず部屋の彩りを変えていった。子供部屋を天井まで真っ白にして、紅白のチェックのシーツがとりわけ目立つようにした。夫人はこの模様変えに非常に満足していたが、それは数日も続かなかった。息子の誰かが、天井にいくつも手形をつけたのである。どうしてそんなことができたのか、はしゃいで天井に届くまでベッドの上で跳ねたのか、真相は不明のままだった。

また、時とともに美しい物に手を伸ばす余裕もできた。骨董店で年代物の銀器や家具、磁器、そして見事なハイドンの肖像画なども購入した。

ダーレムのフリッチャイの自宅には、フルトヴェングラー、エック、エーリッヒ・ケストナー（作家・詩人、一八九九〜一九七四）、アイネム、ブラッハー、ブレッヒ、そしてティーチェンと多くの人々が訪れて来た。

シルヴィア夫人は、このときのことを次のように回想している。

ろうそくを灯し、サンドイッチとワインを並べ、陽気で機知に富んだ会話を楽しみました。素晴らしい夕べを、繰り返し過ごしました。ヴィルヘルム・フルトヴェングラー、彼は私のタイプではありませんでしたが、台所の腰かけに座って笑い話をしていました。フェリがストックホルムからベルリンに呼び戻した、老レオ・ブレッヒは、茶目っ気のある、人好きのする人物でした。

私たちの家で一番関心を引いた人の一人が、ハインツ・ティーチェンでした。彼は、華奢で小柄なベルリン演劇界の総支配人で、一九三九年までに三十二の劇場を担当し、またトスカニーニ退任後、バイロイト音楽祭の監督を引き受けた人です。ティーチェン夫妻は、のちにエルマティンゲンにも私たちを訪ねてきました(22)。

フリッチャイは、ベルリンで多くの歌劇を新演出で上演したが、シルヴィア夫人は、公演の初日にいつも夫へ贈り物をした。例えば、日付と上演した歌劇の名前を彫り込んだトレイとグラスである。しかし、フリッチャイは一九五二年六月、市立歌劇場の音楽総監督を辞任し、ベルリンを離れることになる。

コラム4　最初の妻、マルタについて

最初の妻、マルタは、一九一五年に生まれた。シルヴィア夫人の回想によれば、裕福な家庭に育ったという。フリッチャイとの出会いは、第二章で触れているように、一九三四年、ブダペストにおいてであった。当時、彼女は医学生であった。

フリッチャイの娘、マルタによると「彼女の生涯の中での一大恋愛[24]」であったという。

一九三八年、二人は、フリッチャイが軍楽隊長をしていたセゲドで結婚し、三人の子供に恵まれた。一九四四年、フリッチャイ一家がゲシュタポから逃れ、ブダペストの地下に潜んでいた困難な時代、マルタはフリッチャイを支えた。

一九四六年から一九四八年まで、フリッチャイが客演でウィーン、ザルツブルク、チューリッヒ、ワルシャワ、ベルリンに行った際には、マルタ夫人も同行した。そして、フリッチャイがベルリンで市立歌劇場の音楽総監督とRIAS交響楽団の首席指揮者に就任することが決まってからは、ベルリンに留まった。

しかし、フリッチャイがマルタ夫人をベルリンに残してブダペストに戻り、国立歌劇場でヴェルディの《椿姫》を演奏した際、のちに妻となるシルヴィアと出会い、二人は恋に落ちてしまう。

● 写真13
マルタ・フリッチャイ－テルビス

一九四九年は、フリッチャイと別れるということになり、マルタ夫人にとって、とても辛い時期となったが、彼女は三人の子供たちのために、重大な決心をした。「子供たちには父と母のいる家庭で育ってほしい」[24]と願い、夫の新しいパートナー、シルヴィアに子供たちを託したのである。

フリッチャイと別れたマルタであるが、フリッチャイがベルリンにいる間は引き続きベルリンに住み、時々、子守に電話をかけて子供たちの様子を聞いていたという。しかし、不必要な負担をかけたくないと思い、決して直接連絡をとることはなかった。毎年、十二月二十五日にはフリッチャイ宅に招かれ、家族と一緒にクリスマスディナーを囲んでいた。

彼女はその後、スイスのチューリッヒ州のミュンスターリンゲン病院、病理学研究所、ベルン州のヴァンダーカンパニーの研究部門での勤務を経て、チューリッヒ州のヴェッツィコーン地域病院で医師の助手として勤務した。ハンガリーで医師資格をもっていた彼女が助手であったのは、スイスでは医師資格が認められなかったためである。五十歳でスイスの医師試験に合格し、個人医院を開業した。一九八〇年に六十五歳で医院を閉業したのちは、若いころから抱いていた中国の文化と歴史への強い関心に駆られ、ジュネーヴ大学で中国語を学び、三度、中国を旅した。

一九九七年に亡くなり、今はフリッチャイの墓で一緒に眠っている。別れてから四十八年を経て、再び愛する人のもとに戻ったのである。

娘のマルタは、「彼女の長所は、自己規律、慈愛、そして責任感の強さでした」[24]と回想している。

第五章　RIAS交響楽団を一流オーケストラに

（第一期ベルリン時代その二）

RIAS交響楽団を育成

フリッチャイは、RIAS交響楽団の首席指揮者に就任して以来、このオーケストラの育成に尽力し、ベルリン・フィルハーモニー管弦楽団に比肩するまでに育て上げた。そして、このオーケストラはベルリンの聴衆の人気を博した。

フリッチャイは、まず楽員たちの信頼を得た。ソロ・チェロ奏者だったハンス・シュラーダーは次のように回想している。

全員が最初の音を出した時から、「この指揮者は楽器に詳しいぞ」と気づいたのです。ヴァイオリンやクラリネットなど、彼はほとんどの楽器を自ら演奏しました。フリッチャイはトランペットにさえ、難しいところにおける技術的な助言を与えて解決させることができまし

●写真14
1950年、ベルリン
ティタニア・パラスト
RIAS交響楽団

た。そのような指揮者ならば、オーケストラを前にして、即座に高い権威を得ることができます[3]。

そして、フリッチャイは次のようにオーケストラを育成していった。

リハーサルでは、まず演奏技術の問題解決に努めた。ヘーフスによれば、フリッチャイは「みなさん、機械のようにきわめて正確に演奏してください[3]」とよく言っていたという。そして、厳しいリハーサルを続け、技術的な課題が解決され、完璧な演奏ができるようになったら、すぐに表現を磨くことに努めたのである。

また、普通の指揮者ではありえないことを奏者に要求した。それは、弦楽器奏者に対して一プルトずつ、時には一人ずつでさえ弾かせるというものだった。楽員たちに「極度の緊張が走りました[3]」とシュラーダーは回想している。

フリッチャイは、奏者を適材適所に配置できるという稀有な才能を持っていた。奏者ごとに得手、不得手を察知し、それによって役割を振り分けた。それは、演奏する曲に応じて管楽器の一番奏者を交替させたり、コンサート・マスターやソロ奏者を選んだり、というものであった。楽団の序列によるのではなく、奏者の適性と曲の性格とをマッチングさせたのである。

こうしてフリッチャイは、トスカニーニを思わせる硬質なサウンドと速いテンポで緊密なアンサンブルを確立（筆者はＲＩＡＳサウンドと呼んでいる）し、ＲＩＡＳ交響楽団は、ベルリン・フィルハーモニー管弦楽団に比肩し得るほどのオーケストラにレベルアップしていったのである。

そして、著名な指揮者、ソリストたちがＲＩＡＳ交響楽団の演奏会のステージに立った。ここにその名前を列挙したい。この数と顔ぶれを見ると、ＲＩＡＳ交響楽団がどれだけレベルアップしたかがよくわかる。

指揮者では、レオ・ブレッヒ、カール・ベーム（一八九四～一九八一）、アンタル・ドラティ、オイゲン・ヨッフム、パウル・ザッヒャー（一九〇六～一九九九）、ゲオルグ・ショルティ（一九一二～一九九七）、エルネスト・アンセルメ、オットー・クレンペラー、イーゴリ・マルケヴィッチ（一九一二～一九八三）、ユージン・オーマンディ（一八九九～一九八五）、ヴォルフガング・サヴァリッシュ（一九二三～二〇一三）、ベルナルト・ハイティンク（一九二九～二〇二一）、ロリン・マゼール（一九三〇～二〇一四）など。

ソリストでは、ピアニストのゲザ・アンダ、クラウディオ・アラウ（一九〇三～一九九一）、ヴィルヘルム・バックハウス（一八八四～一九六九）、ロベール・カザドシュ（一八九九～一九七二）、アルフレッド・コルトー、シューラ・チェルカスキー（一九〇九～一九九五）、ワルター・ギーゼキング（一八九五～一九五六）、フリードリヒ・グルダ（一九三〇～二〇〇〇）、アニー・フィッシャー、クララ・ハスキル（一八九五～一九六〇）。ヴァイオリニストのユーディ・メニューイン、ヴォルフガング・シュナイダーハン（一九一五～二〇〇二）、クリスチャン・フェラス（一九三三～一九八二）、ヨハンナ・マルツィ（一九二四～一九七九）、エリカ・モリーニ（一九〇四～一九九五）、ティボール・ヴァルガ（一九二一～二〇〇三）、ジョコンダ・デ・ヴィート（一九〇七～一九九四）。チェリストのエンリコ・マイナルディ（一八九七～一九七六）、アントニオ・ヤニグロ（一九一八～一九八九）、ピエール・フルニエ（一九〇六～一九八六）など。

歌手では、エルナ・ベルガー（一九〇〇～一九九〇）、リザ・オットー（一九一九～二〇一三）、マルガレーテ・クローゼ（一九〇二～一九六八）、マリアンナ・ラデフ（一九一三～一九七三）、アニー・シュレム（一九二九～）、リタ・シュトライヒ（一九二〇～一九八七）、ジークリンデ・ワーグナー（一九二一～二〇〇三）、ペーター・アンダース（一九〇八～一九五四）、ディートリヒ・フィッシャー＝ディースカウ、ヨーゼフ・グラインドル（一九一二～一九九三）、ヘルムート・クレプス（一九一三～二〇〇七）、ヴァルター・ルートヴィヒ（一九〇二～一九八一）、ヨーゼフ・メッテルニヒ（一九一五～二〇〇五）、エルンスト・ヘフリガー（一九一九～二〇〇七）、オラリア・ドミンゲス（一九二五～二〇一三）、ピラール・ローレンガー（一九二八～一九九六）、ドナルド・

グローブ（一九二九～一九八六）、イヴァン・サルディ（一九三〇～二〇一九）、エルフリーデ・トレッチェル（一九一三～一九五八）、イルムガルト・ゼーフリート（一九一九～一九八八）、マリア・シュターダー（一九一一～一九九九）、ヘルタ・テッパー（一九二四～二〇二〇）、キム・ボルイ（一九一九～二〇〇〇）、ゴットロープ・フリックなど。（いずれものちのベルリン放送交響楽団の時も含む）

ベルリンでの演奏会から

フリッチャイはベルリンで、多くはＲＩＡＳ交響楽団と、時にはベルリン・フィルハーモニー管弦楽団、ベルリン市立歌劇場管弦楽団と共演したが、ここでは話題となったいくつかの演奏会を紹介する。

◆第九演奏

一九四九年の大みそか及び一九五〇年の元旦、フリッチャイは、ベルリンの伝統に従いＲＩＡＳ交響楽団ほかとベートーヴェンの交響曲第九番を演奏した。十二月三十一日はティタニア・パラスト、一月一日はヴェステンス劇場で演奏した。以降、この第九の演奏会は、一九五三／一九五四年の大みそか、元旦まで毎年行われた（一九五〇／一九五一年以降は、両日ともティタニ

RIAS
BERLIN

SONDER-KONZERT

STÄDTISCHE OPER BERLIN
SONNTAG, DEN 1. JANUAR 1950, 11 UHR

● 記録 8
1950 年 1 月、ベルリン
ヴェステンス劇場
ベートーヴェン　交響曲第 9 番

RIAS-SYMPHONIE-ORCHESTER

Dirigent:
FERENC FRICSAY

BEETHOVEN
IX. SYMPHONIE
D-MOLL, OPUS 125

Solisten:
CHRISTEL GOLTZ, Sopran
MARGARETE KLOSE, Alt
HELMUT KREBS, Tenor
JOSEF GREINDL, Baß

KATHEDRALCHOR ST. HEDWIG
RIAS-KAMMERCHOR

BERLIN

LUDWIG VAN BEETHOVEN

ZUM 125. TODESTAG AM 26. MÄRZ 1952

IX. SYMPHONIE d-moll, op. 125

mit Schlußchor über Schillers Ode „An die Freude"

Allegro ma non troppo, un poco maestoso · Molto vivace · Adagio molto e cantabile · Presto

RIAS-SYMPHONIE-ORCHESTER

CHOR DER ST. HEDWIGS-KATHEDRALE Leitung: Dr. KARL FORSTER
RIAS-KAMMERCHOR Leitung: HERBERT FROITZHEIM

DIRIGENT: FERENC FRICSAY

SOLISTEN: ELFRIDE TRÖTSCHEL · MARIA VON ILOSVAY
HELMUT MELCHERT · GOTTLOB FRICK

TITANIA-PALAST · STEGLITZ / DIENSTAG, 25. MÄRZ 1952 · 19.45 UHR

● 記録９
1952年３月、ベルリン　ティタニア・パラスト
ベートーヴェン　交響曲第９番

ア・パラストで演奏)。

また、一九五二年三月二十五日には、ベートーヴェン没後百二十五年(三月二十六日)を記念してティタニア・パラストでRIAS交響楽団ほかと交響曲第九番を演奏した。

第九の演奏に関しては、次のようなエピソードがある。

終楽章ではピッコロを使用しているが、フリッチャイはピッコロ奏者の演奏に満足できなかった。そこで、まず二番フルート奏者に吹かせた。それでも満足できなかったので、一番フルート奏者にも吹かせ、結局、一番奏者がその箇所を吹くことになったのである。

前に奏者の適材適所配置に触れたが、その実例である。

フリッチャイの、どこまでも理想を追求する姿勢を垣間見ることができる。

◆ヴェルディ没後五十年
フリッチャイは、ヴェルディの《レクイエム》をさまざまな機会に指揮しており、ベルリンでもすでに一九四九年十月、ベルリン・フィルハーモニー管弦楽団ほかと演奏していた。一九五一年一月二十七日には、ヴェルディ没後五十年を記念して、《レクイエム》の公演を行った。このときは、めずらしくベルリン市立歌劇場管弦楽団を指揮した。

◆ベルリン芸術週間への出演、ヴァルトビューネ

一九五一年九月、第一回ベルリン芸術週間が開催された。フリッチャイは、この音楽祭にＲＩＡＳ交響楽団と三回の演奏会、ベルリン市立歌劇場での一回の歌劇上演で参加した。このうちの一つの演奏会、Ｊ・シュトラウスの曲を集めた演奏会では、会場にヴァルトビューネが使用された。ヴァルトビューネは、一九三六年のベルリン・オリンピックの際に古代ギリシャの円形劇場を模して建築された二万人を収容できる屋外競技場であるが、フリッチャイはこの場所をクラシック音楽の演奏会場として使用したのである。

ベルリン芸術週間には、これ以降一九六一年まで毎年出演した。

◆ブーイングに見舞われた《春の祭典》

一九五四年一月、フリッチャイはＲＩＡＳ交響楽団の定期演奏会で、ストラヴィンスキーの《春の祭典》を指揮した。フリッチャイは、この複雑なリズムを持つ難曲に対し「容赦ない厳しい演奏[25]」を行った。この曲は一九一三年、落成したばかりのパリのシャンゼリゼ劇場で初演された際、演奏中に曲の賛否を巡って罵り合いや殴り合いが起こり、大スキャンダルとなったが、四十年たったこの日も、フリッチャイの演奏が刺激的であったせいか、あちこちでブーイングが

IM RAHMEN DER
BERLINER FESTWOCHEN 1951

BARTÓK-ABEND

– IN VERBINDUNG MIT DER INTERNATIONALEN
GESELLSCHAFT FÜR NEUE MUSIK –

TITANIA-PALAST / STEGLITZ
DONNERSTAG, DEN 13. SEPTEMBER 1951, 19.00 UHR

● 記録10
1951年9月、第一回ベルリン芸術週間
バルトークの夕べ

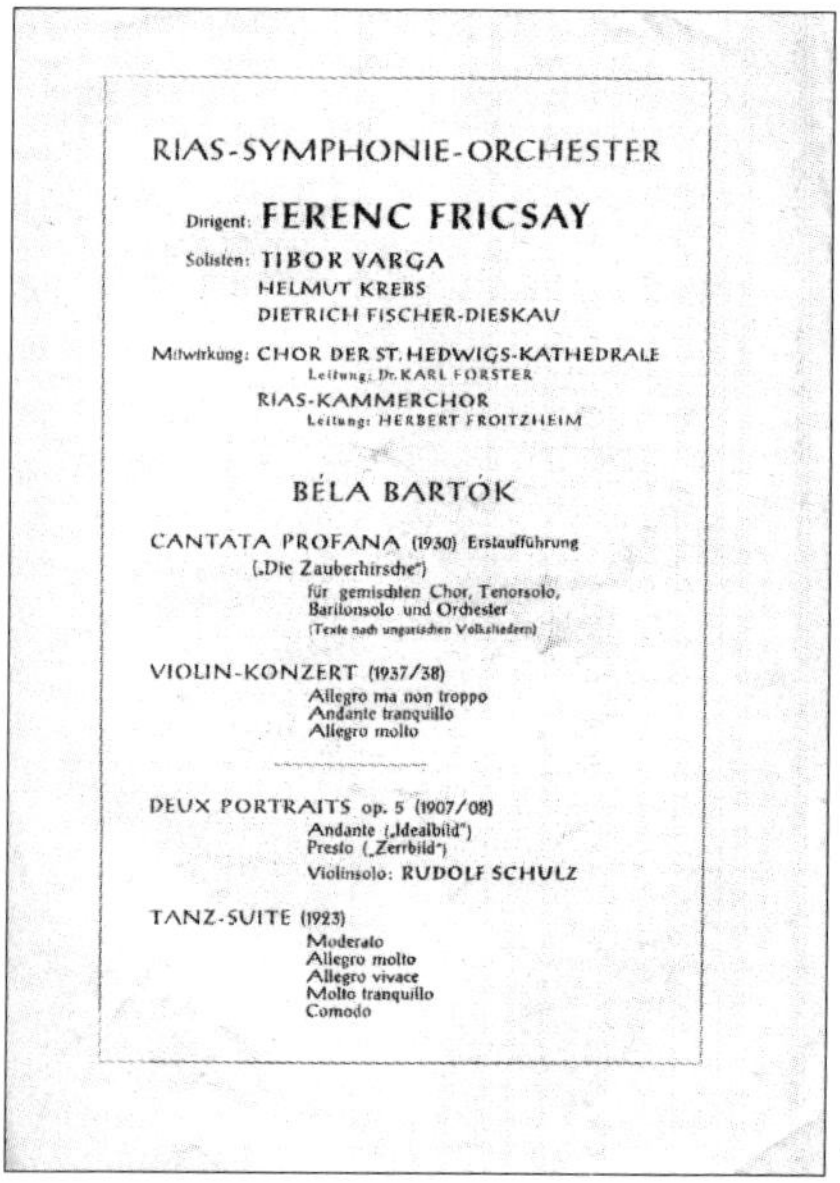
RIAS-SYMPHONIE-ORCHESTER

Dirigent: FERENC FRICSAY

Solisten: TIBOR VARGA
HELMUT KREBS
DIETRICH FISCHER-DIESKAU

Mitwirkung: CHOR DER ST. HEDWIGS-KATHEDRALE
Leitung: Dr. KARL FORSTER
RIAS-KAMMERCHOR
Leitung: HERBERT FROITZHEIM

BÉLA BARTÓK

CANTATA PROFANA (1930) Erstaufführung
(„Die Zauberhirsche")
für gemischten Chor, Tenorsolo,
Baritonsolo und Orchester
(Texte nach ungarischen Volksliedern)

VIOLIN-KONZERT (1937/38)
Allegro ma non troppo
Andante tranquillo
Allegro molto

DEUX PORTRAITS op. 5 (1907/08)
Andante („Idealbild")
Presto („Zerrbild")
Violinsolo: RUDOLF SCHULZ

TANZ-SUITE (1923)
Moderato
Allegro molto
Allegro vivace
Molto tranquillo
Comodo

起こった。この日は、ティタニア・パラストではなく、ベルリン南東部の区、ノイケルンに新しくできたヨーロッパ・パラストでの演奏であったせいでもあると[25]プーフェンドルフは分析している。

なお、ヨーロッパ・パラストでフリッチャイが演奏したのはこの一回のみであり、この後は、新しく落成したベルリン芸術大学のホールで演奏会を行うことになる。

◆バッハの代わりにヘンデル

フリッチャイは、ベルリンで何度もバッハの《マタイ受難曲》や《ヨハネ受難曲》の公演を予定したが、結局「まだ準備ができていない[16]」としてキャンセルするのが常であった。その代わりとして、ＲＩＡＳ交響楽団ほかと一九五四年五月にヘンデルの《ユダス・マカベウス》を、一九五五年九月には《サムソン》を演奏した（のちに音楽総監督を務めたミュンヘンにおいても、一九五八年の聖金曜日にフィッシャー＝ディースカウらをソリストに迎え《マタイ受難曲》を指揮する予定があったが、これも実現しなかった。なお、この日はカール・リヒター［一九二六〜一九八一］指揮による同曲の演奏が放送され、高い評価を受けた）。

《ユダス・マカベウス》の公演の際には、次のようなエピソードがある。

公演に際し、急にアルト歌手が出演できなくなった。このとき、フィッシャー＝ディースカウが、その歌手のパートも自分が歌うのはどうかと提案したところ、フリッチャイは意外にもそれを受け入れたのである。フィッシャー=ディースカウは、「フリッチャイは機会あるごとにアドリブの面白さを見せてくれた[19]」と回想している。

RIAS交響楽団との演奏旅行

フリッチャイとRIAS交響楽団は、一九五一年から大規模な演奏旅行に出かけた。この手配などは、アドラーズ・コンサート代理店が行った。いくつかの異なるプログラムを組んで臨んだこのツアーは、ドイツ国内と西ヨーロッパの都市を組み合わせて実施され、プーフェンドルフによれば、「西ベルリンの最も重要な文化使節の一つ[16]」になったのである。

一九五一年七月には西ドイツ国内を、一九五二年五月にはブリュッセルとパリ、一九五四年三〜四月には西ドイツ国内及びパリ、ロンドンを訪問した。

一九五四年のツアーは、『音楽芸術』一九五四年九月号の「楽壇抄」においても紹介され、そこでは、ロンドンでの様子が次のように報告されている。

○ベルリンのＲＩＡＳ交響楽団の訪英

ベルリンのＲＩＡＳ交響楽団は、先般、指揮者のフェレンス・フリクサイと共にロンドンを訪問し、ロンドンのデビューとして、フェスティヴァル・ホールに於て演奏会を催した。曲目は、バルトークのディヴェルティメント、ハイドンの交響曲第九八番、チャイコフスキーの交響曲第五番等であつて好評であつた。(26)

また、音楽評論家でフリッチャイに造詣が深い歌崎和彦（一九四四～二〇二二）も『レコード芸術』一九八八年五月号で、ＲＩＡＳ交響楽団が一九五四年三月に演奏旅行でパリを訪れた際の演奏について「完璧だ、殆ど余りに完璧だ！」(27)と絶賛されたことに言及している。なお、歌崎は、この演奏旅行でＲＩＡＳ交響楽団が一躍世界の注目を浴びるようになったとしているが、これまでのフリッチャイとＲＩＡＳ交響楽団の演奏活動を鑑みれば、もっと早い時期ではないかと思われる。

現代音楽、ハンガリー作曲家の曲の紹介に尽力

フリッチャイとＲＩＡＳ交響楽団は現代音楽の紹介に努め、次の作品はその初演を行った。

一九五〇年一月　アイネム《弦楽のためのセレナーデ》
エック《フランス組曲》（ＲＩＡＳ放送局の委嘱作品で、フリッチャイとＲＩ

RIAS

BERLIN

SONDERKONZERT

MIT WERKEN

DEUTSCHER ZEITGENÖSSISCHER KOMPONISTEN

TITANIA-PALAST / STEGLITZ

DIENSTAG, DEN 31. JANUAR 1950, 20.00 UHR

● 記録11
1950年1月、ベルリン　現代音楽の初演

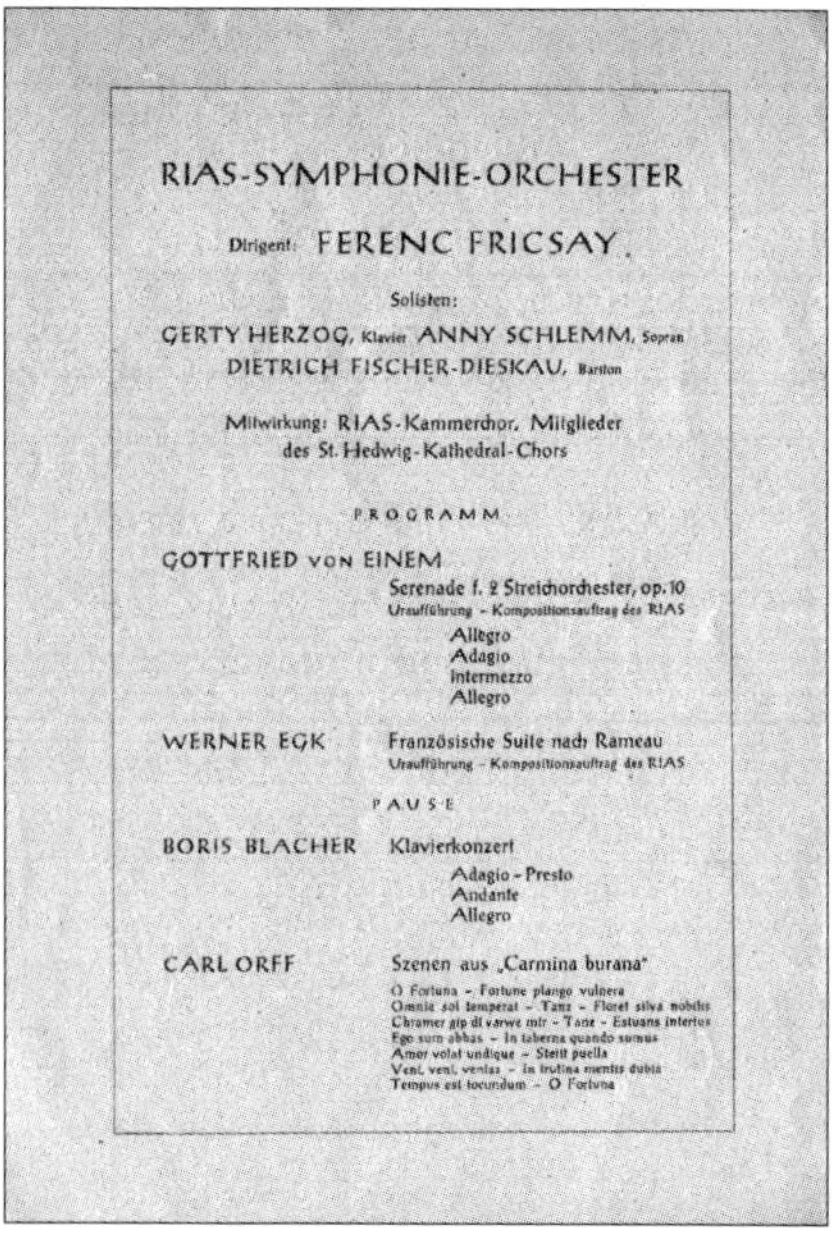

RIAS-SYMPHONIE-ORCHESTER

Dirigent: FERENC FRICSAY

Solisten:

GERTY HERZOG, Klavier ANNY SCHLEMM, Sopran
DIETRICH FISCHER-DIESKAU, Bariton

Mitwirkung: RIAS-Kammerchor, Mitglieder
des St. Hedwig-Kathedral-Chors

PROGRAMM

GOTTFRIED von EINEM
Serenade f. 2 Streichorchester, op. 10
Uraufführung – Kompositionsauftrag des RIAS
Allegro
Adagio
Intermezzo
Allegro

WERNER EGK
Französische Suite nach Rameau
Uraufführung – Kompositionsauftrag des RIAS

PAUSE

BORIS BLACHER
Klavierkonzert
Adagio – Presto
Andante
Allegro

CARL ORFF
Szenen aus „Carmina burana"
O Fortuna – Fortune plango vulnera
Omnia sol temperat – Tanz – Floret silva nobilis
Chramer gip di varwe mir – Tanz – Estuans interius
Ego sum abbas – In taberna quando sumus
Amor volat undique – Stetit puella
Veni, veni, venias – In trutina mentis dubia
Tempus est iocundum – O Fortuna

ＡＳ交響楽団に献呈された）
一九五一年五月　ハンス・ヴェルナー・ヘンツェ（一九二六〜二〇一二）バレエ変奏曲
エドアルト・エルドマン（一八九六〜一九五八）ピアノ協奏曲
一九五二年二月　カルロス・ヴェーロフ（一九二六〜二〇一一）《交響的インベンション》
ハルティック（生没年不明）ヴァイオリン協奏曲
ボリス（生没年不明）ディヴェルティメント

初演だけでなく、フリッチャイとＲＩＡＳ交響楽団は、国際現代音楽協会（ＩＳＣＭ）の音楽祭に欠かさず出演したほか、多くの演奏会で現代音楽作品の紹介に努めた。特にアンコールでよく採り上げたブラッハーの《パガニーニの主題による変奏曲》では、作曲者が許可したフリッチャイ独自の結尾で演奏していた。

アイネムは、フリッチャイの現代音楽へのアプローチについて、次のように述べている。

彼は作曲家にとって……想像力に富み、心底親身になってくれるパートナーであった。彼は作品という容器から、その鳴り響く理念的な内容を蒸留する術を知っていた。それも、自分自身を前面に押し出すことなしにである。流行している作曲技法ではなく、〝心の音〟が彼を魅了した。彼の場合、ひとつの作品をよく知るためには、突飛で分析的な専門用語を使う

必要はなかった。彼は直観的にその作品に見合った演奏様式を把握したのだから。(15)

●写真15
1952年6月、
ザルツブルク　現代音楽祭
アンダと

このように、フリッチャイは作曲家たちから現代音楽の良き理解者と目されていた。しかし、フリッチャイは、現代音楽すべてを受け入れたのではない。彼の現代音楽のレパートリーは、アルバン・ベルク（一八八五〜一九三五）からベルント・アロイス・ツィンマーマン（一九一八〜一九七〇）までと幅広かったが、電子音楽からは一線を引いていた。フリッチャイは、前衛的ではなく、適度な現代性を持った作曲家を擁護し、彼らの作品を演奏したのである。

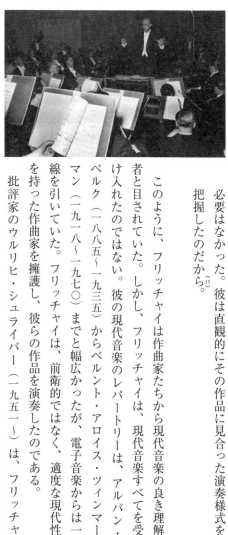

批評家のウルリヒ・シュライバー（一九五一〜）は、フリッチャイのことを「一方では聴衆に新音楽への道を開き、他方では現代作曲家たちをあまりに秘儀的で、象牙の塔に逃げ込むような動きから護ることができた人間であったろう(15)」と述べている。

また、フリッチャイは、自国の作曲家、バルトークとコダーイの作品の紹介にも努めた。多くの都市、多くのオーケストラで、この作曲家の作品をプログラムにのせ、人々の受容に繋げていった。

ベルリン市立歌劇場の音楽総監督を辞任

フリッチャイは、一九五二年六月、ベルリン市立歌劇場の音楽総監督を辞任した。辞任にあたって、どのような事情があったかについては、色々な人が言及している。

シルヴィア夫人によれば、それは「陰謀(22)」だったという。夫人は、フリッチャイのことを「楽員に最高の水準を期待する、厳しい仕事人(22)」であったと表現しているが、それが原因とまでは明確に言ってないが、恐らくそれにより、歌劇場首脳陣と緊張状態になったというのである。

その緊張状態とはどのようなものであったか。プーフェンドルフによると、次のようなことをフリッチャイが拒んでいたことに対して、歌劇場首脳陣から不満の声が上っていたという。

自らリハーサルを行っていない作品を上演すること

彼がふさわしいとは思わない同僚に引き継ぐこと

一緒に仕事をしたくないと思っている歌手を知らないうちに配役に入れること(16)

フリッチャイは、ウィーン国立歌劇場での苦い経験をもとに、総支配人ティーチェンに、自分がリハーサルした作品だけを指揮すると明言していたが、これも反故にされようとしていたのである。

また、音楽評論家のヴェルナー・エールマン（一九〇一～一九八五）は、これらに加えて、フリッチャイがRIAS交響楽団とのパリ公演を優先して、《さまよえるオランダ人》の上演をキャンセルしたことも非難される要因として挙げている。

フリッチャイ自身も、こういったことが起きることでリハーサルの調整が複雑になり、契約上の義務を果たすことがますます困難になってきたと感じていたのである。

そのような緊張状態の中、ベルリン上院が、フリッチャイが東ベルリンのコーミッシェ・オーパーの総支配人であるワルター・フェルゼンシュタイン（一九〇一～一九七五）と交渉していたと言って非難してきたのである。

フリッチャイは、すぐさま市立歌劇場との契約破棄を上院に通告した。

一九五二年六月上旬のことである。

日本国内でも、この辞任劇について言及されているが、シルヴィア夫人やプーフェンドルフが語っていたことと、ほぼ符合する。
音楽評論家の猿田悳（一九二六～一九七五）は、『レコード芸術』一九六〇年一月号で、フリッチャイのベルリン市立歌劇場の辞任について次のように述べている。

彼がベルリンを去るにあたっては、少なからぬ事情が伴うが、とりわけ自己を過信したのではないかという非難がある。ティーチェンとの不和はそれほど重大なことではあるまい。（中略）も一つの非難は、ハンガリー生まれで、いま西ベルリンに活躍するフリッチャイが東ベルリンの喜歌劇場の監督であるワルター・フェルゼンシュタインと親交があったという噂である。(28)

これらを見てわかることは、シルヴィア夫人が言及しているように、フリッチャイが最高水準を目指して、厳しく仕事をしようとすることや、ウィーン国立歌劇場での失敗を繰り返さないようにしてきたことが、首脳陣には「この若僧は何を言っているのだ。自己過信も甚だしい」と思われ、煙たがられたということだろう。そして、上院がフェルゼンシュタインとの親交を非難することが、シルヴィア夫人の言う「陰謀」で、これによって辞任に追い込もうとしたのではないか。

なお、フェルゼンシュタインとどのような交渉や親交があったかについて、具体的に明記した資料は見当たらない。

エルマティンゲンを終の棲家に

一九五二年六月、ベルリン市立歌劇場の音楽総監督を辞任したことを機に、フリッチャイ夫妻は、生活の、仕事の、そして休息の場となる住居を探した。それは、もっぱらシルヴィア夫人の仕事だった。スイスに住みたいと考えた夫人は、自分の勘を頼りに、友人のロルフ・リーバーマン（一九一〇〜一九九九）に相談した。当時、チューリッヒ放送局のチーフであったリーバーマンは、スイス国内の事情に通じていたのである。地理に疎かった夫人であるが、彼のアドバイスに従って、ベルリンから遠く離れたボーデン湖畔のエルマティンゲンに行くと、賃貸の大きな家を見つけることができた。それは、ある日曜日の午後のことであった。

夫人にとってその家は「理想的」[22]に思えた。

もともとドイツの大工業家、ヘッシュが所有するその家は、当時、スイスの手形交換所の管理下にあった。第二次世界大戦時、ヘッシュはヒトラーから国に戻るよう命じられ、帰国しないのなら、ヘッシュ製鉄を没収して国有化するぞと脅されたのである。命令に従って彼が帰国したため、空き家になっていた。

夫人は、中を見たかったので、書かれていた連絡先に「すぐ来てほしい」と電話をした。すると「できませんね、今日が日曜日だとご存知ないのですか」[22]とそっけなく断わられた。

結局、家を見せてもらったのは、次の日の朝であった。その邸宅には、申し分のない家具が備えられていた。シルヴィア夫人はヘッシュ夫人と電話で交渉した結果、月五百フランで借りることになった。

しかし、事は簡単には進まなかった。スイスの滞在許可が必要であったため、ベルンのスイス連邦警察に申請書を提出したが、三週間が過ぎても警察からは何の回答もなかった。そうこうしているうちに、まもなく演奏会のリハーサルが始まり、また子供たちも学校に行かなくてはならない時期になってしまった。やきもきしてシルヴィア夫人がベルンに電話をかけて確認すると、許可は出せないというのである。

シルヴィア夫人は簡単には引き下がらなかった。夫人はフリッチャイに「あなたは有名人なのよ、こんなことで引き下がる訳にはいかないわ」[22]と言って、夫を連れベルンへ赴き、交渉した。連邦議会を下った場所にある仮設事務所にいた連邦警察の役人は、フリッチャイを見て驚いたが、回答は変わらなかった。役人は次のように言った。

●写真16
エルマティンゲン　ボーデン湖畔の自宅

「あー、マエストロ・フリッチャイ、なんと名誉なことでしょう。でも、申し訳ありませんが、いろいろと規則がありまして、居住をお認めするわけにはいかないのです[22]」

ここでもまた陰謀が絡んでいたのである。フリッチャイを妬む同僚たちが連邦警察に「この指揮者は、稼げるだけ稼いで、アメリカへ移住するつもりだ[22]」と告げ口をしていたことがわかった。

夫人は、すでにエルマティンゲンに家を借りていて、アメリカ移住の話はうそであると説明した。その結果、二日後、許可証を受け取ったのである。

そして、豪華な家具、絵画、絨毯、さらに全ての家財道具を孤島のような西ベルリンから運び出した。この引越しにあたっては、ベルリンのアメリカ占領地区のある若い軍司令官が協力してくれ、無事エルマティンゲンまで移動させることができた。

このとき、シルヴィア夫人の希望で、ベルリンで雇っていたヘルタ・シュタインに一緒にエルマティンゲンに来てもらい、引き続き家事と子供の世話をしてもらうことにした。シレジア出身の彼女は、礼儀正しく、初めての環境にも馴染む適応力があり、夫人の信頼が厚かったのである。

一年後には、その家を購入し、フリッチャイの邸宅となった。夫人は、ベルリンやウィーンから運んだ時代物の家具をとても美しく配置した。それらの一部には、かつてシャルロッテンブルグ宮殿に置かれていたものや、マリア・テレジアが使っていたロココ調のたんすがあった。

こうして、フリッチャイ一家は、生活の、仕事の、休息の、そしてフリッチャイが「終の棲家」と語った家を手に入れることができたのである。

この年、ベルリン市からフリッチャイに芸術賞が授与された。

旅する指揮者

フリッチャイは、ベルリンの二つのポストで多忙を極めたが、それでも時間がとれれば客演の招待を引き受けた。

一九五〇年には、イギリスのエディンバラ音楽祭でモーツァルトの《フィガロの結婚》を

UNDER THE PATRONAGE OF
THEIR MAJESTIES THE KING AND QUEEN

EDINBURGH
INTERNATIONAL
FESTIVAL
OF MUSIC & DRAMA

THE GLYNDEBOURNE OPERA
presents
"LE NOZZE DI FIGARO"—MOZART
KING'S THEATRE - EDINBURGH
21st August—9th September
1950

● 記録 12
1950 年 8 月、エディンバラ
モーツァルト《フィガロの結婚》

KING'S THEATRE

Phone 51027-8 EDINBURGH Box Office open 10-8.30

Proprietors	HOWARD AND WYNDHAM LTD.
Managing Director	STEWART CRUIKSHANK
Manager	CHARLES T. TRIPP
Assistant Manager	STANLEY M. SCOTT

The Management reserves the right to refuse admission, also to make any alteration in the programme which may be rendered necessary by illness or other unavoidable causes.

GLYNDEBOURNE OPERA

Artistic Director: CARL EBERT General Manager: MORAN CAPLAT

EVENINGS at 7 p.m.

In the original Italian

LE NOZZE DI FIGARO

Opera in Four Acts by LORENZO DA PONTE

Music by
W. A. MOZART

Conductor:
FERENC FRICSAY

Producer:
CARL EBERT

Scenery and Costumes designed by
ROLF GÉRARD

指揮した。演出はカール・エーベルト（一八八七～一九八〇）、フィガロはジョージ・ロンドン（一九二〇～一九八五）、スザンナはエルフリーデ・トレッチェルであった。しかし、これは失敗に終わった。オペラ・スコットランドのウェブサイトによれば、「フィガロの上演に彼が選んだ速いテンポは、歌手にとっては歌いづらく、観客も落ち着けなかったようであった(29)」という。フリッチャイ自身も、「失敗(2)」であったと認めている。

同じ年、アルゼンチンのブエノス・アイレスに招かれ、コロン劇場でのオルフの《カルミナ・ブラーナ》を含む六回の演奏会を指揮した。ブエノス・アイレスの公演に際し、フリッチャイはアルゼンチンの作曲家による楽曲を探していた。そして、作曲家のカルロス・ヴェーロフと親交を結ぶ。ブエノス・アイレスの公演後、ヴェーロフは、フリッチャイのアシスタントとなりベルリンに行ったが、わずか一年でアルゼンチンに戻っている。

また、ケルンの西ドイツ放送局とは、四年間にわたり常任指揮者に準じて、演奏会と放送録音を行った。

一九五一年は、ナポリとジュネーヴに客演、ベートーヴェンの《フィデリオ》を上演した。

ナポリのサンカルロ劇場での公演では、次のようなエピソードがあった。

一人のソロ管楽器奏者が会場に現れず、演奏を開始できなかった。幕が上がらず、会場は次第に殺気立ってきた。誰かが彼の自宅へ呼びに行き、その奏者がようやくやって来たが、聴衆は怒り出し、ロイヤルボックスからは市長が大声でオーケストラに向かって罵った。すると、遅刻した男は立ち上がり、大声でこうやり返した。「あんたが、俺同様、ひどい腹痛をおこしたら、そんなにブーブーは吹けねぇぞ(22)」。すると、ナポリ方言の大歓声が沸き起こった。そのほとんどは、からりとした笑い声だったという。

恐らく彼は、なんらかのミスで遅刻したのを仮病で誤魔化そうとしたのだろう。市長の罵声にやり返した際の言葉も面白かったのだろうが、それを大声で叫んだものだから、仮病がばれてしまい、輪をかけたように笑いを誘ったのではないかと思われる。

一九五二年にベルリン市立歌劇場の音楽総監督を辞任してからは、客演が多くなり、フリッチャイは自らを「旅する指揮者(3)」と呼ぶようになった。

フリッチャイは回想で、一九五二年からの演奏旅行で南アメリカ、エディンバラ音楽祭（注：最初の二箇所は一九五〇年なのでフリッチャイの勘違いだろう）、ミラノ・スカラ座、パリ、ロンドン、スカンディナヴィア諸国、アムステルダム（アムステルダム・コンセルトヘボウ管弦楽団と共演）、アメリカへ行ったことに触れている。フリッチャイは演奏旅行について、「多すぎるのは嫌

München, Samstag, 16. August 1952

MÜNCHNER OPERNFESTSPIELE

Don Giovanni

Oper in zwei Aufzügen (10 Bildern) von **WOLFGANG AMADEUS MOZART**

Deutsche Übertragung nach Hermann Levi und Georg Schünemann

Musikalische Leitung: Ferenc Fricsay a. G. (Berlin) — Inszenierung: Georg Hartmann

Bühnenbild: Helmut Jürgens — Kostüme: Elly Ohms

Don Giovanni, ein leichtfertiger Edelmann . . . . George London a. G. (Wien)
Donna Anna, Don Ottavios Verlobte . . . . Christel Goltz a. G. (Wien)
Don Ottavio, ein junger Edelmann . . . . Richard Holm
Der Komtur, Donna Annas Vater . . . . Max Proebstl
Donna Elvira, Dame aus Burgos, von Don Giovanni verlassen . . . . Sena Jurinac a. G. (Wien)
Leporello, Don Giovannis Diener . . . . Benno Kusche
Masetto, ein junger Bauer . . . . Albrecht Peter
Zerlina, Masettos Braut . . . . Gerda Sommerschuh

Masken, Bauernburschen und Mädchen, Diener und Musikanten

Die Handlung spielt in Spanien

Chöre: Herbert Erlenwein
Einstudierung der Tänze im 5. Bild: Lula v. Sachnovsky
(Solisten: Will Spindler, Elfi Weber)

Anfertigung der Kostüme: Lovis Révy - Maskenbildner: Georg Rasche
Anfertigung der Dekorationen: Ludwig Hornsteiner
Technische Oberleitung: Albert Rall - Technische Einrichtung: Hans Herrmann
Beleuchtung: Josef Dusch und Ludwig Bourdillon
Inspektion: Anton Hackel und Martin Brucklachner - Souffleuse: Maria v. Schrötter
Regie-Assistent: Hansjakob Kröber

Anfang 19 Uhr — **Längere Pause nach dem 1. Aufzug (5. Bild)** — **Ende 22¹/₄ Uhr**

Erfrischungsraum gegenüber der Eintrittskartenkasse

Verkaufszeiten: Montag mit Samstag 9—13 Uhr und 16—18 Uhr, Sonn- und Feiertage 9—13 Uhr
Abendkasse 1 Stunde vor Vorstellungsbeginn

● 記録 13
1952 年 8 月、ミュンヘン　モーツァルト《ドン・ジョバンニ》である！　しかし、演奏旅行はやらなければならない。ほうぼうで成功を収めるために旅行をする必要は必ずしもないが、各地の聴衆や、特にオーケストラからの刺激は自分自身の能力を高めるうえで不可欠なのである(3)」と述べている。

フリッチャイは、休むことなく指揮を続け、エルマティンゲンの自宅に戻るのはクリスマスの時くらいであった。ここでの家族団らんやボーデン湖に出てのボート遊びは、次の演奏会に向けての活力になったに違いない。

演奏旅行には、多くの場合、シルヴィア夫人も同行した。

夫人はいつも傍にいて、公演前の衣類の準備や、日常の雑用をこなしていた。夫人によれば、フリッチャイはお金の扱いについては関心がなかったとのことで

●写真17
1952年頃、アムステルダム

ある。

フリッチャイの音楽活動に伴う旅行ばかりの生活は、同行していたシルヴィア夫人にとっても相当過酷であったようだ。当然のことだろうが、夫人は「知らない場所で知らない人に会い、経験したことのない緊張の中で過ごすのは、私にとって楽なものではありませんでした」(22)と回想している。

あるとき夫人は、ベルリンで盲腸の手術を受けた後、肺炎にかかった。そのとき、フリッチャイはアローザの貸別荘で休養していたので、彼女は風邪をひいたとだけ伝えた。そして、次の演奏旅行に向けて二人がハンブルグで落ち合った時、フリッチャイは夫人の姿を見て驚き、涙を流した。夫人は五十二キロに痩せ細ってしまっていたのである。それでも、演奏会が終われば、すぐ荷物をトランクに詰め、その足でヘルシンキとストックホルムに向かったのである。

一九五二年には、アムステルタム・コンセルトヘボウ管弦楽団にデビュー、また病気のフルトヴェングラーに代わって、ザルツブルク音楽祭とルツェルン音楽祭に出演した。ルツェルン音楽祭へは、この後、頻繁に出演することになる。

この年は、ほかにパリ、デュッセルドルフ、ケルン、フランクフルト、ミュンヘンなどに客演している。

一九五三年には、ミラノ・スカラ座にデビュー、また、ストックホルムに客演し、同地の放送交響楽団とバルトークの《青ひげ公の城》を放送用に録音した。ユディットを演じたビルギット・ニルソンは、このときのフリッチャイの印象を「粋なハンガリー人というよりプロイセン人を思わせ、軍隊式の厳格さで指示を出した(30)」と回想している。

そのゲネプロで思いもよらぬトラブルがあった。

一人のホルン奏者がフリッチャイに刃向ったのである。フリッチャイはゲネプロを中断し、そのホルン奏者に出て行くよう命令した。すると楽員たちが、「あなたがその気なら我々全員がここから出ていく」と迫った。楽員たちの反撃に対しフリッチャイは指揮棒を置いて、会釈して出て行ってしまったのである。

しばらく気まずい雰囲気がただよったが、ゲネプロを聴きにきていた指揮者のクルト・ベンディックス（一九〇四〜一九九二）が指揮台にのぼり、まるで何事もなかったように、ゲネプロを続行したのである。

ベンディックスは、翌日のスウェーデン初演も指揮できると思っただろうが、当日は、ホルン奏者もフリッチャイもそれぞれの持ち場に戻り、予定どおり演奏は行われたのである。

なんとも瞬間湯沸かし器のような豪快な話である。この後、どのようなやりとりがあって、演奏当日、二人がステージに戻れたのか興味のあるところだ。

● 写真 18
1954 年 6 月、
テルアヴィヴ　ZOA ガーデン
ヴェルディ《レクイエム》を演奏

一九五三年は、ほかにパリ、バーデンバーデン、ケルン、ボン、ルツェルン、そしてアメリカのオーケストラに客演している。

一九五四年六〜七月には、イスラエルに客演した。

フリッチャイのセゲド時代の友人がイスラエルに住んでいて、その友人の提案でフリッチャイが招かれることになったのである。フリッチャイは、イスラエル・フィルハーモニー管弦楽団ほかとヴェルディの《レクイエム》を、テルアヴィヴで六回、ハイファ、エルサレム、ピース・シャーン、エネック・ヘーファでそれぞれ一回演奏した。ソリストは、フリッチャイのレコード録音に参加した人などでラテン語での歌唱であったが、合唱団はヘブライ語による歌唱となった。この辺は、ナポリ、ジュネーヴで演奏したベートーヴェンの《フィデリオ》と似た事情である。

THE ISRAEL PHILHARMONIC ORCHESTRA

Founded by BRONISLAW HUBERMAN

1953/54 SEASON

Jerusalem, "Edison" Hall

Monday, 12. 7. 1954 - at 9 p. m.

VERDI REQUIEM

Conductor:

FERENC FRICSAY

Soloists:

FRANCES YEEND

(Soprano)

MARIANA RADEV

(Mezzo-Soprano)

GABOR CARELLI

(Tenor)

KIM BORG

(Bass-Baritone)

THE TEL-AVIV CHAMBER CHOIR

Director: EYTAN LUSTIG

Hebrew Version by EFRAIM DROR

400 Pruta

●記録 14

1954 年 7 月、エルサレム　ヴェルディ《レクイエム》

フリッチャイは、テルアヴィヴの会場で六回も演奏したからか、相当疲れたようで、ハイファでの演奏会では、体調不良で演奏を長い時間中断するという事態になった。

しかし、公演は大成功であり、そのことをラディスラウス・パータキ（一九〇六〜一九八四）は、次のように回想している。

この上演の成功の秘密、そして私たちが受けたきわめて深い感動は、彼が人間としての存在の根本のところで敬虔であるところから来ています。そのことについて、彼は会話の中でもよく話していました。彼はこの曲によって祈りをささげているのであり、たんに音楽的に演奏しているのではありません。激情や華美さの代わりに、内面性、精神性そして神への帰依が表現されました。彼の上演は、聴衆を毎回、至福で満ち足りた、感動的で敬虔な気持ちにさせたのです。(3)

一九五四年は、ほかにアムステルダム、フランクフルト、ルツェルンに客演している。

ハスキルとシュターダー

フリッチャイは多くのソリスト、歌手と共演しているが、そのうちクララ・ハスキルとマリア・シュターダーに対して、特に親愛の情をもっていた。

ハスキルとの最初の共演は、一九五二年五月、ケルンにおいてであった。ハスキルは、第二次世界大戦中のナチス・ドイツのユダヤ人迫害から命からがら逃れた体験が忘れられず、ドイツでの演奏は拒否し続けていたが、度重なる友人たちからの説得にようやく応じ、この五月、シュトゥットガルト、ミュンヘンで演奏した後、ケルンでフリッチャイと共演、モーツァルトのピアノ協奏曲第十九番を演奏したのであった。翌年一月には、ベルリンで共演、同じ曲を弾き、また放送用に録音した。

一九五四年一月には、同じくベルリンで共演し、モーツァルトのピアノ協奏曲第二十番を弾いている。このとき、ハスキルはフリッチャイについて、「最高の指揮者で、一緒に弾いているのが楽しくなる指揮者[31]」と絶賛している。

この後、フリッチャイは、エルマティンゲンの自宅にハスキルを招いた。ハスキルは、そのときの様子を友人のエレーヌ・ストリカーに宛てた手紙で次のように綴っている。

フリッチャイ夫妻は魅力的で上品で善意の塊りのような人たちで、（中略）彼らの邸宅はまるで美術館のようで、掘り出し物が並んでいるようだった。[31]

CLARA HASKIL

EUROPA-PALAST / NEUKÖLLN · SONNTAG, 10. JAN., 11.00 UHR · MONTAG, 11. JAN., 20.00 UHR

RIAS-SYMPHONIE-ORCHESTER

Dirigent: **FERENC FRICSAY**

Solistin: **CLARA HASKIL**

LUDWIG VAN BEETHOVEN	**8. Symphonie F-Dur, op. 93** Allegro vivace e con brio / Allegretto scherzando Tempo di Menuetto / Allegro vivace
WOLFGANG AMADEUS MOZART	**Klavierkonzert d-moll, K.V. 466** Allegro / Romanze / Allegro assai
IGOR STRAWINSKY	**„Le Sacre du Printemps" (Frühlingsweihe)** Bilder aus dem heidnischen Rußland Erster Teil: Die Anbetung der Erde Introduktion · Frühlingsweissagungen, Tanz der Jungfrauen · Entführungsspiel · Frühlingsreigen · Spiel der streitenden Stämme Aufzug des Weisen · Anbetung der Erde (der Weise), Tanz der Erde Zweiter Teil: Das Opfer Introduktion · Mystischer Reigen der Jungfrauen · Verherrlichung der Auserwählten · Anrufung der Urväter · Kulthandlung der Urväter Weihetanz der Auserwählten

● 記録15
1954年1月、ベルリン
モーツァルト　ピアノ協奏曲第20番
ストラヴィンスキー《春の祭典》ほか

● 写真19
1957年5月、
ミュンヘン　ヘルクレスザール
ハスキルと

フリッチャイは、アメリカとパレスチナでモーツァルトを共演する話をハスキルに持ち掛けたが、彼女は、体力を理由に断っている。

一九五四年は、ルツェルン音楽祭でも共演が実現し、ベートーヴェンのピアノ協奏曲第二番を弾いている。ハスキルは極端なあがり症で、出演拒否に陥ることがしばしばあった。それは、尊敬する指揮者やソリストと共演するときほど顕著で、このときも次のようなエピソードがある。

演奏会当日、ハスキルは、ホテルの部屋のたんすの鍵を失くしたので、「着物がなくてはもう演奏会には出られないわ。すべてはおしまいよ(32)」と同じホテルに泊まっていたシュタータ―ダーに涙ながらに話したが、シュタータ―ダーは、ハスキルが握っているのが鍵だと気づき、無事出演できたという。

このようなことがあったが、演奏は大成功で、フリッチャイはハスキルのポケット・スコアに「私のクララ、ルツェルン五四の思い出、最も親密な心をこめて――フェレンツ・フリッチャイ」[32]としたためた。

レコード録音については、フリッチャイがドイツ・グラモフォン、ハスキルがフィリップスの専属契約になっていたが、フィリップスは、ハスキルがグラモフォンに録音することを認め、モーツァルトのピアノ協奏曲第十九番（一九五五年、ベルリン・フィルハーモニー管弦楽団）、第二十七番（一九五七年、バイエルン州立管弦楽団［注：日本国内では、長くバイエルン国立管弦楽団と表記されていたが、正確には州立である］、ハスキルはこの演奏が一番気に入っていると述懐している）の録音が実現した。

その後は、一九六一年二月にベルリンでベートーヴェンの協奏曲（二番、四番）を共演することになっていたが、彼女の死で実現されなかった。

シュタルダーとの出会いは、一九五二年十二月、フリッチャイがチューリッヒに客演した際、シュタルダーの夫ロルフ・リーバーマンに紹介され、モーツァルトの《踊れ、喜べ、幸いなる魂よ》を放送録音した時であった。

フリッチャイは演奏が終わると、ちょっと間を置いてから彼女に「とても素晴らしかった！」[3]

● 写真20
1953年9月、ベルリン　ヴェルディ《レクイエム》を録音
見えにくいが、シュターダーは、他の歌手と高さを合わせるため、台を用いている

と感激を伝えた。シュターダーは、「この一五分ほどの演奏から、私たちの共演と交友は始まったのです[3]」と回想している。フリッチャイと共演した演奏会での大成功は、彼女に最高の芸術的な充足感を与えた。そして、フリッチャイが病気に罹り手術を受ける際には、手術室の前で何時間も待つというつらい時間も過ごしたのである。

彼女は身長が低かったため、歌劇の舞台に立つことは控えていたが、録音では多くの作品に参加した。

さっそく、一九五三年一月にドニゼッティの《ランメルモールのルチア》の放送録音で主役を歌ったのをはじめとして、モーツァルトの歌劇は、ドイツ・グラモフォンのスタジオ録音全てに参加した。また、モーツァルトの《大ミサ》、ロッシーニの《スターバト・マーテル》、ヴェルディの《レクイエム》など多くの宗教曲の録音や演奏に参加した。

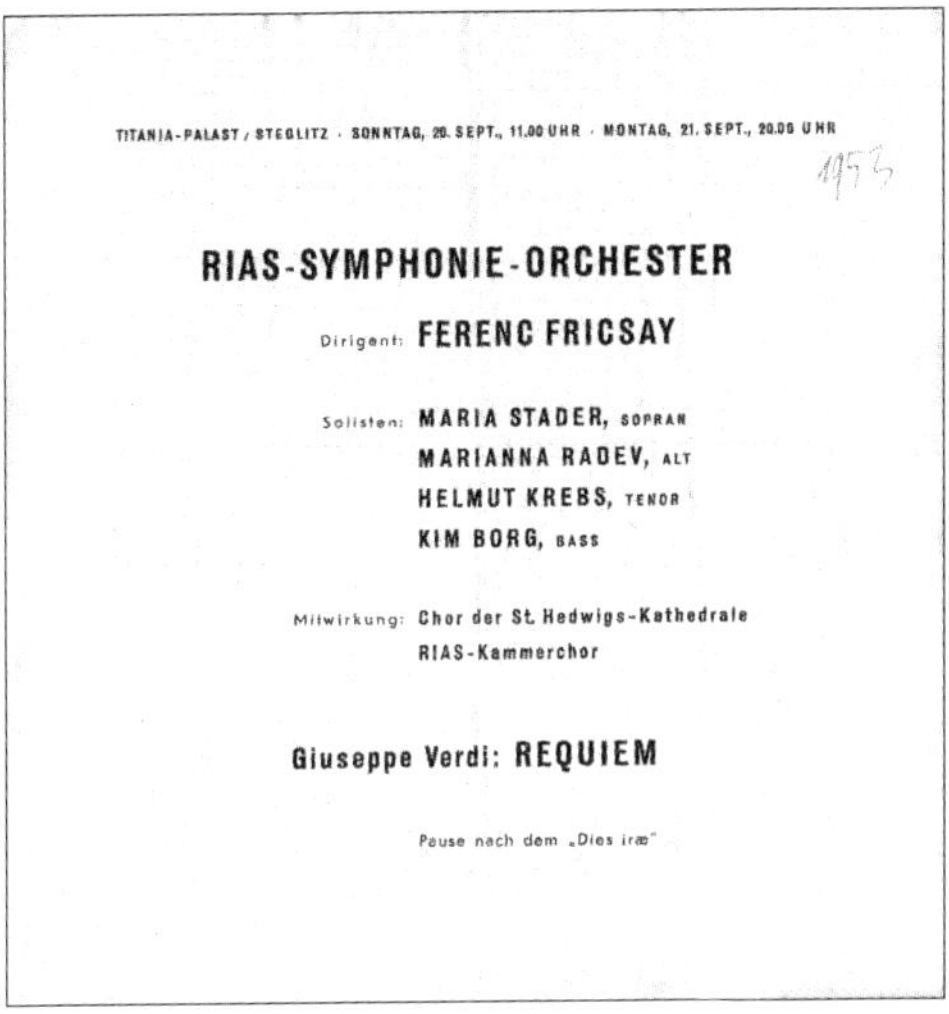
TITANIA-PALAST / STEGLITZ · SONNTAG, 20. SEPT., 11.00 UHR · MONTAG, 21. SEPT., 20.00 UHR

RIAS-SYMPHONIE-ORCHESTER

Dirigent: **FERENC FRICSAY**

Solisten: **MARIA STADER**, SOPRAN
MARIANNA RADEV, ALT
HELMUT KREBS, TENOR
KIM BORG, BASS

Mitwirkung: Chor der St. Hedwigs-Kathedrale
RIAS-Kammerchor

Giuseppe Verdi: REQUIEM

Pause nach dem „Dies iræ"

●記録16
1953年9月、ベルリン芸術週間　ヴェルディ《レクイエム》

一九五五年六月にはモーツァルトの《魔笛》を録音したが、これを記念してドイツ・グラモフォンがフリッチャイのためにパーティを開催した。このパーティの時、シュタードラーとの次のような笑い話がある。

シュタードラーはそのとき空腹で、目の前に大好きないちごが山と積まれているのを見て、どっさり取っては、ぱくつき始めたのである。それを見ていたフリッチャイは、シュタードラーにしきりに「やめろ」と目配せをしてくる。シュタードラーはフリッチャイにどうして食べてはだめなのか聞いた。

するとフリッチャイは、「君ねえ、もうしばらくすると君はパミーナのアリアを歌わねばならない。それが君の最も美しい録音になるのを皆が願っているのだよ、違うかい[32]」と答えた。シュタードラーはフリッチャイの言っていることがわからなかった。するとフリッチャイは自分のフォークを置いて、さらに言った。「でもマリア、君は知らないの。いちごには鋭い繊毛が生えていて、君がずうずうしくもそんなに食べると、繊毛が君の中に突きささるわけだよ。ね、そうなると何が起こるか細かに言うまでもないだろう[32]」。

シュタードラーはよくわからなかったが、フリッチャイの言う事がもっともなような気がしたので、やむを得ずいちごを食べるのをあきらめ、りんごか梨にしようとした。

それを聞いていたシルヴィア夫人が、シュタードラーのところにやってきてこう言ったのである。「彼はどうしようもないわね。でもあなたも子供のように彼の言う事を全部信じてしまうなんて[32]」。

ＲＩＡＳ交響楽団の自主運営移行

すでに触れてきたが、ＲＩＡＳ放送局は、西ベルリンにおけるアメリカ占領地区の放送局である。ＲＩＡＳ交響楽団は、その専属オーケストラであるから、いわばアメリカ国営のオーケストラということになり、楽員たちはＲＩＡＳ放送局の職員であった。ところが、アメリカ国内には国営のオーケストラは一つもないのである。そのことに気づいた運営側は、一九五三年七月、予算を削減することを決定、オーケストラへの資金提供はすべて停止した。そして、楽員たちに解雇を通告した。ヘーフスは「アメリカにないものをベルリンが持つことは認められませんでした」[3]と回想している。

このため、ＲＩＡＳ交響楽団は、ヘーフスが代表になって自主運営の楽団となり、活動を継続することにした。しかし、フリッチャイが首席指揮者に留まることは困難になっていった。レミントン・レコードのウェブサイトは「オーケストラがフリッチャイの給料をもはや支払うことが不可能になったから」[33]と説明している。オーケストラを存続させるためには、客演指揮者を雇って演奏会を継続し、レコード会社と商業録音を行うことで、より多くのお金を稼がなければならなかった。このためドイツ・グラモフォンに加え、テレフンケン、レミントン・レコードにも録音した。また、ＲＩＡＳ交響楽団を退団する楽員も多く、残った人たちは、リハーサルと公演の時間単位で賃金が支払われるようになったのである。

厳しいふところ事情であった。

そんな状況下であったが、フリッチャイはヒューストン交響楽団の常任指揮者に就任してベルリンを去るまでの一年三か月間、ＲＩＡＳ交響楽団の指揮者（注：多くの資料は一九五四年まで首席指揮者であったとしているが、実際のところはよくわからない。前述のような状況を考えると客演指揮者になっていたのかもしれない）を続け、楽団のレベルは下がるどころか、全盛期とも言える成果を残したのである。ひとえにフリッチャイの手腕によるものと言えよう。

アメリカ・デビュー

一九五三年十一月、フリッチャイはアメリカ・デビューを果たし、十一月から十二月にかけてボストン、ヒューストン、サンフランシスコに客演した。ボストンでは、ボストン交響楽団を指揮して、ハイドン、バルトーク、チャイコフスキーのプログラムを四回演奏した。フリッチャイは、ボストン交響楽団を「とてもいいオーケストラだ(3)」とよく語っていた。

ヒューストンでは、一回だけ演奏会を行った。そのときの様子をヒューストン交響楽団の第一オーボエ奏者であったレイラ・ストーチ（一九二一〜二〇二二）は「彼は私たちの前に、鳴り物入

● 写真 21
1954 年、シルヴィア夫人と

りではない、全く未知の人として現れた[3]」と回想している。このとき楽員たちがフリッチャイについて知っていたのは、ベルリンの放送交響楽団でいくらか指揮をしていたということだけであった。また、若いということもあって懐疑的に迎えられた。ところがリハーサルが始まると、そういった疑念はあっという間に尊敬に変わった。楽員たちは「モーツァルトの交響曲第三五番《ハフナー》の最初の一〇分のリハーサルで、平凡ということをはるかに超越した、最高水準のものを内に秘めた人物であることを感じ取った[3]」のである。

演奏会は拍手喝采を浴びた。一曲目のバルトークのディヴェルティメントでは、聴衆はフリッチャイを四回、ステージに呼び戻した。次のモーツァルトも同様だった。そして、最後のチャイコフスキーの交響曲第五番では、当時では珍しいことであったが、聴衆は立って拍手を続け、熱狂したのであった。

フリッチャイは、この後、サンフランシスコに行き、三つのプログラムによる八回の演奏会を指揮している。このうちの一回を音楽評論家の吉田秀和（一九一三〜二〇一二）が聴きに来ており、そのときの様子を次のように記している。

一九五三年、はじめて外国にいった時、私は、サン・フランシスコで、ここのオーケストラを相手に、フリッチャイが指揮をするのに接した。（中略）私はたしかベートーヴェンの第八交響曲その他をきいたと覚えている。明るい指揮であった。こんなふうにいうのも、妙かも知れないが。(34)

当時、ヒューストン交響楽団もサンフランシスコ交響楽団も常任指揮者が不在で、後任の指揮者を探していたが、フリッチャイは、ヒューストン交響楽団の指揮者になることを選んだ。

コラム5　より理想とする演奏を目指して

フリッチャイが、自分の演奏を頭の中のイメージに近づかせるためにとった方法の一つに適材適所がある。

当然のことであるが、楽譜にはどのパートが何を演奏するか指定されている。しかし、フリッチャイは、自らのイメージと合わない場合、その部分を別の奏者に振るなどして、少しでもイメージに近づかせる努力をしている。

この章で触れたとおり、RIAS交響楽団の首席指揮者であった時に大みそかと元旦に演奏したベートーヴェンの交響曲第九番のリハーサルでは、楽譜で指定されているピッコロ担当がフリッチャイの意にそぐわず、次々と別の奏者に吹かせ、最終的には楽譜の指定ではないフルートの一番奏者が吹くことになった。また、第四章で触れたベルリン市立歌劇場でのベートーヴェンの《フィデリオ》では、大臣役であったフィッシャー=ディースカウに第一の囚人役も歌わせた。

次の第六章で触れるが、一九五六年に録音したグルックの《オルフェオとエウリディーチェ》では、通常アルトで歌われる「オルフェオ」の役をバリトンのフィッシャー=ディースカウに歌わせるという思い切ったことをしている。

これらは若い頃の話であるが、晩年でも同じような例がみられる。第七章で触れているコダーイの《ハーリ・ヤーノシュ》のテレビ収録では、リハーサルでサキソフォンの独奏が意にそぐわなかったと見え、本番では別の奏者が演奏している。

モーツァルトの《大ミサ》はフリッチャイの代表的な名盤の一つであるが、ここでも適材適所が行われている。第二曲〈グローリア〉の第二部〈われら主をほめ〉では、本来第二ソプラノが歌う指定になっているが、フリッチャイは、第一ソプラノのシュターダーに歌わせている。これは素晴らしい歌唱である。

より理想とする演奏を目指してフリッチャイが行ったことは、適材適所のほか、次のようなこともある。

一九五九年と一九六〇年にアンダとバルトークのピアノ協奏曲全曲を録音した際には、フリッチャイはマイクの設置位置を技術スタッフに任せっぱなしにすることなく、自ら適切な位置を求めて、マイクを高く掲げてピアノの周りを歩き回ったという。アンダに言わせるとそれは、「祈念祭の行列」[3-7]のようで感動的な光景だったという。そして、このレコードはフランスのディスク大賞を受賞した。しかしその後、ウィーン・フィルと演奏したバルトークのピアノ協奏曲第二番がとても素晴らしかったので、フリッチャイは全曲を再録音したいと言い出したとのことである。

同じようなことは、一九六〇年にシュトゥットガルトでスメタナの《モルダウ》をテレビ収録した時にもある。テレビ収録に際して、技術スタッフにティンパニの位置は、今の位置が良いのか、少し移動したほうが良いのか尋ねている。また、クライマックスの〈聖ヨハネの急流〉では、音量メーターが振りきれないか心配している。

音量ではこんなエピソードもある。

一九五七年、ミュンヘンでベートーヴェンの《フィデリオ》全曲を録音した際、音量調整がうまくいかず、小さな音のときメーターが振れないということがあった。これに真っ先に異を唱えたのはフィッシャー＝ディースカウであるが、フリッチャイもこれに同調している。

そのフィッシャー＝ディースカウによれば、さらにフリッチャイは録音に際し、望みのニュアンスを引き出すため、「弦楽器奏者の数を拍子ごとに変更[19]」することもあったという。

その、あくまでも理想を追い求めようとするフリッチャイの姿勢は、一九五九年録音のチャイコフスキー交響曲第六番《悲愴》に顕著に表れている。フリッチャイは、第一楽章の一部が満足できなくて再録音を望んでいたのである。結局、フリッチャイの希望はその死によって実現されず、長い間、この録音は日の目を見ることはなかった。ところが、その存在を知った日本ポリドールがシルヴィア夫人の許可を得て、一九九六年に世界に先駆けて発売するやいなや、『レコード芸術』で「特選」になるなど最高の賛辞を受け、たちまちこの曲のベスト盤の一つになったのである。

万人がベストと認めるものでも、フリッチャイはさらなる高みを目指していたのである。

第六章　ヒューストン、ミュンヘンでの活動

ヒューストン交響楽団の常任指揮者（Principal Conductor）に就任

一九五四年一月十七日、ヒューストン交響楽団は、一九五四／一九五五年シーズンにフリッチャイと十六週間に及ぶ契約を結び、二十回ある定期演奏会のうち、十六回を指揮すると発表した。

このことは、日本でも報じられた。『音楽芸術』一九五四年五月号の「欧米楽界消息」では次のように紹介された。

○フリクセイ、米国ヒューストン交響楽団を指揮

西ベルリンのＲＩＡＳ交響楽団の常任指揮者、フェレック・フリクセイは、今回、一九五四年―五五年のシーズンに、米国ヒューストン交響楽団を指揮することとの契約が成立した。即ち、フリクセイは、ヒューストン交響楽団の常任指揮者エフレム・クルッ（筆者注：一九〇〇～一九九五）の後継者として、今秋のシーズンの十月から、クリスマス迄指揮し、

一旦、ベルリンに帰り、来年二月から、四月まで、再び、ヒューストン交響楽団の残りのシーズンの定期演奏会を指揮することになっている。(35)

一九五四年九月、フリッチャイはベルリン芸術週間に出演、続いて十月にかけてドイツ・グラモフォンの録音を行った後、十月下旬、シルヴィア夫人とともにヒューストンに向かった。ヒューストン空港に到着したフリッチャイは、報道陣からヒューストン交響楽団での役職をどう思っているか聞かれ、「刺激的だし、冒険的でもある」(36)と答えている。十月二十四日には、オーケストラの創設者であり理事会の代表、テキサスのファースト・レディと称されたイマ・ホッグ（一八八二～一九七五）の邸宅で歓迎を受けた。

一九五四／一九五五年シーズンの開始は十一月二日からで、チケットは完売になった。リハーサルは、十月二十六日から開始した。そのリハーサルの様子について、第一オーボエ奏者のレイラ・ストーチは、母に宛てた手紙に次のように記している。

彼は効率的かつ迅速に仕事を進め、楽員たちには絶対的な集中を求めます。しかし、指揮者としては非常に珍しいことですが、ひどい皮肉を言うようなことは決してありません。(37)

この日は、まずハイドンの交響曲第一〇一番、バルトークの舞踏組曲のリハーサルを行った。

●写真22
1954年、ヒューストン
完売になったシーズンチケットの看板の前で

バルトークの曲はとても複雑であるが、フリッチャイはそれを「一、二、三というように明快でシンプル[37]」にしていき、楽員の理解を深めた。続いて、ブラームスの交響曲第二番のリハーサルを始めたが、フリッチャイは疲れてしまい、二楽章までやって予定より早く終了した。フリッチャイにとって、ヒューストンの気候は暑すぎたようだ。

演奏会は、改修が終わったばかりの音楽ホールで行われた。ストーチによれば、「市長が選挙で得た票数を伝えるなど、いくつかの下らないスピーチ[37]」ののち、始まった。フリッチャイは、幾分、緊張の面持ちであったが、ブラームスの交響曲第二番では、オーボエ・ソロのある楽章が終わったあとに「素晴らしい」とストーチを讃え、この日の演奏会は大成功に終わった。

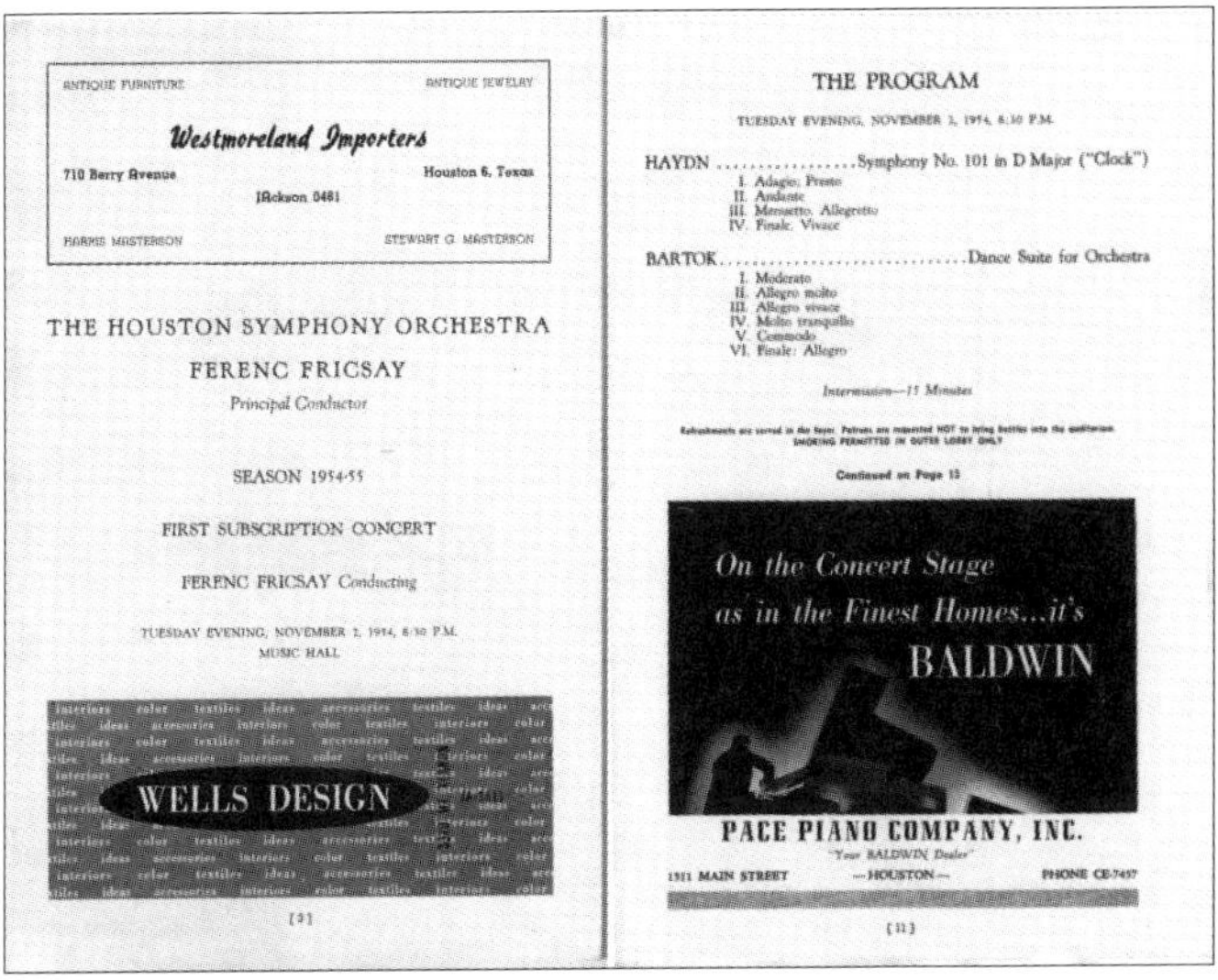

THE HOUSTON SYMPHONY ORCHESTRA
FERENC FRICSAY
Principal Conductor

SEASON 1954-55

FIRST SUBSCRIPTION CONCERT

FERENC FRICSAY *Conducting*

TUESDAY EVENING, NOVEMBER 2, 1954, 8:30 P.M.
MUSIC HALL

[9]

THE PROGRAM

TUESDAY EVENING, NOVEMBER 2, 1954, 8:30 P.M.

HAYDN ....Symphony No. 101 in D Major ("Clock")
I. Adagio; Presto
II. Andante
III. Menuetto. Allegretto
IV. Finale. Vivace

BARTOK...............................Dance Suite for Orchestra
I. Moderato
II. Allegro molto
III. Allegro vivace
IV. Molto tranquillo
V. Commodo
VI. Finale: Allegro

Intermission—15 Minutes

Refreshments are served in the foyer. Patrons are requested NOT to bring bottles into the auditorium.
SMOKING PERMITTED IN OUTER LOBBY ONLY

Continued on Page 13

[11]

● 記録 17
1954 年 11 月、ヒューストン　ハイドン、バルトークほか

● 写真 23
1954 年 12 月、ヒューストン　アイザック・スターンとリハーサル

フリッチャイは、その後、クリスマスにエルマティンゲンに戻るまでの間、毎週のように定期演奏会を指揮したほか、ポピュラー演奏会やバッハ協会のための演奏会の指揮も行った。フリッチャイによるバッハの演奏はめずらしく、録音は一九四九年に放送用に収録したと思われるブランデンブルク協奏曲第二番のみである（現時点では発売はされていない）。しかし、セゲド時代には、ブランデンブルク協奏曲や管弦楽組曲などを何回も演奏していた。

ストーチによれば、フリッチャイはバッハを本当に愛しており、演奏するにあたって、優れた見解を持っているようだった。その見解についてストーチは、「私の好きな伝統的な解釈でという意味であって、杓子定規で凝り固まった学究的なアプローチではありません[37]」と述べている。

フリッチャイと楽員たちとは良い関係が続き、聴衆もフリッチャイを歓迎していたが、楽団の理事会とは、徐々に険悪な関係となっていった。

あるときのインタビューで、フリッチャイは「ヒューストンでは、私は神に次ぐ存在であるに違いない[36]」と答えた。フリッチャイは、いつものジョークのつもりで話したのだろうが、ヒューストンの音楽界からは不適切であると見なされた。

幻となったヒューストン交響楽団五か年計画

十二月中旬、オーケストラの理事会は、フリッチャイに契約を延長する際の条件を尋ねた。そして、彼から返ってきた答えは、理事会のドギモを抜くような内容であった。

フリッチャイは、次の「五か年計画」を提出し、これを契約延長の条件としたのである。


一．新しいオーケストラ専用のホールを、すぐに建設すること。

（フリッチャイは、このホールの音響は嘆かわしいものと思っていた）

二．オーケストラの楽員数を、現在の八十五人から九十五人に増強し、約四分の一は交代させること。

三．シーズンを現在の二十四週から二十八週に延ばすこと。

四．オーケストラの弦楽器のすべてを交換すること。

五．理事会としてすぐにオペラ上演にふみきること。

六．四年目に完全なヨーロッパツアーを保証すること。

七．五年目にアメリカ大陸横断ツアーを保証すること。

八．ヒューストンにドイツ・グラモフォンの支社を設立し、自身がこのレーベルでレコード録音を行えるようにすること。

九．シーズンごとの俸給を五万ドルから八万ドルの間にすること。(36)

このほか、楽員の給料をシカゴやクリーヴランドのレベルまで引き上げることや、管楽器の第一奏者を二人制にするという非公式の提案も行った。

理事会の代表であるイマ・ホッグは、音楽ホールの改修に多額の資金を投じていたため、この内容は心外であった。しかし、フリッチャイだけでなく、オーケストラの楽員たちもこのホールの音響については問題があると思っていた。

理事会は、フリッチャイのこのとてつもない要求に対して手をこまねいていたが、理事の一人が、これをユーモアと解して「われわれテキサス人は、アメリカ国内では、大法螺吹きの人種として知られているが、さすが大法螺で有名なハンガリー人は桁はずれですな(38)」と大笑いしたそうである。もちろん大法螺吹きのハンガリー人とは、ハーリ・ヤーノシュのことである。理事会は結局、五か年計画のことには触れず、次のシーズンも既存の契約で更新することを提案した。

これに対して、フリッチャイは狼狽し腹を立てた。そして、理事会のメンバーたちを批判した。その批判とは、富裕層や理事会のメンバーたちはみな、最初の演奏会には燕尾服やタキシードで着飾って聴きに来てくれたが、それ以降は来てくれないということ。また、彼らはフリッチャイを盛大な夕食会に招待したり、一緒に写真を撮ることしか考えておらず、音楽には無関心であるということについてであった。フリッチャイは、そんな理事たちの対応にうんざりしていたのではないかと思われる。そして最後にこう言い放ったのである。「私には自分の夕食代を払う余裕があるのですから、みなさんは、そのお金をオーケストラに費やしてみたらどうでしょう?」(37)

そうこうしているうちにフリッチャイは、一九五五／一九五六年シーズンにウィーンで一か月、ミュンヘンで一か月、コンセルトヘボウで一か月、録音に一か月などの契約に署名(37)し、アメリカ又はヒューストンには、数週間しか割けないようになってしまった。

フリッチャイは、十二月二十日、アストリッド・ヴァルナイ（一九一八～二〇〇六）、ウォルター・フレデリックス（一九一六～二〇〇〇）、デジュー・エルンスター（一八九八～一九八一）らを招いて、ワーグナーの《ワルキューレ》第一幕を演奏会形式で上演した後、クリスマスを一家で過ごすため、ヨーロッパに戻った。

その帰路、フリッチャイはニューヨークに立ち寄ったのだが、その際、理事会からの手紙を、マネージャー（エージェントのアンドリュー・シュルホフ）から受け取った。それは、「フリッチャイが希望するなら、喜んで後期シーズンの職務から解放する」というもので、いわば辞任要求であった。フリッチャイは憤慨して、「必ずヒューストンに戻る(39)」と伝えるようマネージャーに託した。しかしエルマティンゲンに戻ると、より強い脅迫ともとれる手紙が直接フリッチャイ宛てに届いた。最終的にフリッチャイは、一九五五年一月十四日、「深刻なリューマチ」[40]のためにヒューストンでシーズンを終えることができないと電報を打ち、二度とヒューストンに戻ることはなかった。

なお、キャンセルした後期シーズンの定期演奏会のプログラムの中には、シュターダー、ラデフ、カレッツリ、ボルイをソリストに迎えてのヴェルディの《レクイエム》があった。またクリーヴランド管弦楽団に客演する予定もあった。

そもそも、フリッチャイはなぜこのような「五か年計画」や非公式の提案をしたのだろうか。それは、油田や鉱山開発で裕福ではあったものの、文化的に遅れていたヒューストンの現状を改善しようとしたことと、これはフリッチャイが口を出すようなことではなかったが、同士と認めた楽員の待遇を引き上げたいと思ったからである。

フリーランスとして活動

一九五四／一九五五年シーズンの後半及び一九五五／一九五六年シーズンは、フリーランスとして活動した。

フリッチャイは、一九五五年一月にスイスのヴィンタートゥールの音楽祭を聴きに行っている。ここで、音楽祭に出演していたマルグリット・ウェーバー（一九二四〜二〇〇一）の演奏に感銘を受け、さっそくナポリとベルリンの演奏会で共演したいと申し出た。ウェーバーは、まだ無名の若いピアニストであったが、このときの話し合いで、二つの新しい協奏曲を演奏することとなった。ウェーバーはこれを「喜んで引き受けた(3)」のである。この二つの協奏曲とは、演奏会の記録からR・シュトラウスのピアノと管弦楽のための《ブルレスケ》とアルテュール・オネゲル（一八九二〜一九五五）のピアノ協奏曲であると推定される。二人が出会ってからおよそ四か月後のことである。

なお、ウェーバーの夫は、実業家で富豪のカール・ウェーバー（一九〇三〜一九七三）で、富豪らしい次のようなエピソードがある。

それは、フリッチャイがウェーバーと共演した時のこと。演奏会が終わり、シルヴィア夫人、彼女と彼女の夫、マリア・シュターダー、ドイツ・グラモフォンのディレクターのエルザ・シラーとケンピンスキーのグリルでテーブルを囲んでいた。キャビアを注文したところ、ボーイ長は、それぞれの皿にほんの一センチ程度の量をのせて持って来た。呆れたウェーバーの夫は、もっと持ってくるよう要求したのである。すると今度は、グリル席の責任者がやってきて、シルヴィア夫人の耳元で、彼は代金を支払えるのかと小声で聞いてきたので、夫人は心配ないと伝えた。「おや、あちらはピアニスト様のご主人だと思っておりましたので」。責任者は、カールのこ

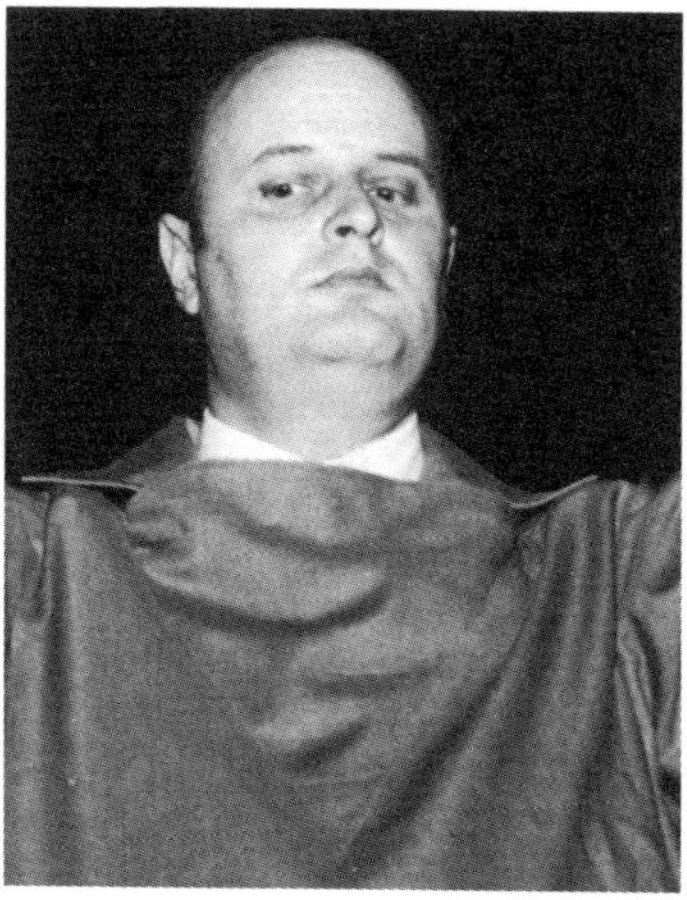

●写真24
1955年11月、ストックホルム

とをピアニストの夫ということだけ知っていて、富豪であることを知らなかったのである。その後、この話題で、テーブルを囲んでいたみんなは大笑いした。

ＲＩＡＳ交響楽団とは、首席指揮者としての関係はなくなったが、客演指揮者として引き続き密接な関係を保っていた。一九五五年は二月、五月、九月そして十月と定期演奏会に出演、また十月はＲＩＡＳ交響楽団のスイス及びドイツ西部演奏旅行にも参加している。

また、チューリッヒ、ストックホルム、アムステルダム、ローマ、ミラノ、ウィーン、ミュンヘン、シュトゥットガルト、フランクフルトに客演した。ローマでは、放送局のオーケストラとコダーイの《ハーリ・ヤーノシュ》全曲を放送用に録音した。

ウィーン交響楽団とは、いつの時期かは特定されていないが、まずい演奏をしたことがあって、しばらく客演が遠のいていたが、フリッチャイはそのことを認めたうえで、ウィーン・コンツェルトハウスの当時の事務長、ゼーフェルナーに手紙で再契約を申し込んだのである。その手紙には、前回のウィーンでの演奏会はひどかったが、今度はうまくやるという内容も含まれており、これはゼーフェルナーをいたく感動させた。というのは「これまで、有名な音楽家が自分の誤りを認めるケースに出会ったのは、本当にごく稀だった(8)」からである。

バイエルン州立歌劇場で《オテロ》上演

バイエルン州立歌劇場の総支配人、ルドルフ・ハルトマン（一九〇〇～一九八八）は、あるときフリッチャイの「強烈な、後々まで印象に残る個性的な演奏(3)」を聴いて、これがのちに同歌劇場の音楽総監督に彼を招聘するきっかけとなった。

一九五五年五月、フリッチャイは、ハルトマンから出演依頼を受けた。その内容は、一九五六年五月のバイエルン州立歌劇場でのヴェルディの《オテロ》（ハルトマンによる新演出）上演の客演指揮と、一九五六／一九五七年シーズンからの音楽総監督への就任で、フリッチャイはこれを引き受けた。

当時、見事だったナショナル劇場は爆撃で廃墟のままになっていたので、歌劇は、プリンツレ

● 写真25
ミュンヘン
プリンツレゲンテン劇場でのリハーサル

ゲンテン劇場で上演していた。

フリッチャイは、可能な限り完璧な上演を目指すという揺るぎない意志をもって、《オテロ》のリハーサルに極度に集中して臨んだ。この意思は、全ての演奏者に強く伝わり、その結果、ソリスト、合唱団、オーケストラの誰もに、これまでにないくらい訓練が行き届き、その目的を達成することができたのである。

五月九日、プリンツレゲンテン劇場での初日公演は、ミュンヘン子を熱狂させた。

ザルツブルク、ベルリンで起こったセンセーションが、再びミュンヘンでも巻き起こった。

この成功により、一九五六／一九五七年シーズンからフリッチャイが音楽総監督に就任することが正式に決定した。西ドイツ文化大臣から就任を要請されたのである。

München, Mittwoch, 3. Oktober 1956

In der neuen Inszenierung

OTHELLO

Oper in vier Akten

Text von Arrigo Boito, für die deutsche Bühne übertragen von Max Kalbeck

Musik von GIUSEPPE VERDI

Musikalische Leitung: FERENC FRICSAY — Inszenierung: RUDOLF HARTMANN

Bühnenbild: Helmut Jürgens — Kostüme: Rosemarie Jakameit

Othello, Mohr, Befehlshaber der venetianischen Flotte	Hans Hopf
Jago, Fähnrich	Josef Metternich
Cassio, Hauptmann	Richard Holm
Rodrigo, ein edler Venetianer	Paul Kuen
Lodovico, Gesandter der Republik Venedig	Kieth Engen
Montano, der Vorgänger Othellos in der Statthalterei von Cypern	Rudolf Wünzer
Ein Herold	Walter Ehrengut
Desdemona, Othellos Gemahlin	Annelies Kupper
Emilia, Jagos Gattin	Hertha Töpper

Soldaten und Seeleute der Republik Venedig, venetianische Nobili, Volk aus Cypern
Chor der Bayer. Staatsoper und Verstärkungschor

Ort der Handlung: Eine Hafenstadt der Insel Cypern

Zeit: Ende des fünfzehnten Jahrhunderts

Regie-Assistenz: Oscar Arnold-Paur

Techn. Oberleitung: Emil Buchenberger — Chöre: Herbert Erlenwein —
Kostümgestaltung: Alexander Stenz-Hentze — Maskenbildner: Georg Rasche —
Anfertigung der Dekorationen: Ludwig Hornsteiner — Techn. Einrichtung: Anton Ott
Beleuchtung: Josef Dusch und Ludwig Bourdillon —
Inspektion: Anton Hackel und Martin Brucklachner — Souffleuse: Eva Hamer
Das Werk ist erschienen im Verlag G. Ricardi & Co., Lörrach

Beginn 19 Uhr — **Pause nach jedem Akt** — **Ende nach 22 Uhr**

Erfrischungsraum gegenüber der Eintrittskartenkasse

Verkaufszeiten: Montag mit Samstag 10—13 Uhr und 16—18 Uhr, Sonn- und Feiertage 10—13 Uhr
Abendkasse 1 Stunde vor Vorstellungsbeginn

**Orientieren Sie sich telefonisch im Kundendienst der Post (Rufnummer 1 16 36)
über den Spielplan und evtl. Spielplanänderungen**

● 記録18
1956年10月、ミュンヘン　ヴェルディ《オテロ》

イスラエルに二度目の客演

一九五六年六月、フリッチャイはイスラエルに二度目となる客演の旅に出かけた。今回の演目は、ヘンデルの《ユダス・マカベウス》とドニゼッティの《ランメルモールのルチア》の演奏会形式による上演であった。フリッチャイはシュターダーら近しい歌手たちを伴ってイスラエルに行き、イスラエル・フィルハーモニー管弦楽団、ルスティッヒ室内合唱団との共演を果たした。合唱団はフリッチャイを「旧友のように迎え[3]」、このときも、「とても言葉では言い表せないほどの素晴らしく、実りあるリハーサルと上演が繰り広げら[3]」れたのである。

バイエルン州立歌劇場の音楽総監督に就任

フリッチャイは、バイエルン州立歌劇場の音楽総監督に就任した際、セゲド時代にパロの「レシュック」で知り合い、ブダペスト国立歌劇場では一緒に仕事をした舞台デザイナー、グスタフ・オラーをミュンヘンに招いた。

そして、ムソルグスキーの《ホヴァンシチナー》を準備していた一九五六年十月二十三日、ハンガリー市民が政府に対して蜂起するという事件（ハンガリー動乱）が勃発した。この蜂起は、

München, Mittwoch, 14. November 1956

3. Mittwoch-Platzmiete und freier Verkauf

DIE FÜRSTEN CHOWANSKY

Ein musikalisches Volksstück in 3 Akten (5 Bildern) von M. P. Mussorgsky

beendet und orchestriert von N. A. Rimsky-Korssakoff

Deutsche Übertragung von Ernst Fritzheim

Musikalische Leitung: Ferenc Fricsay　　Inszenierung: Rudolf Hartmann

Bühnenbild und Kostüme: Gustav Olah a. G.

Fürst Iwan Chowansky, Anführer der Schützen . . . . Gottlob Frick
Fürst Andrej Chowansky, dessen Sohn . . . . Howard Vandenburg
Fürst Wasily Golizyn . . . . Richard Holm
Bojar Schaklowity . . . . Marcel Cordes
Dosifej, Oberhaupt der Altgläubigen (Raskolniken) . . . . . . Kieth Engen
Marfa, eine junge Witwe, Altgläubige . . . . Hertha Töpper
Ein Schreiber . . . . Franz Klarwein
Anna, ein Mädchen aus der deutschen Vorstadt . . . . Gerda Sommerschuh
Warsonofjew, Vertrauter des Golizyn . . . . Adolf Keil
Kusjka, ein Schütze . . . . Karl Hoppe
1. Schütze . . . . Walter Ehrengut
2. Schütze . . . . Rudolf Wünzer

Schützen, Altgläubige, Dienerinnen und persische Sklavinnen des Fürsten Iwan Chowansky, das Volk
Das 1., 2. und 3. Bild spielen in Moskau, das 4. Bild auf dem Gut des Fürsten Iwan Chowansky,
das 5. Bild bei einer Einsiedelei im Walde vor Moskau.
Zeit: 1682

Regie-Assistenz: Ulrich Reinhardt

Tänze im 3. und 4. Bild: Choreographie Franz Baur
Solisten Inge Bertl und Paul Wünsch

Technische Oberleitung: Emil Buchenberger - Chöre: Alfred Leder
Kostümgestaltung: Alexander Stenz-Hentze - Maskenbildner: Georg Rasche
Anfertigung der Dekorationen: Max Eichheim - Technische Einrichtung: Theodor Mühle
Beleuchtung: Josef Dusch und Ludwig Bourdillon
Inspektion: Anton Hackel und Martin Brucklachner - Souffleuse: Maria v. Schrötter
Das Werk ist erschienen im Verlag Breitkopf & Härtel, Wiesbaden

---

Anfang 19½ Uhr　　**Pause nach dem 1. und 3. Bild**　　**Ende 22½ Uhr**

Erfrischungsraum gegenüber der Eintrittskartenkasse

Verkaufszeiten: Montag mit Samstag 10—13 Uhr und 16—18 Uhr, Sonn- und Feiertage 10—13 Uhr
Abendkasse 1 Stunde vor Vorstellungsbeginn

●写真 19
1956 年 11 月、ミュンヘン　ムソルグスキー《ホヴァンシチナー》ソ連軍の介入によって鎮圧されたが、数千人の犠牲者を出すとともに、多くの難民が発生した。フリッチャイもオラーも、もうブダペストには戻れなくなってしまった。

《ホヴァンシチナー》の新演出による初演は、十一月八日に行われたが、その再演が行われていた十二月十九日に、オラーは突然死で亡くなってしまう。

ハンガリー動乱によって故郷を失ったフリッチャイは、《ホヴァンシチナー》新演出初演に先立つ十一月一日の諸聖人の日に、コダーイの《ハンガリー詩篇》のミュンヘン初演を行い、ソ連侵攻の犠牲者に捧げた。この日は、彼のアカデミー演奏会デビューであった。

ミュンヘンでの生活

旅の時代をようやく終えたフリッチャイ夫妻は、グリューンヴァルトのある屋敷を借りた。最初、森と公園の一角にあるその屋敷が見つからず、タクシーで探し回り、やっとたどりついた。

それからシルヴィア夫人は、長期滞在できる家を長い間探し、ついに理想的な場所を見つけた。それはニンフェンブルク宮殿のそばにある瀟洒な館で、売りに出されていた。しかし、一五〇万ドイツ・マルクという売価は、とても手が出せるものではなかった。夫人はどうしてもそれを手に入れたいと思い、電機メーカー（ドイツ・グラモフォンは、この会社の傘下に入っていた）の会長である友人のエルンスト・フォン・シーメンス（一九〇三〜一九九〇、夫人とは友人以上の親密な関係があり、フリッチャイが亡くなったあとには、シーメンスと再婚するのではと噂された）に助けを求めたのである。

夫人は、シーメンスに相談しようと電話をかけると、彼から、山の中にある自分の狩猟小屋に来るよう指示を受けた。そこにはカール・オルフも来ていて、一緒に食事を摂った。食後、シーメンスと二人で散歩に出かけ、そのとき夫人はとてもいい邸宅を見つけ、そこに住みたいので、彼の商社で購入してもらいたいと相談したのである。

シーメンスは少しだけ考えると、夫人に彼の総代理人であるローゼと連絡をとるようにとだけ話して、早々に帰っていった。どうやらシーメンスは、その物件を見てみたかったようである。

夫人が彼の事務所に行くと、ローゼは所用で機上の人となっていた。しかし、秘書が全て署名済みの必要書類を広げてみせた。

夫人は大喜びし、フリッチャイも同じくらい感激したのである。

後日、シーメンスは夫人にこう言った。「私は、お望みどおりにすべてを手配します[22]」。

邸宅は、シェーンブルン宮殿調の黄色の素敵な建物で、前には噴水のある宮殿広場、後ろには庭園と公園があった。

歌劇公演やレジデンツのヘルクレスザール又はドイツ博物館での演奏会のあと、フリッチャイ夫妻は、毎晩のように旧知の友人や新しい友人（五人のときもあれば八人というときもあった）を連れて、その邸宅へ帰って来た。

また、フリッチャイは、演奏前には紅茶とトーストというような軽食しか摂らなかったので、帰宅時は空腹であった。

このため、邸宅での客人のもてなしやフリッチャイの夕食の準備が必要であったが、夫人は、そのことを信頼できるお手伝い、ヘルタ・シュタインに言っておけばよかった。すると、帰宅が深夜であっても、全ては申し分なく整えられているのであった。

音楽総監督としての管理

フリッチャイが、バイエルン州立歌劇場で音楽総監督として目指したことは、ここでレパートリーになっていない演目を上演することであった。

フリッチャイがバイエルン州立歌劇場で上演した歌劇は次のとおりである。

ヴェルディ　《オテロ》　ミュンヘン初演（客演指揮者として）
一九五六年五月九日初日
ムソルグスキー　《ホヴァンシチナー》　ミュンヘン初演
一九五六年十一月八日初日

ドニゼッティ　《ランメルモールのルチア》　新演出初演
一九五六年十二月二十一日初日
その成功は今日でも語り草となっている[3]（ハルトマン）

ベルク　《ヴォツェック》　ミュンヘン初演
一九五七年五月二十九日初日
百回以上練習のうえ上演[15]

ストラヴィンスキー　《オイディプス王》
一九五七年十一月十九日初日

ヴェルディ　《仮面舞踏会》　新演出初演
一九五七年十一月二十五日初日
健康上の不安と満足のいかない配役にもかかわらず、
素晴らしい成功を収めた[3]（ハルトマン）

モーツァルト　《フィガロの結婚》（キュヴィリエ劇場再開場記念）
一九五八年六月十四日初日

バルトーク　《青ひげ公の城》
一九五八年十一月十四日初日

München, Dienstag, 14. Mai 1957

9. Dienstag-Platzmiete und freier Verkauf

In der neuen Inszenierung

LUCIA DI LAMMERMOOR

Tragische Oper in drei Akten (6 Bilder) von Salvatore Cammarano
für die deutsche Bühne eingerichtet und neu übertragen von Joachim Popelka

Musik von GAETANO DONIZETTI

Musikalische Leitung: FERENC FRICSAY　Inszenierung: HERBERT LIST
Bühnenbild und Kostüme: LUDWIG HORNSTEINER

Lord Henry Asthon . . . . Marcel Cordes
Lucia, seine Schwester . . . . Erika Köth
Edgard von Ravenswood . . . . Hans Hopf
Lord Arthur Buklaw . . . . Kurt Wehofschitz
Raimund, Lucias Erzieher . . . . Kieth Engen
Alice, Lucias Vertraute . . . . Hertha Töpper
Normann, Lord Asthons Vertrauter . . . . Franz Klarwein

Damen und Edelleute, dem Hause Asthon verbunden
Pagen, Reisige, Bedienstete

Die Handlung spielt in Schottland, in Ravenswood Castle
Zeit: Ende des 17. Jahrhunderts
Regie-Assistenz: Oscar Arnold-Paur
Harfe: Ingeborg Stöcker · Flöte: Walter Theurer

Technische Oberleitung: Emil Buchenberger · Chöre: Herbert Erlenwein
Kostümgestaltung: Alexander Stenz-Hentze · Maskenbildner: Georg Rasche
Technische Einrichtung: Anton Ott · Beleuchtung: Josef Dusch und Ludwig Bourdillon
Inspektion: Martin Brucklachner · Souffleur: Hans Vogt
Das Werk ist erschienen im Verlag G. Ricordi & Co., Lörrach

Anfang 19½ Uhr　Pause nach dem 2. und 4. Bild　Ende gegen 22½ Uhr
Erfrischungsraum gegenüber der Eintrittskartenkasse
Verkaufszeiten: Montag mit Samstag 10—13 Uhr und 16—18 Uhr, Sonn- und Feiertage 10—13 Uhr
Abendkasse 1 Stunde vor Vorstellungsbeginn

● 記録 20
1957年5月、ミュンヘン　ドニゼッティ《ランメルモールのルチア》

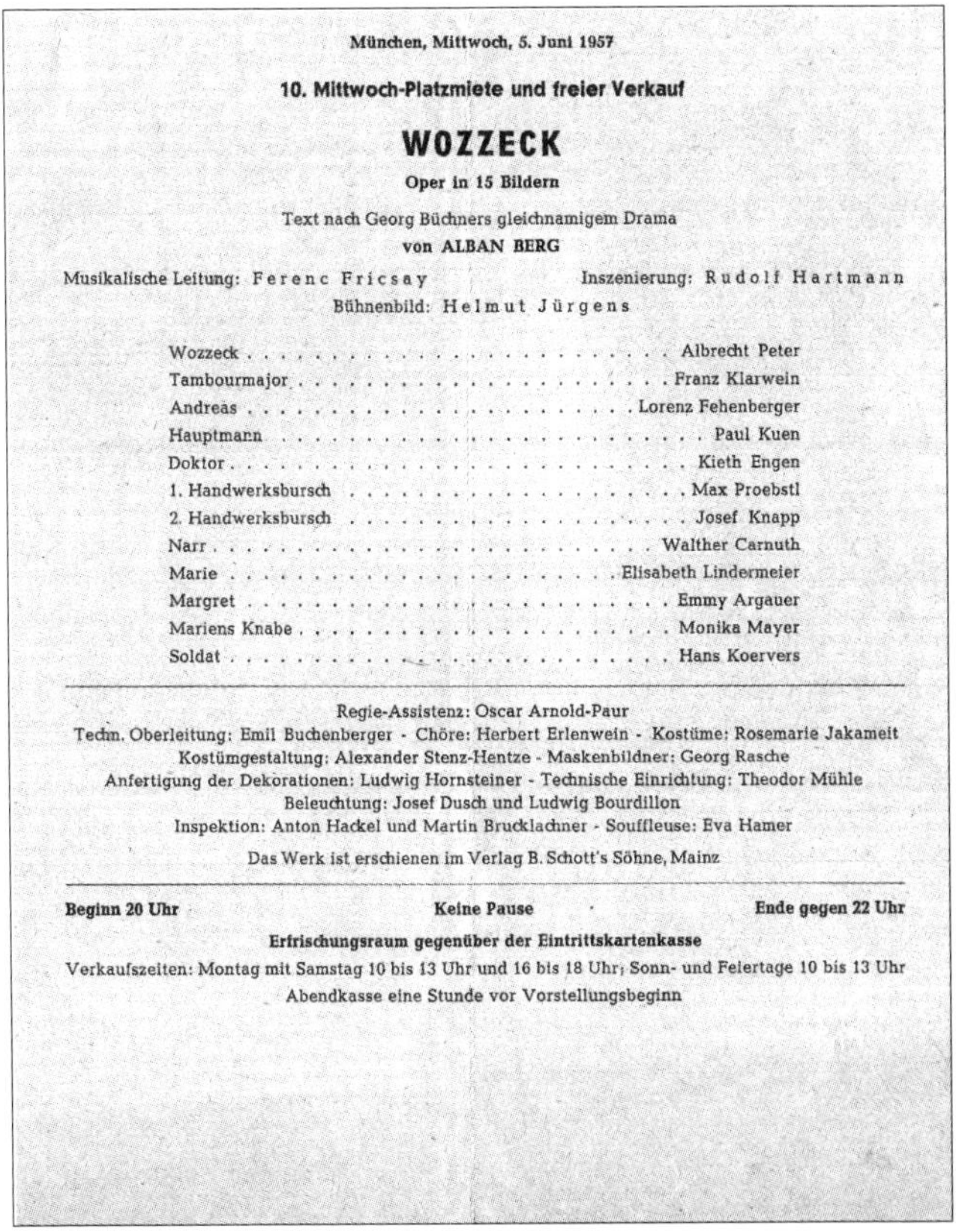
München, Mittwoch, 5. Juni 1957

10. Mittwoch-Platzmiete und freier Verkauf

WOZZECK

Oper in 15 Bildern

Text nach Georg Büchners gleichnamigem Drama

von ALBAN BERG

Musikalische Leitung: Ferenc Fricsay　Inszenierung: Rudolf Hartmann

Bühnenbild: Helmut Jürgens

Wozzeck	Albrecht Peter
Tambourmajor	Franz Klarwein
Andreas	Lorenz Fehenberger
Hauptmann	Paul Kuen
Doktor	Kieth Engen
1. Handwerksbursch	Max Proebstl
2. Handwerksbursch	Josef Knapp
Narr	Walther Carnuth
Marie	Elisabeth Lindermeier
Margret	Emmy Argauer
Mariens Knabe	Monika Mayer
Soldat	Hans Koervers

Regie-Assistenz: Oscar Arnold-Paur
Techn. Oberleitung: Emil Buchenberger - Chöre: Herbert Erlenwein - Kostüme: Rosemarie Jakameit
Kostümgestaltung: Alexander Stenz-Hentze - Maskenbildner: Georg Rasche
Anfertigung der Dekorationen: Ludwig Hornsteiner - Technische Einrichtung: Theodor Mühle
Beleuchtung: Josef Dusch und Ludwig Bourdillon
Inspektion: Anton Hackel und Martin Bruckladner - Souffleuse: Eva Hamer

Das Werk ist erschienen im Verlag B. Schott's Söhne, Mainz

Beginn 20 Uhr　**Keine Pause**　**Ende gegen 22 Uhr**

Erfrischungsraum gegenüber der Eintrittskartenkasse

Verkaufszeiten: Montag mit Samstag 10 bis 13 Uhr und 16 bis 18 Uhr; Sonn- und Feiertage 10 bis 13 Uhr

Abendkasse eine Stunde vor Vorstellungsbeginn

● 記録 21
1957 年 6 月、ミュンヘン　ベルク《ヴォツェック》フリッチャイは、最初のシーズンの終わりに、総支配人のハルトマンに次のような謝辞を送っている。

あなたとの素晴らしい個人的な、芸術上のお付き合いによって、今日、他では実現できないような公演の数々を行うことができました。[3]

しかし、この幸福な関係は長く続かなかった。

聴衆は常にフリッチャイの側にいたが、マスコミはフリッチャイを非難するようになった。フリッチャイは、前述のとおりミュンヘンで上演されたことのないヴェルディやモーツァルト、そして現代作品に傾注し、バイエルンの「神」とも称されるワーグナーについては、ミュンヘンの大御所、ハンス・クナッパーツブッシュに指揮を委ねた。また同じく「神」と称されるR・シュトラウスについては、カール・ベームを招き、彼に指揮を委ねたのである。

このことについてマスコミからは、「フリッチャイはミュンヘンの二つの『神』を無視している[16]」とか、「GMDたる者は少なくとも音楽祭なり新演出なりで《ばらの騎士》か《アラベラ》くらいは指揮しなければならない[17]」と絶え間なく批判された。

ただ、フリッチャイは、これらの批判を無視していたわけではなく、とても気にしていた。

一九五七年七月には、バイエルン放送局のテレビ放送に出演、ルードヴィッヒ・クッシェ（ピアニスト・作曲家、一九〇一～一九八二）、クルト・ヴィルヘルム（舞台監督、一九二三～二〇〇九）とワーグナーについて対談を行っている。ここでフリッチャイは「アンチ・ワーグナーではない！」と明言している。対談後には、バイエルン放送交響楽団を指揮して《ジークフリート牧歌》を演奏した。

また、ワーグナーの《タンホイザー》、《トリスタンとイゾルデ》の指揮も計画が進んでいたが、こちらはいずれもキャンセルになった。

《タンホイザー》では、ヴォルフラム役をフィッシャー＝ディースカウが演じる予定で計画が進められていたが、ハルトマンがベルリンに度々出演しているフリッチャイ（後述）に不満を抱き、公演を中止にしてしまった（一九五七年十一月二日に上演された《ランメルモールのルチア》のプログラムには、一九五八年のミュンヘン・オペラ祭で、フリッチャイが《タンホイザー》の新演出を指揮する計画が記載されている）。

また、新演出による《トリスタンとイゾルデ》では、リハーサルが始まったばかりのころ、今度は、ハルトマンが背後でカイルベルトと交渉をしていることを知ったフリッチャイが、腹を立ててこの仕事を投げ出し、さらに音楽総監督の契約を客演指揮者の契約に変更させたのである。

フリッチャイは、監督としての管理業務もおろそかにしていなかった。彼は、経営陣からの要求や芸術上の予期しない問題などと日々苦闘していたが、その一つとして、次のようなエピソードがある。

フリッチャイはあるとき、プリンツレゲンテン劇場の少し旧式の浴室を見て、新しくしたほうがよいと要望した。その結果、浴室を近代化することが決まった。クナッパーツブッシュは劇場の裏庭を通って中に入ることが多かったが、ある日、その場所に建築器具が置かれているのを見て、何が始まるのかと聞くと、フリッチャイがここの浴室を新しくしようとしていることがわかった。

すると彼はこのように言った。

「なに、浴室ですと。あいつはフロにも入らずに劇場にやって来るわけですかな？」[41]

フリッチャイは、そのようなつもりではなかったのだろうが、このように茶化されてしまい、残念なことである。フリッチャイにとって、ミュンヘンは居心地の悪い場所になっていった。こういったストレスがのちの病気の遠因になったのではないかと思われる。

ベルリンへの客演

一九五六年、ＲＩＡＳ交響楽団は自由ベルリン放送局と制作契約を結び、ベルリン放送交響楽団に改名、ヘーフスに代わりヴォルフガング・シュトレーゼマン（一九〇四〜一九九八）が楽団代表になった。この年、フリッチャイの死後、首席指揮者に就任したロリン・マゼールが初めて指揮台に上がった。

フリッチャイは、バイエルン州立歌劇場の音楽総監督に就任してからも、ベルリンと密接な関係を続けた。

ベルリン芸術週間に毎年出演していたことは第五章で触れたが、それは、ベルリンのポストを離れていたこの時期も同様で、芸術週間に出演するため毎年九月にはベルリンに赴いた。

一九五七年は一月、四月にも客演した。一月は、ベルリン放送交響楽団創立十周年の記念演奏会に指揮者として招かれた。また、同月、ベルリン・フィルハーモニー管弦楽団の定期演奏会でも指揮した。

この年のベルリン芸術週間では、ベルリン放送交響楽団を指揮して、初めてのオール・ブラームス・プログラムとグルックの《オルフェオとエウリディーチェ》の二つの演奏会を行なった。

●記録 22
1957 年 1 月、ベルリン
シューベルト交響曲第 7 番
（番号整理後の 8 番）ほか

BERLINER
PHILHARMONISCHES ORCHESTER
KONZERTSAAL DER HOCHSCHULE FÜR MUSIK

SONNTAG, DEN 13. JANUAR 1957, 20.00 UHR
MONTAG, DEN 14. JANUAR 1957, 20.00 UHR
4. ABONNEMENTSKONZERT DER SERIE „A"

DIRIGENT
FERENC FRICSAY

SOLIST
NICANOR ZABALETA

IGOR STRAWINSKY	JEU DE CARTES. BALLETT EN 3 DONNES PREMIÈRE DONNE: ALLA BREVE — MODERATO ASSAI STRINGENDO — TRANQUILLO DEUXIÈME DONNE: ALLA BREVE — MARCIA — VAR. I BIS V CODA — MARCIA — CON MOTO TROISIÈME DONNE: ALLA BREVE — VALSE — PRESTO — TEMPO DEL PRINCIPIO (ALLA BREVE)
GEORG FRIEDRICH HÄNDEL	KONZERT FÜR HARFE UND ORCHESTER IN B-DUR OP. 4, 6 1. ANDANTE ALLEGRO 2. LARGHETTO 3. ALLEGRO MODERATO
MAURICE RAVEL	INTRODUCTION UND ALLEGRO FÜR HARFE MIT STREICHQUARTETT, FLÖTE U. CLARINETTE
FRANZ SCHUBERT	SYMPHONIE NR. VII C-DUR ANDANTE (ALLEGRO MA NON TROPPO) ANDANTE CON MOTO SCHERZO (ALLEGRO VIVACE) ALLEGRO VIVACE

《オルフェオとエウリディーチェ》は、前年九月にドイツ・グラモフォンに録音しており、どちらも通常アルトで歌われていたオルフェオ役をバリトンのフィッシャー＝ディースカウに歌わせている。

このオルフェオのことについて、フィッシャー＝ディースカウは、フリッチャイが亡くなった際の一九六三年三月九日付け『ザルツブルク・ナッハリヒテン』紙において、「グルックの『オルフェオ』は男声で歌い得ることを最初に確信させたのがフリッチャイその人だった[18]」と述べている。

音楽評論家で、フリッチャイの死後、写真集・追悼文集を編纂したフリードリヒ・ヘルツフェルト（一八九七〜一九六七）によれば、「ソプラノとバリトンの対比によってはじめて彼（筆者注：フリッチャイのこと）は、この作品を高度に劇的な緊張感をもって演奏[3]」できたのである。

一九五七年はさらに十二月にもベルリンに客演、ベルリン・フィルハーモニー管弦楽団、聖ヘドヴィッヒ大聖堂聖歌隊ほかを指揮して、ベートーヴェンの交響曲第九番を演奏した。これに続いて、ドイツ・グラモフォンにより第九がステレオで録音され、ここからベートーヴェン交響曲全曲録音がスタートした。この録音は、フィッシャー＝ディースカウが歌った唯一の第九としても有名になった。翌年十月には、第二弾として交響曲第三番《英雄》が録音された。

その他の都市への客演

フリッチャイは時間が許す限り、ベルリンだけでなく、他の多くの都市でも客演した。一九五七年は、三回目となるストックホルムへの客演、そしてジュネーヴ、フランクフルト、ウィーンに客演した。一九五八年は、ミラノ、コペンハーゲン、ハンブルク、ヴィスバーデン、ウィーン、ルツェルンに客演した。

ハンブルクでは、北ドイツ放送交響楽団を指揮して、ブラームスの交響曲第一番ほかを演奏した。交響曲第一番の演奏は、一九五一年にフルトヴェングラーが同じオーケストラを指揮した演奏を彷彿とさせ、しかもそれを凌駕するのではないかとすら思わせる苦悩に満ちた壮絶なものであった。

また、コペンハーゲンでは、フリッチャイが開演前にぎっくり腰になってしまった（時期は不明、一九五八年か？）。この日は、デンマーク国王と宮内官全員が出席していた。フリッチャイは突然の腰のひどい痛みのため、直立して進むことができず、それゆえ国王と聴衆を待たせなければならなくなった。

演奏が終わると、国王はフリッチャイを彼のさじき席に招いた。フリッチャイが演奏の開始が遅れたことを詫びると、国王は次のように言ったのである。

「誠に結構な演奏であった。余も年に一回このオーケストラを指揮するが、何度か、ぎっくり腰にやられたことがある[22]」

開演を遅らせてしまったのだからお咎めを受けて当然の状況であったが、国王がこのようにフリッチャイを労い同情してくれたことについて、シルヴィア夫人は「まさに、国王にふさわしいふるまい[22]」と思ったという。

これも時期は不明であるが、同じくコペンハーゲンでブラームスのピアノ協奏曲第一番を演奏した際にソリストを務めたマルグリット・ウェーバーは、「最後の和音が鳴り終わったあと、聴衆は音も立てずに椅子から立ち上がり、拍手が沸き起こるまでの数秒間、息を飲むような静寂が支配した[3]」という経験が忘れられないと述べている。

ドイツ・グラモフォン初のステレオ録音

一九五七年五月、フリッチャイは、バイエルン州立歌劇場とベートーヴェンの《フィデリオ》を録音した。この録音は、前述の第九に先立つドイツ・グラモフォン初のステレオ録音（注：ドイツ・グラモフォン・レーベル［黄色いロゴ・マークから「イエロー・レーベル」と呼ばれているもの」

での録音。グラモフォン社の音楽史研究部門のレーベル、「アルヒーフ」では一九五六年九月の録音がある）であり、ドイツ・グラモフォンがフリッチャイにかけていた期待の大きさを窺い知ることができる。この録音でフリッチャイは、ベルリン市立歌劇場で実施した時と同様、オーケストラの編成を小規模にして室内楽的な響きを実現し、集中力の高い引き締まった、そして見通しのよい演奏を繰り広げている。しかし、第二幕のおどろおどろしい出だしなどに病気の影が出ていると指摘する批評家もいる。

《世界の調和》をめぐるトラブル

一九五七年八月十一日、パウル・ヒンデミット（一八九五〜一九六三）は、バイエルン州立歌劇場で、自作の歌劇《世界の調和》を指揮して世界初演を行った。

《世界の調和》の初演は、当初、フリッチャイが指揮することになっていて、リハーサルも始まっていた。しかし、途中で劇場の運営側と対立し、最後には作曲者に指揮を委ねたのである。なお、『シュピーゲル』八月二十一日号では、指揮者の交代はフリッチャイの右肩の神経炎の治療が必要であったためとしている。[42]

ユーロビジョン公開演奏会とキュヴィリエ劇場再開

ワーグナーやR・シュトラウスに関わるレパートリーの問題やヒンデミットの《世界の調和》初演の降板などトラブル続きであったが、一九五八年四月二十日には、ユーロビジョン（ヨーロッパ放送連合加盟機関を対象とした国際中継ネットワーク）の最初の公開演奏会として、J・シュトラウス・プログラムによる祝賀公演の指揮をした。この演奏会は、ナショナル劇場の再建を支援するものでもあった。また六月十四日には、再建されたキュヴィリエ劇場で、これを記念してモーツァルトの《フィガロの結婚》上演の指揮をした。

キュヴィリエ劇場は、バイエルン選帝侯、マクシミリアン三世ヨーゼフ（一七二七～一七七七）が、ベルギー生まれの建築家フランソワ・ド・キュヴィリエ（一六九五～一七六八）に命じて造らせ、一七五三年に完成したロココ様式の美しい小劇場で、ミュンヘン最古の歴史をもつ。ここでは、モーツァルトの《イドメネオ》が初演されている。

第二次世界大戦時、ミュンヘンが連合軍によって空爆された際、隣接していたナショナル劇場とともに破壊されたが、事前に劇場の内装、彫刻、欄干などを取り外して保管してあった。そして、一九五八年、元々あったマックス・ヨーゼフ広場から数百メートル離れた旧バイエルン王家の王宮、レジデンツ内に再建され、保管されていた室内装飾品などが当時のままに再現されたの

● 写真 26
1958 年 6 月、ミュンヘン　キュヴィリエ劇場
モーツァルト《フィガロの結婚》リハーサル

● 写真 27
1958 年 6 月、ミュンヘン　キュヴィリエ劇場
モーツァルト《フィガロの結婚》

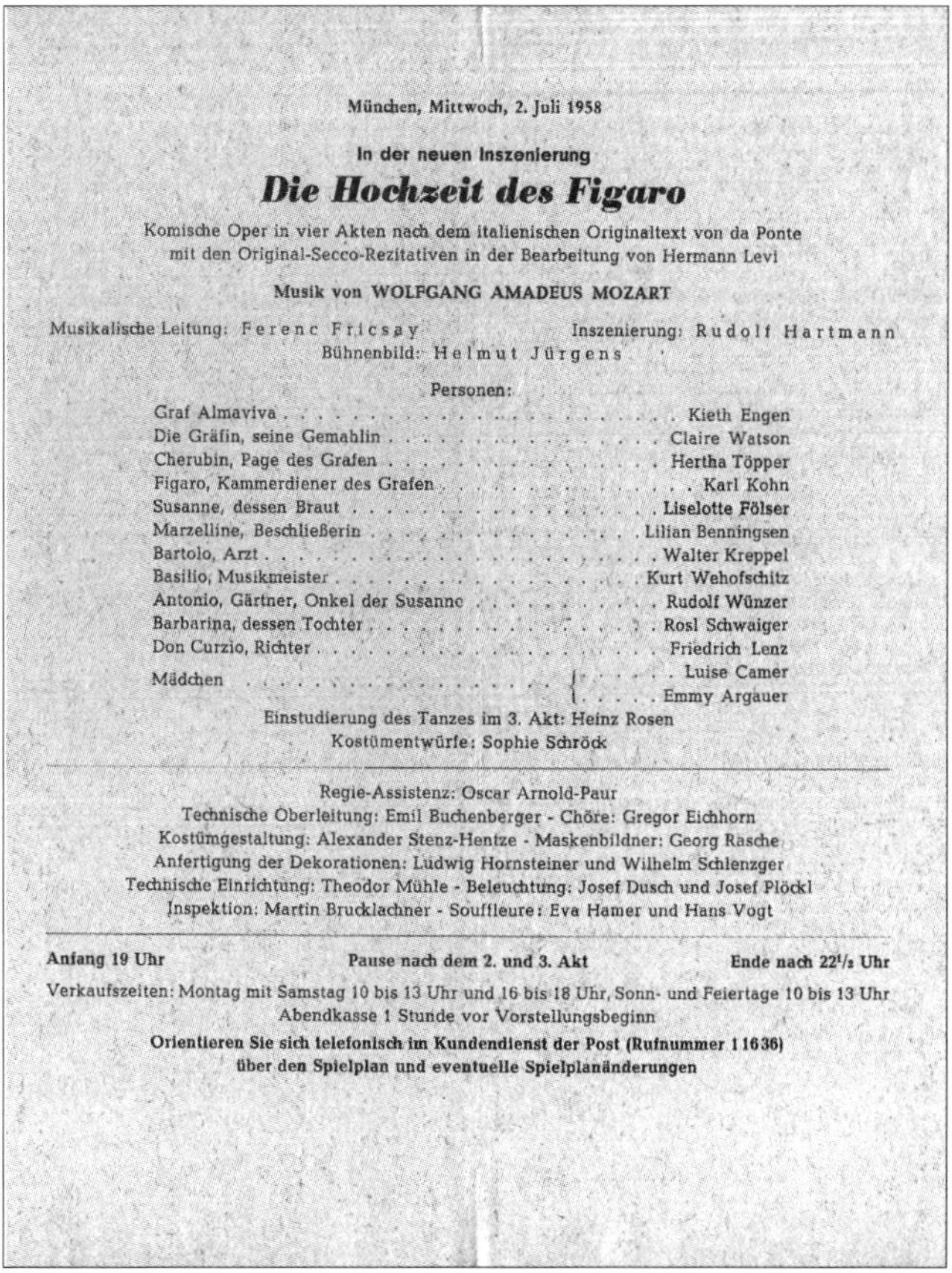

München, Mittwoch, 2. Juli 1958

In der neuen Inszenierung

Die Hochzeit des Figaro

Komische Oper in vier Akten nach dem italienischen Originaltext von da Ponte
mit den Original-Secco-Rezitativen in der Bearbeitung von Hermann Levi

Musik von WOLFGANG AMADEUS MOZART

Musikalische Leitung: Ferenc Fricsay　Inszenierung: Rudolf Hartmann
Bühnenbild: Helmut Jürgens

Personen:

Graf Almaviva	Kieth Engen
Die Gräfin, seine Gemahlin	Claire Watson
Cherubin, Page des Grafen	Hertha Töpper
Figaro, Kammerdiener des Grafen	Karl Kohn
Susanne, dessen Braut	Liselotte Fölser
Marzelline, Beschließerin	Lilian Benningsen
Bartolo, Arzt	Walter Kreppel
Basilio, Musikmeister	Kurt Wehofschitz
Antonio, Gärtner, Onkel der Susanne	Rudolf Wünzer
Barbarina, dessen Tochter	Rosl Schwaiger
Don Curzio, Richter	Friedrich Lenz
Mädchen	Luise Camer Emmy Argauer

Einstudierung des Tanzes im 3. Akt: Heinz Rosen
Kostümentwürfe: Sophie Schröck

Regie-Assistenz: Oscar Arnold-Paur
Technische Oberleitung: Emil Buchenberger - Chöre: Gregor Eichhorn
Kostümgestaltung: Alexander Stenz-Hentze - Maskenbildner: Georg Rasche
Anfertigung der Dekorationen: Ludwig Hornsteiner und Wilhelm Schlenzger
Technische Einrichtung: Theodor Mühle - Beleuchtung: Josef Dusch und Josef Plöckl
Inspektion: Martin Brucklachner - Souffleure: Eva Hamer und Hans Vogt

Anfang 19 Uhr　**Pause nach dem 2. und 3. Akt**　**Ende nach 22½ Uhr**

Verkaufszeiten: Montag mit Samstag 10 bis 13 Uhr und 16 bis 18 Uhr, Sonn- und Feiertage 10 bis 13 Uhr
Abendkasse 1 Stunde vor Vorstellungsbeginn

Orientieren Sie sich telefonisch im Kundendienst der Post (Rufnummer 11636)
über den Spielplan und eventuelle Spielplanänderungen

● 記録 23
1958 年 7 月、ミュンヘン　モーツァルト《フィガロの結婚》

である。

シルヴィア夫人は、作家兼詩人のエーリッヒ・ケストナー、作家のアンネッテ・コルプ（一八七〇～一九六七）と一緒にさじき席で聴いていた。

この美しい劇場での《フィガロ》は絶賛を浴びた。演出を担当した総支配人のハルトマンは、「私たちの共同作業で特に強調すべき成果(3)」と、その成功を祝した。ケストナーは、「こういうものをまさしく美というのでしょう(3)」と、またコルプは、「精神が全身から放射して(3)」いたと評した。

アメリカからはブルーノ・ワルターがやって来ていて、終演後にホテルで一緒に食事をした際、「四年ぶりだ」と言いながら、シルヴィア夫人に次の有名な美しい賛辞を述べた。

「ご主人は本当に素晴らしい方だと申し上げるしかありません。謙虚さを備えた、ただ一人の指揮者です(22)」

しかし、以前より体調不調を訴えていたフリッチャイは、このときすでに医師から所見を聞いていた。

病床

フリッチャイは、一九五七年頃から体調がすぐれず、健康上の不安を抱えていたが、最終的には癌と診断され、一九五八年十一月二十日、チューリッヒで胃と腸の最初の手術を受けた。一九五九年一月六日には二度目の手術を受け、これは六時間を超えるものであった。フリッチャイ自身、「何度も死と生の間をさまよった」[3]というようにとても重篤なものであったが、奇跡的に助かることができた。そして、九月まで療養することを余儀なくされたのである。シルヴィア夫人は、昼夜分かたずいつも傍らに付き添い、看病を続けた。

このため、フリッチャイは以後の演奏の予定をキャンセルしなければならなかった。この中には、一月三十一日、ベルリン・フィルハーモニー管弦楽団との演奏会もあった。そしてそれは、ウェーバーが作曲を委嘱したボフスラフ・マルティヌー（一八九〇～一九五九）のピアノ協奏曲第五番《協奏的幻想曲》の世界初演であった（ゴットホルト・エフライム・レッシング［一九〇三～一九七五］が代役で指揮を務めた）。

療養している間、フリッチャイは、指揮をするということは何を意味するかについて考えていた。

指揮者とは、独裁者でなくてはならないのだろうか？　いや、決してそんなことはない！（中略）指揮者とは、その知識を音楽に翻訳でき、オーケストラの楽員たちと連帯感、仲間意識を築けてこそ存在しうるのだ。正反対な考えにも耳を傾け、彼らの先を行き、納得させ、味方につける。そのうえでこそオーケストラを意のままに操るだけでなく、協働による創造を成し遂げることができるのだ(3)。

これは、指揮だけでなく、仕事や生活などすべてにおいて当てはまることではないだろうか。筆者は、鉄道会社の社員として三十余年務め、そのうちの半分近くを安全担当として従事してきた。安全のルールは多々あるが、それを正しく行うために「基本動作」という手順の中に取り込み、それ愚直に実行することを教育してきた。しかし、そのルールの成り立ちや理由を知らないまま作業をしていては、身も入らないだろうし、誤りを更に減らすことはできないと考え、「ルールの成り立ちや理由を知ることが安全に肝要」という取り組みを細々と始めた。それから十年以上経った現在、それは全社的な取り組み（筆者の取り組みがきっかけだったとは思わないが）となっている。これも「納得」が大事ということにほかならない。

また、療養中のフリッチャイは、一九五九年七月六日付けで、フィッシャー＝ディースカウに次のような手紙を書いている。

われわれの仕事では、学ぶことに終わりはない。しかも、素晴らしいことは、われわれがつねに――死の日まで――これまでわれわれのうえに生じたすべてのことに驚き続けるということだ。というのも、音楽に、もう何も新しいものが発見できぬとしたら、われわれは死んでいるも同然なのだからね。(18)

フリッチャイは、ひところは恰幅のよい体つきであったが、病を得てやせ細り、以前の面影はすっかり無くなってしまった。ケストナーはチューリッヒ劇場で、手術後のフリッチャイと偶然出会い、別人のようになった姿に驚き狼狽している。このときフリッチャイは、次のように言って寂しく微笑んだという。

どうだい、ハリウッド映画に出てくるお化けみたいだろう(3)?

ハリウッド映画のお化けとは、映画《フランケンシュタイン》で科学者、ヘンリー・フランケンシュタインが蘇らせた全身傷だらけの怪物を指すのだろう。

コラム6　気質～「独裁型」から「協調型」へ

この原稿を執筆中の二〇一九年九月、青森県出身の女性指揮者、沖澤のどか（一九八七～）が、フランスのブザンソン国際指揮者コンクールで優勝した。ブザンソン国際指揮者コンクールは、かつて小澤征爾（一九三五～）が優勝したコンクールである。このことを受けて、同年十月一日の『朝日新聞』で「『協調』の時代　女性指揮者が台頭」と題する記事（編集委員・吉田純子）が掲載された。ここでは、指揮者が、「強烈な個性で牽引する『独裁型』から、多様な個性を柔らかく束ねる『協調型』へ」時代とともに変化しているという。そして、それが女性指揮者の躍進の背景にあるとしている。

ここで「独裁型」の指揮者として、カラヤン、フルトヴェングラー、トスカニーニ、「協調型」の指揮者として、クラウディオ・アバド（一九三三～二〇一四）やラトビア出身のマリス・ヤンソンス（一九四三～二〇一九）が挙げられている。

この分類をフリッチャイにあてはめると、どちらであろうか。

第五章で触れた、一九五三年、ストックホルムでの《青ひげ公の城》の放送録音のリハーサルの際、ホルン奏者が意にそぐわず、押し問答をした挙句、リハーサルを投げ出して帰ってしまったという血気盛んなエピソードからもわかるように、かなり「独裁型」である。エルザ・シラーもフリッチャイは「常識的かつ現実的に可能な方法に逃避することに抵抗を示した」(3)と語っていて、彼はかなり頑固であった。一九五七年にストックホルム・フィルハーモニー管弦楽団に客演した際の、チャイコフスキーの交響曲第五番第二楽章のリハーサルの録音が一部残されているが、出だしの一音が鳴ったとたん「違う！（オー、ナイン）」と否定し、続けざまに早口でまくし立てている。これらの例からして自分の意見を曲げない「独裁的」な面が窺える。

これだけを見ると、フリッチャイという人は、気難しく、怖い人というように思われるかもしれないが、そういった緊迫したリハーサルにおいて、フリッチャイは時々ジョークを飛ばし、楽員たちの気持ちを和ませたのである。これで気分が変わり、より密度の高いリハーサルになったのである。そして、徐々に「独裁型」から「協調型」に変わっていった。

この章で触れたとおり、一九五八年、生死にかかわる病気になったあと、フリッチャイは、音楽について、指揮者について考え、「指揮者とは独裁者ではなく、オーケストラの楽員たちと連帯感、仲間意識を築き、納得させ、味方につける」(3)ことが必要であると考えるにいたった。

マリア・シュターダーは、フリッチャイのことを「理想的な伴奏者」と評し、「歌手と同時に呼吸するオーケストラの演奏によって、歌が旋律的に発展するのを助けてくれる」(3)と言っている。第五章のハスキルと共演している写真【写真19】（一八二ページ）のフリッチャイの譜面台を見ていただきたい。（ちょっと見えにくいが）前ではなく、指揮台の左かどに四五度向きを変えて置いてある。これを見てもソリストに寄り添う姿勢を窺い知ることができる。

第七章　晩年（第二期ベルリン時代）

ベルリンで活動再開

一九五九年、病気から回復したフリッチャイのもとに、ベルリン放送交響楽団から電話がかかってきた。内容は首席指揮者に復帰して欲しいというもので、彼はこれを受諾した。ＲＩＡＳ交響楽団は、一九五六年からベルリン放送交響楽団に名称を変更してシュトレーゼマンが代表を務めていたが、この年、彼がベルリン・フィルハーモニー管弦楽団の代表になったため、再度、ヘーフスが代表になっていた。

その頃のベルリンは、また不安定な状況に陥っていた。

一九五八年十一月、ソ連の首相、ニキータ・フルシチョフ（一八九四～一九七一）が、アメリカ、イギリス、フランスは西ベルリンの権利を放棄して自由都市にすべきと宣言したことに伴い、ベルリン封鎖に続く二度目の危機を迎えていたのである。

フリッチャイは、一九五九年九月から活動を再開した。最初の仕事は、九月四、五日に自由ベルリン放送で行なった、ベートーヴェンの交響曲第一番の録音であった。続いてアンダをソリストに迎え、バルトークのピアノ協奏曲第二番、第三番をドイツ・グラモフォンへ録音した。

この年は、マーラーの交響曲第一番、四番、《大地の歌》の放送録音（自由ベルリン放送）の計画もあったようだが、実現していない（当時、マーラーの交響曲は演奏される機会が少なく、ほとんど知られていなかった）。

演奏会への復帰は、九月十三、十四日であった。ベルリン芸術大学ホールでベートーヴェンの《エグモント》序曲、バルトークのピアノ協奏曲第二番、そしてチャイコフスキーの交響曲第六番《悲愴》を演奏した。フリッチャイがホールに入った時、オーケストラの楽員たちは立って出迎えた。これは、ベルリンでは稀なことであり、フリッチャイをいたく感動させた。また、聴衆は再会の喜び以上の温かい拍手で迎えてくれた。

当時の新聞、『ターゲスシュピーゲル』紙には、「新しいフリッチャイとの出会い」という見出しで、音楽評論家のヴェルナー・エールマンによる記事がリハーサルの写真とともに掲載された。

その記事でエールマンは、病気から復帰して指揮台に戻ったフリッチャイを、以前の印象を超えた「別人のようだった(43)」と評し、その変化を次のとおり列挙している。

● 写真28
1959年9月、ベルリン
復帰演奏会リハーサル

生命力あふれる演奏家から、秀でた精神を有する
解釈者に変貌
精確な響きを読み取る類まれな感覚は、作品の内
なる声をひたすら聴き取ろうとする姿勢に変化
指揮をする姿は、精緻でしなやかなものから、楽
譜の背後に潜むものの意味が伝わってくるような
身振りに変化(43)

そして、最後に「今、フリッチャイが意図し実現しようとしている音楽は、ひとり、ヴィルヘルム・フルトヴェングラーのみが創り出し得た音楽を彷彿させる(43)」とまとめている。

晩年のフリッチャイは、「フルトヴェングラーを彷彿させる」とか「フルトヴェングラーの再来」、又は「小フルトヴェングラー」などと言われ、絶大な人気を博した。病気以前にもフルトヴェングラーを思わせ

● 記録24
1959年9月、ベルリン
チャイコフスキー
交響曲第6番《悲愴》ほか

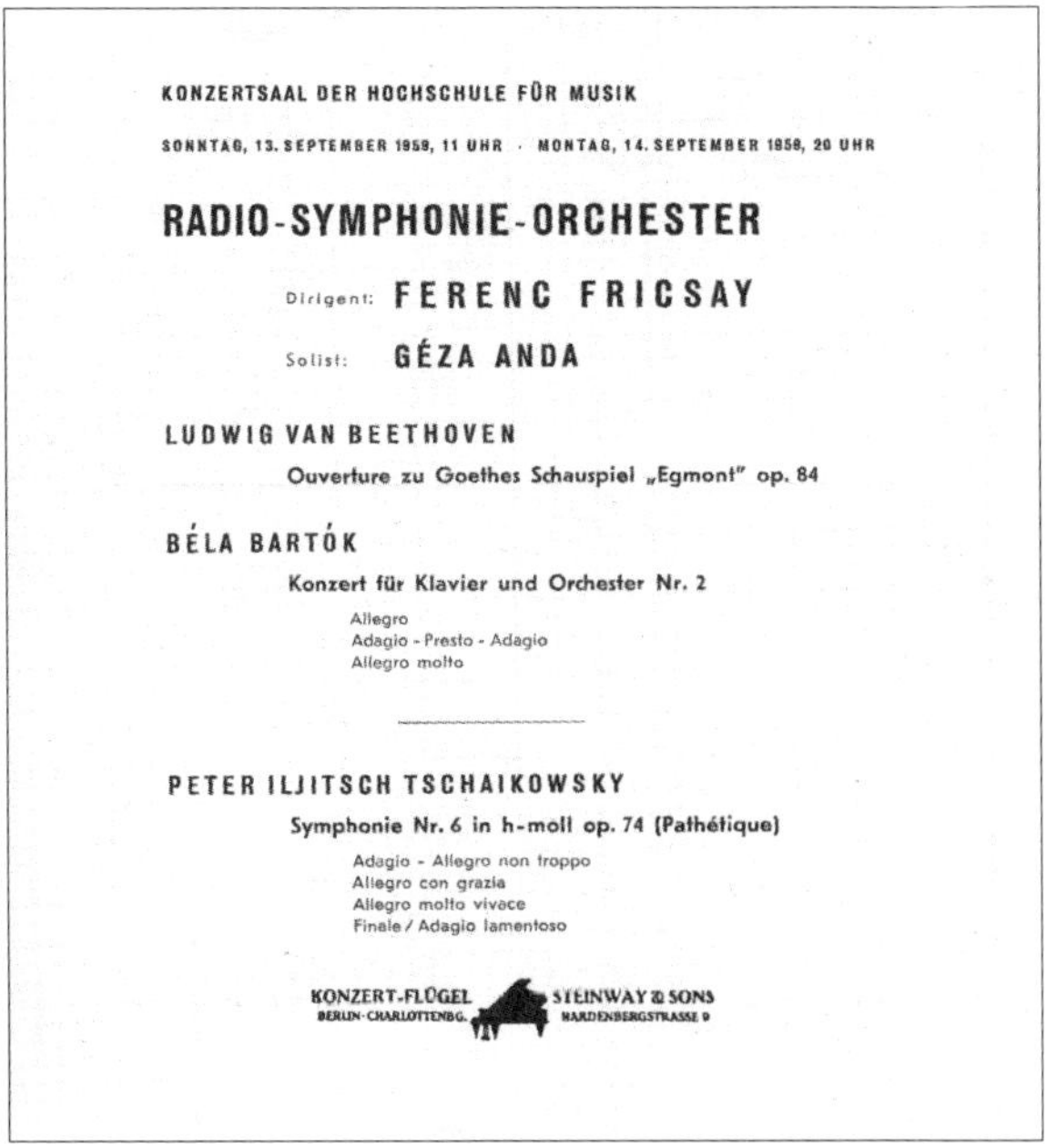

KONZERTSAAL DER HOCHSCHULE FÜR MUSIK

SONNTAG, 13. SEPTEMBER 1959, 11 UHR · MONTAG, 14. SEPTEMBER 1959, 20 UHR

RADIO-SYMPHONIE-ORCHESTER

Dirigent: FERENC FRICSAY

Solist: GÉZA ANDA

LUDWIG VAN BEETHOVEN

Ouverture zu Goethes Schauspiel „Egmont" op. 84

BÉLA BARTÓK

Konzert für Klavier und Orchester Nr. 2

Allegro
Adagio - Presto - Adagio
Allegro molto

PETER ILJITSCH TSCHAIKOWSKY

Symphonie Nr. 6 in h-moll op. 74 (Pathétique)

Adagio - Allegro non troppo
Allegro con grazia
Allegro molto vivace
Finale / Adagio lamentoso

KONZERT-FLÜGEL STEINWAY & SONS
BERLIN-CHARLOTTENBG. HARDENBERGSTRASSE 9

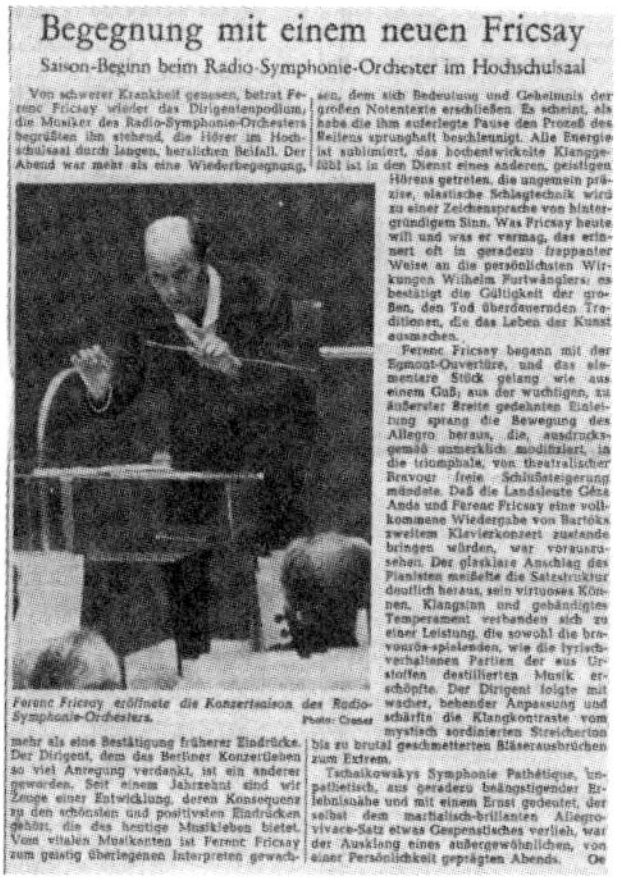

Begegnung mit einem neuen Fricsay

Saison-Beginn beim Radio-Symphonie-Orchester im Hochschulsaal

Von schwerer Krankheit genesen, betrat Ferenc Fricsay wieder das Dirigentenpodium, die Musiker des Radio-Symphonie-Orchesters begrüßten ihn stehend, die Hörer im Hochschulsaal durch langen, herzlichen Beifall. Der Abend war mehr als eine Wiederbegegnung, mehr als eine Bestätigung früherer Eindrücke. Der Dirigent, dem das Berliner Konzertleben so viel Anregung verdankt, ist ein anderer geworden. Seit einem Jahrzehnt sind wir Zeuge einer Entwicklung, deren Konsequenz zu den schönsten und positivsten Eindrücken gehört, die das heutige Musikleben bietet. Vom vitalen Musikanten ist Ferenc Fricsay zum geistig überlegenen Interpreten gewachsen, dem sich Bedeutung und Geheimnis der großen Notentexte erschließen. Es scheint, als habe die ihm auferlegte Pause den Prozeß des Reifens sprunghaft beschleunigt. Alle Energie ist sublimiert, das hochentwickelte Klanggefühl ist in den Dienst eines anderen, geistigen Hörens getreten, die ungemein präzise, elastische Schlagtechnik wird zu einer Zeichensprache von hintergründigem Sinn. Was Fricsay heute will und was er vermag, das erinnert oft in geradezu frappanter Weise an die persönlichsten Wirkungen Wilhelm Furtwänglers; es bestätigt die Gültigkeit der großen, den Tod überdauernden Traditionen, die das Leben der Kunst ausmachen.

Ferenc Fricsay begann mit der Egmont-Ouvertüre, und das elementare Stück gelang wie aus einem Guß; aus der wuchtigen, zu äußerster Breite gedehnten Einleitung sprang die Bewegung des Allegro heraus, die, ausdrucksgemäß unmerklich modifiziert, in die triumphale, von theatralischer Bravour freie Schlußsteigerung mündete. Daß die Landsleute Géza Anda und Ferenc Fricsay eine vollkommene Wiedergabe von Bartóks zweitem Klavierkonzert zustande bringen würden, war vorauszusehen. Der glasklare Anschlag des Pianisten meißelte die Satzstruktur deutlich heraus, sein virtuoses Können, Klangsinn und gebändigtes Temperament verbanden sich zu einer Leistung, die sowohl die bravourös-spielenden, wie die lyrisch-verhaltenen Partien der aus Urstoffen destillierten Musik erschöpfte. Der Dirigent folgte mit wacher, behender Anpassung und schärfte die Klangkontraste vom mystisch sordinierten Streicherton bis zu brutal geschmetterten Bläserausbrüchen zum Extrem.

Tschaikowskys Symphonie Pathétique, 'unpathetisch, aus geradezu beängstigender Erlebnisnähe und mit einem Ernst gedeutet, der selbst dem martialisch-brillanten Allegro-vivace-Satz etwas Gespenstisches verlieh, war der Ausklang eines außergewöhnlichen, von einer Persönlichkeit geprägten Abends. Oe

Ferenc Fricsay eröffnete die Konzertsaison des Radio-Symphonie-Orchesters. Photo: Croner

● 記録25
同 新聞記事

る演奏はあったが、このエールマンの評は、そのことに言及した最初のものではないかと思われる。

《悲愴》は、直後にリストの《前奏曲》とともにドイツ・グラモフォンによって録音されたが、フリッチャイが一部録り直しを希望していたことから、発売が見合わせられた（この録音について、日本のポリドールのスタッフがシルヴィア夫人と交渉を重ね、一九九六年、CDが世界で最初に日本で発売されて、日本国内でのフリッチャイ再評価に繋がった。当時のポリドールの快挙である）。

続いて、九月二十八、二十九日、自由ベルリン放送会館（ソ連に占領されていた旧ベルリン放送局の建物。一九五〇年、ソ連は内部の機器を破壊して撤退していた）の再建されたホールでの初の演奏会で、ベルリン放送交響楽団ほかと、コダーイの《ハンガリー詩篇》、モーツァルトの《大ミサ》を演奏した。このホールは、録音スタジオとしての機能も併せ持っており、両曲とも自由ベルリン放送によってドイツで初めてステレオで生放送され、同時に録音もされた。また、ドイツ・グラモフォンは、このホールで同じメンバーと《大ミサ》を、イエス・キリスト教会で、ベルリン・フィルハーモニー管弦楽団とドヴォルジャークの交響曲第九番《新世界より》を並行して録音した。

このときの《ハンガリー詩篇》の演奏について、カール・ハインツ・ルッペル（一九〇〇〜一九八〇）は、『南ドイツ新聞』で、「フリッチャイの炎のような熱情に魂を吹き込まれた放送交響楽団は、輝くような賛歌の栄光から消え入るような弦のトレモロに至るまで、見事にハイレヴェルな響きを展開した(44)」と評し、この演奏会によって、ベルリンは「ベルリン・フィルハーモニーに次ぐ第二のオーケストラを得たことを祝福されることになった(44)」と、その反響ぶりを報告している。

十月十四、十五日は、ベルリン・フィルハーモニー管弦楽団に客演した。このときは、フィッシャー＝ディースカウをソリストに迎え、マーラーの《亡き子をしのぶ歌》ほかを演奏した。

こうして、これまで以上に、生涯を飾る記念碑的な名演を残していったのである。

一九五九年、年末の旅

フリッチャイは、九月、十月のベルリンでの多忙な演奏活動を終え、ハンブルク、ウィーン、ジュネーヴに客演の旅に出かけた。

ハンブルクでは、十一月八、九日、北ドイツ放送交響楽団・合唱団、RIAS室内合唱団を指揮して、コダーイの《ハンガリー詩篇》、ロッシーニの《スターバト・マーテル》を演奏した。

フリッチャイは、ロッシーニの《スターバト・マーテル》をヨーロッパ中で何度も指揮しており、このロッシーニ晩年の名曲が忘れ去られるのを防いだのだが、プーフェンドルフによると、特にこのときの演奏は、「この曲が何にもましてイタリア人の敬虔な心を表していることを見事に示していた(16)」という。

フリッチャイは、この《スターバト・マーテル》に限らず、同じ作品を同じキャストで演奏することに努めた。シュターダーによれば、それは「やりやすい」からということではなく、フリッチャイが「内なる耳の理想像に近づくまで、練習と彫塑を繰り返した(3)」ことの結果であった。

ウィーンでは十一月二十五、二十七、二十八日、そして十二月三、四日、ウィーン交響楽団に客演、また、十一月末から十二月始めにかけてモーツァルトの主要な交響曲の録音を改めて開始し、三十九、四十番を録音した。ウィーンでモーツァルトの曲を録音することは、かねてからフリッチイの希望であった。

――バイエルン州立歌劇場への客演

一九六〇年には客演指揮者として、バイエルン州立歌劇場とかつて音楽総監督であった時に手掛けた歌劇の再演を果たした。

第六章で触れたとおり、バイエルン州立歌劇場の音楽総監督時代は、レパートリーに対する批判や総支配人との客演を巡る確執などがあったが、また公演を共にすることができたのだ。

フリッチャイは、《ランメルモールのルチア》、《オテロ》、《仮面舞踏会》、《フィガロの結婚》について、若干のキャストの変更を行ったうえで集中的なリハーサルを行い、三月から九月にかけて上演した。また、七月には、バイエルン州立歌劇場を率いてオランダ音楽祭に出演、《ヴォツェック》を上演した。

――ベルリン・ドイツ・オペラの芸術顧問に

一九六〇年四月、フリッチャイはベルリン上院議会より、一九六一／一九六二年シーズンからベルリン・ドイツ・オペラの音楽総監督に就任して欲しいと要請され、これを受諾した。このシーズンからは、シャルロッテンブルクに再建していた市立歌劇場が落成し、名称も戦前の名前であるベルリン・ドイツ・オペラに戻して活動を開始する予定であった。総支配人にグスタフ・ルドルフ・ゼルナー（一九〇五〜一九九〇）、副監督にエゴン・ゼーフェルナー、そして、音楽総監督にフリッチャイという体制であった。

ゼーフェルナーを副監督に推薦したのは、フリッチャイであった。このときゼーフェルナーは、ウィーン国立歌劇場で総支配人をしていたカラヤンの執務代行兼秘書を務めていた。あるとき彼はフリッチャイに、国立歌劇場に居づらくなっていて、このまま枢密顧問官になって一生を終えたくないと話していたのである。フリッチャイはそれを忘れていなかった。

フリッチャイは四月のある土曜日の朝、ゼーフェルナーに電話をかけ、「僕はいま新しいベルリン・ドイツ・オペラの音楽監督（ＧＭＤ）（筆者注：正確には音楽総監督）になるんだが、もし君に関心があって、ウィーンから抜け出せそうなら、君を副監督に推薦しようと思うんですが。すぐに身のふり方を決めて、今日中にエルマティンゲンに来ないといけません。新しい総監督、ゼルナーもここに来るんですから(8)」と言ってゼルナーと会うことを勧めた。

ゼーフェルナーは、その日、国立歌劇場での仕事はなかったので、すぐさま飛行機を手配してエルマティンゲンに向かった。こうして三人はフリッチャイの邸宅に揃い、新しいドイツ・オペラをどうしていくか画策したのである。その結果、前述の体制が決まった。ゼルナーは劇場畑の出身で、歌劇とはあまり関係がなかったことから、歌劇場での経験が豊富なゼーフェルナーは必要な人材であったのだろう。

ベルリン・ドイツ・オペラから音楽総監督として招聘されたことは、フリッチャイを大いに満足させた。(1) しかし、この構想は、計画どおりには行かなかった。

フリッチャイの体調が、思わしくなかったのである。

それは、一九六〇年六月、シュトゥットガルト郊外のぶどう畑の中にあるペンションに三人が集まって行われた、ベルリン・ドイツ・オペラについての二度目の会談での話である。後でくわしく触れるが、この少し前と思われる日、フリッチャイは体調悪化の中、シュトゥットガルトで、スメタナの《モルダウ》のリハーサルと本番のテレビ収録を敢行していた。会談でフリッチャイは「指揮者として協力はするが、自分の健康状態では、GMDの重責は引き受けられない(8)」と言って辞退を申し出たのである。ゼーフェルナーによれば、フリッチャイが病気に罹っていたことは知っていたが、それがどれほど深刻なものかは、誰も知らなかったのである。

結局、フリッチャイは音楽総監督ではなく芸術顧問、客演指揮者という立場になった。

演奏後のしばしの静寂——感動的だったブラームス四番

一九五九／一九六〇年シーズンの後半は、度々、ブラームスを演目に採り上げた。

一月二十六、二十七日には、ベルリン・フィルハーモニー管弦楽団の定期演奏会で、ピアノ協奏曲第二番と交響曲第二番を、五月二十四日には、バイエルン州立管弦楽団を指揮して、ピアノ協奏曲第一番と交響曲第四番、そして二十九、三十日にはベルリン放送交響楽団の定期演奏会で、同じ交響曲第四番を指揮している。

当時、ウィーンに留学していた指揮者の佐藤菊夫（一九二九〜）は、フリッチャイのブラームス交響曲第四番を聴いており（佐藤が聴いた演奏会は、ベルリンでの五月二十九又は三十日の演奏会であると思われる）、『レコード芸術』一九六二年八月号にそのときの感動を寄稿している。

私はフリッチャイによって、ブラームスの新しい美を発見した気持でしごく嬉しかった。この演奏の魅惑の一つは、新鮮で思いがけぬ美しさが無尽蔵に湧き出て、私の知覚に淡い影でも現われてくるような含蓄のある演奏だった。この演奏に対する私自身の理知的ならびに情緒的な反応は、ブラームスを理解する一つの規範になったともいいうる。[45]

このときは、演奏が終わってもしばらくの間は沈黙が会場を支配し、そののち割れるような万雷の拍手が起こったという。佐藤は「フリッチャイの演奏会の最後の瞬間には、彼に陶酔し、深い激しい感動と彼に対する感謝の念から即座に拍手を送るような単純なものではなかった[45]」と述べている。

RADIO-
SYMPHONIE-ORCHESTER
BERLIN

10. Abonnements-Konzert

●記録 26
1960 年 5 月、ベルリン
ブラームス 交響曲第 4 番ほか

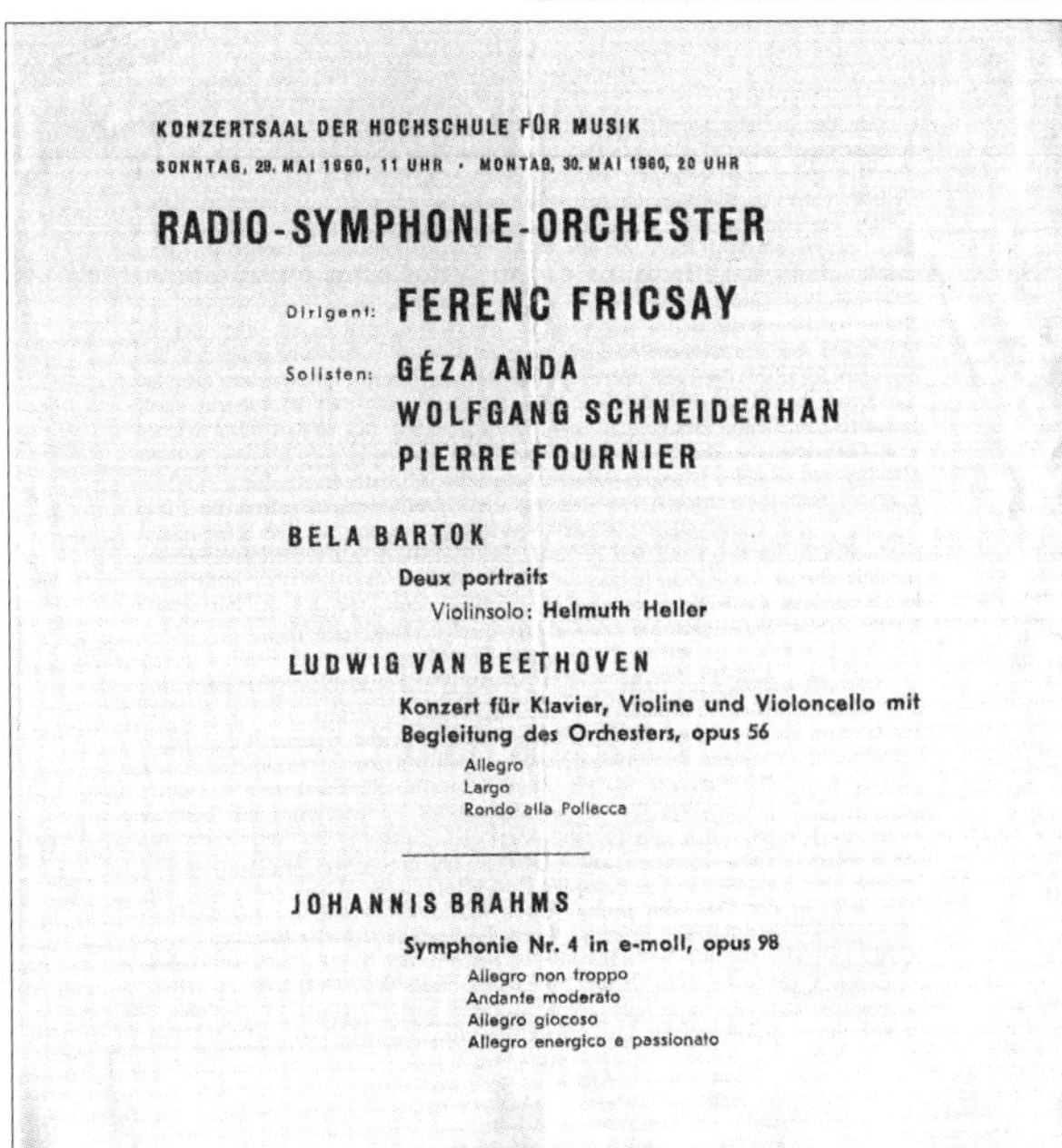

KONZERTSAAL DER HOCHSCHULE FÜR MUSIK
SONNTAG, 29. MAI 1960, 11 UHR · MONTAG, 30. MAI 1960, 20 UHR

RADIO-SYMPHONIE-ORCHESTER

Dirigent: FERENC FRICSAY

Solisten: GÉZA ANDA
WOLFGANG SCHNEIDERHAN
PIERRE FOURNIER

BELA BARTOK
Deux portraits
Violinsolo: Helmuth Heller

LUDWIG VAN BEETHOVEN
Konzert für Klavier, Violine und Violoncello mit Begleitung des Orchesters, opus 56
Allegro
Largo
Rondo alla Pollacca

JOHANNIS BRAHMS
Symphonie Nr. 4 in e-moll, opus 98
Allegro non troppo
Andante moderato
Allegro giocoso
Allegro energico e passionato

この記事で佐藤は、「指揮棒なしで指揮し[45]」とフリッチャイが指揮棒を用いないで指揮をしていたことについても触れている。エリーザベト・マールク（一九〇八〜一九八八）は、フリッチャイが亡くなった時の追悼文の中で、一九六一年春のベルリン放送交響楽団との演奏旅行に触れ、「今や指揮棒を持てなくなった[48]」と述べている。しかし、病気になる以前も指揮棒なしで指揮を行っている（一九四八年、ザルツブルク音楽祭のリハーサル【写真9】九八ページ、一九五八年、《フィガロの結婚》のリハーサル【写真26】二二六ページ）こともあり、病気回復後に指揮棒を使用している（一九五九年、復帰演奏会のリハーサル【写真28】二三六ページ）こともあるので、「持てなくなった」とするのは疑わしい。フリッチャイは指揮棒ではなく、その雄弁に物語ることができる手や指を自分のイメージする音楽の表現手段として使ったのではないかと思われる。佐藤は「メロディの線とハーモニーの響きを彼の優美な手で形成し、この指揮法により、自分の意思を楽員に直接結びつけようとすることは十分に認識させられるのである[45]」と説明している。

また、佐藤は、「一九六〇年に、ベルリンでフリッチャイ・チクルス（筆者注：詳細は不明であるが、フリッチャイ指揮の連続演奏会であると思われる）が開催されたが、切符はたちまち売り切れになるという盛況振りであった[45]」と報告している。フリッチャイ自身も「新しい、年三回のフリッチャイ・チクルスは定着している[1]」と回想しており、ベルリンでのフリッチャイの人気ぶりが窺える。

筆者はこのことについて、時期や場所など、もう少し詳しく知りたいと思い、二〇〇七年一月十七日、電話で佐藤氏本人に直接お話を伺った。氏は、五十年も前のことなのでよく覚えていないということであったが、まだベルリンの壁ができる前のことで、東西ベルリンを行き来できていたと話されていた。二〇一六年に刊行された氏の著書『指揮棒はわが最愛の楽器なり』で氏は、新婚の妻でチェンバロ奏者の草分け、西川清子と一九五七年から一九六〇年までウィーンに留学し、この間、ベルリンを訪れたことにも触れている(46)。

《モルダウ》のリハーサルと本番をテレビ収録

一九六〇年六月十四日、フリッチャイは、南ドイツ放送でシュトゥットガルト放送交響楽団を指揮してスメタナの《モルダウ》のリハーサルと本番のテレビ収録を行った。前の晩、体調が悪化し苦しくて眠ることができず、当日の収録をキャンセルすることも考えるほどであった。そのため、シルヴィア夫人にもその旨を電報で知らせていた。そのような状況であったが、敢えて収録を行った。テレビ放送の中で解説をしているディーター・エルテル（一九二七～二〇一三）は、「自らの人生が残り少ないと知っていて、最悪の体調にもかかわらずこの録画を敢行したのです。恐らく彼は一つの記録を残すという明らかな意思を持っていたのでしょう(47)」と説明している。

● 写真 29
1960 年 6 月、シュトゥットガルト
《モルダウ》リハーサル

このときのリハーサルでは、次のようなエピソードがある。

《モルダウ》は冒頭、二本のフルートでモルダウ川の水源からの水の流れを表しているが、リハーサルの様子がどうもおかしいのである。三小節目の後半でフルートの音が途切れてしまうのだ。オリジナルの楽譜では、出だしの三小節目から六小節目まで、一小節を前半と後半に分けて、小節の前半を第二奏者が、後半を第一奏者が吹くようになっているのだが、これをフリッチャイは二小節ごとに区切って、三小節目と四小節目を第二奏者に、五小節目、六小節目を第一奏者に吹かせるように変更し、楽譜に手書きで書き加えていたようなのだ。これにより音の流れが途切れないようにしたのである。ところが、第二奏者は最初、それが理解できずオリジナルのままで演奏しようとした。一方、第一奏者は変更された内容で演奏しようとしたため、三小節目の後半を誰も吹かないという事態になったのである。金子建志（一九四八〜）によれば、「こうした箇所で、結果的にスコアに書いてあるとおりの音がするように、より合理的なオーケストレーションに直すというのは、この時代の指揮者にとっては『隠し味』として、普通に行なわれていた[47]」という。

それよりも映像を見て驚かされるのは、フリッチャイが楽員たちに曲のイメージを説明する際に歌うときである。例えば、出だしのフルートのパッセージをかなり速いテンポ（フリッチャイの《モルダウ》のテンポは速い）で、一音一音正確にメリハリを付けて歌うのである。よく舌が回るものだと感心させられる。

フリッチャイは、この後の一九六一年十、十一月、自由ベルリン放送でベルリン放送交響楽団を指揮して、デュカスの《魔法使いの弟子》とコダーイの《ハーリ・ヤーノシュ》組曲のリハーサルと本番をテレビ収録した。

一九六〇年九月、十月

一九六〇年九月は、十一、十二日にベルリン芸術大学ホールでベルリン放送交響楽団を指揮して、モーツァルトの交響曲第四十番、ヴァルガをソリストにシェーンベルクのヴァイオリン協奏曲、ベートーヴェンの交響曲第七番を演奏した。二十九、三十日には自由ベルリン放送会館大ホールで詩篇交響曲、ウェーバーをソリストに《ピアノと管弦楽のためのムーヴメンツ》、《オイディプス王》というオール・ストラヴィンスキー・プログラムを指揮した（《ピアノと管弦楽のためのムーヴメンツ》は、ウェーバーが現代音楽に興味を持っていることを知ったフリッチャイが、ストラヴィンスキーに彼女のために作曲するよう進言した曲である）。

ベートーヴェンの交響曲第七番は、翌月、ベルリン・フィルハーモニー管弦楽団を指揮して、

●写真30
1960年頃

ドイツ・グラモフォンへ録音した。ベートーヴェン交響曲全曲録音の第三弾になる。プーフェンドルフによれば、このベートーヴェンの録音は、「引き締まった透明な響きと比類のない内面の緊張を持つ独特の解釈[16]」で、カルロ・マリア・ジュリーニ（一九一四～二〇〇五）にとって「お気に入りのベートーヴェン解釈[16]」であったという。

また、ベルリンでの演奏会の前の九月五日には、ミュンヘン・オペラ祭で、バイエルン州立歌劇場とモーツァルトの《フィガロの結婚》を上演、続いて、ベルリンでの二つの演奏会の間の十二日から二十二日には、今度はベルリン放送交響楽団を指揮して同曲をドイツ・グラモフォンへ録音している。

◆映画《ザビーネと百人の男たち》の音楽を録音

一九六〇年十二月、セントラル・シネマ・カンパニー（CCC）・フィルム制作の映画《ザビーネと百人の男たち》が封切られた。この映画は、一九三七年にアメリカで制作され、レオポルド・ストコフスキー（一八八二～一九七七）が出演していることで有名な《オーケストラの少女》（原題：百人の男たちと一人の少女）のリメイク版である。撮影は九月から行われ、時期は特定されていないが、合わせて音楽も録音された。この音楽をフリッチャイとベルリン・フィルハーモニー管弦楽団、そしてメニューインが受け持ったのである。残念ながらストコフスキーと違い、映画への出演はないが、ベートーヴェンの《ロマンス》第二番とメンデルスゾーンのヴァイオリン協奏曲の第三楽章を録音した。

◆ヴェルディ《レクイエム》を演奏

十月に入り、九、十日には、芸術大学ホールで演奏会、二十三、二十四日には自由ベルリン放送会館大ホールで、ベルリン放送交響楽団ほかとヴェルディの《レクイエム》を演奏した。カトリック教徒だったフリッチャイは、ヴェルディの《レクイエム》に特別な思い入れがあり、ベルリンで複数回演奏したほか、ケルン、ウィーン、イスラエルなどの都市でも採り上げてきた。フリッチャイは自伝の最後で、この曲を聴くことの意義について次のように述べている。

ヴェルディの《レクイエム》を聴くことは、単にこの曲が好きだからか、壮大なこの曲に圧倒され高揚感を覚えるからか……もし、それだけであるならば、あなたはこの作品の真の、最も本質的な意味をつかみそこねており、この曲がもたらす本当の体験の断片を得ているに過ぎない。聴衆としてであれ、指揮者としてであれ、私がヴェルディの《レクイエム》に向き合うのは、この作品から涙と慰めの体験を与えてもらえるからです。その「涙」とは、私の大切な人、また他の人にとって大切な人たちのために流す涙です。一度、そのような考えを念頭に置いて、《レクイエム》を聴きに行ってみて下さい。そうすれば、家路を辿る時、あなたは前よりも幸福な思いを抱いているでしょう、あるいは重い心を癒す涙を浮かべているかもしれません。(1)

シュターダーは、最高に充実した音楽的瞬間を成し遂げた時のフリッチャイは、「周囲にはばかりもなく目の涙をぬぐうのでした(3)」と証言しているが、このときの《レクイエム》でもきっとそうであったのだろう。

ベルリンでの演奏会のあと、フリッチャイは客演の旅に出かけた。この年はミラノ、ハノーバー、フランクフルト、ウィーン、ミュンヘンに客演した。

またこの年、フリッチャイはオーストリア政府から名誉市民権を与えられた。シルヴィア夫人はこのことについて、フリッチャイは大変喜んでいたと回想している。(22)

一九六一年二月〜四月

一九六一年二月五、六日、フリッチャイは自由ベルリン放送会館大ホールで、ベルリン放送交響楽団の定期演奏会を指揮してオール・ベートーヴェン・プログラムを演奏した。曲目は、《レオノーレ》序曲第三番、ピアノ協奏曲第三番（これは当初、ハスキルがソリストを務める予定であったが、彼女の死によって、アンダがソリストを務めた）、そして、フィナーレを飾ったのが、交響曲第三番《英雄》であった。

同じ二月、十二、十三日のベルリン芸術大学ホールでの定期演奏会では、オネゲルの交響的詩篇《ダヴィデ王》を上演した。

◆ウィンナ・ワルツを録音

フリッチャイは、一九四九年から一九五二年にかけて、ドイツ・グラモフォン及びＲＩＡＳへウィンナ・ワルツを多く録音していたが、二月の演奏会と並行して、ドイツ・グラモフォンへこれまで録音していなかった三曲の録音と、五曲の再録音（放送録音、ライヴ録音は再録音に含まず）を行った。プーフェンドルフによれば、フリッチャイは、「これらの珠玉の音楽を、そのいきいきとした軽妙さを失うことなく、モーツァルトの交響曲を指揮するのと同じように、細部にまで精密で愛しみ深い注意を払って、透明度の高い演奏[16]」をしたという。

◆モーツァルトの交響曲を録音

三月になると、フリッチャイはウィーンに行き、ウィーン交響楽団と十六、十七日及び二十二〜二十四日に演奏会を開催した。それと同時に、一九五九年に録音したモーツァルトの交響曲集の第二弾として、二十九番と四十一番を録音した。

これで、フリッチャイは、モーツァルトの最後の三曲の交響曲を録音したわけである。

プーフェンドルフは、このモーツァルトの録音について、「非常に個性的でありながら、そこには紛れもない厳格な表現がある（中略）現代のモーツァルト解釈に、決定的な貢献をした[16]」と評している。

三月二十七日には、オーストリア連邦大臣から、教授の称号を授与された。

また、亡くなるひと月前の一九六三年一月二十四日、ウィーン・モーツァルトゲマインデ協会からモーツァルト・メダルを授与されている。

●写真31
1961年4月、ベルリン　フィッシャー=ディースカウと

◆フィッシャー=ディースカウとアリア集を録音
フリッチャイは、一九六一年四月、ベルリン放送交響楽団を指揮して、フィッシャー=ディースカウが歌うフランス、イタリア・オペラ・アリア集をドイツ・グラモフォンへ録音した。フリッチャイはこのとき、一部の箇所で弦楽器奏者の数を拍子ごとに変えるなどして、自分が求めるニュアンスにできるだけ近づけようとした。フィッシャー=ディースカウは、「最初は戦々恐々だったが、その後は楽しむことができ、ずっと愛着が持てるようになった」[19]と回想している。

一九六一年四〜六月、
ベルリン放送交響楽団と演奏旅行

フリッチャイは、四月二十三、二十四日、メニューインをソリストに迎え、芸術大学ホールでベルリン放送交響楽団の定期演奏会を指揮した。そ

●写真32
1961年4月、ベルリン

の翌日の四月二十五日から五月十二日まで、フリッチャイとベルリン放送交響楽団は、特別列車を仕立ててドイツ国内、デンマーク、フランス、イギリスの十三都市へ演奏旅行に出かけた。メニューインも、そのままソリストとしてツアーに同行し、ブルッフとブラームスの協奏曲を交互に演奏した。また、メインとなる曲には、ベートーヴェン交響曲第三番《英雄》、ブラームス交響曲第二番、そしてドヴォルジャーク交響曲第九番《新世界より》の三曲を選んだ。

ツアーの初日となるミュンヘンでは、音楽総監督時代に一度も演奏しなかったR・シュトラウスをプログラムにのせた。《町人貴族》の管弦楽組曲から五つの楽章である。これはミュンヘンの聴衆を驚かせた。音楽総監督時代、R・シュトラウスを演奏しないフリッチャイを糾弾していたルートヴィヒ・

RADIO-SYMPHONIE-
ORCHESTER BERLIN

LEITUNG:
Ferenc Fricsay

SOLIST:
Yehudi Menuhin

● 記録 27
1961 年 5 月、キール
ベルリン放送交響楽団と演奏旅行

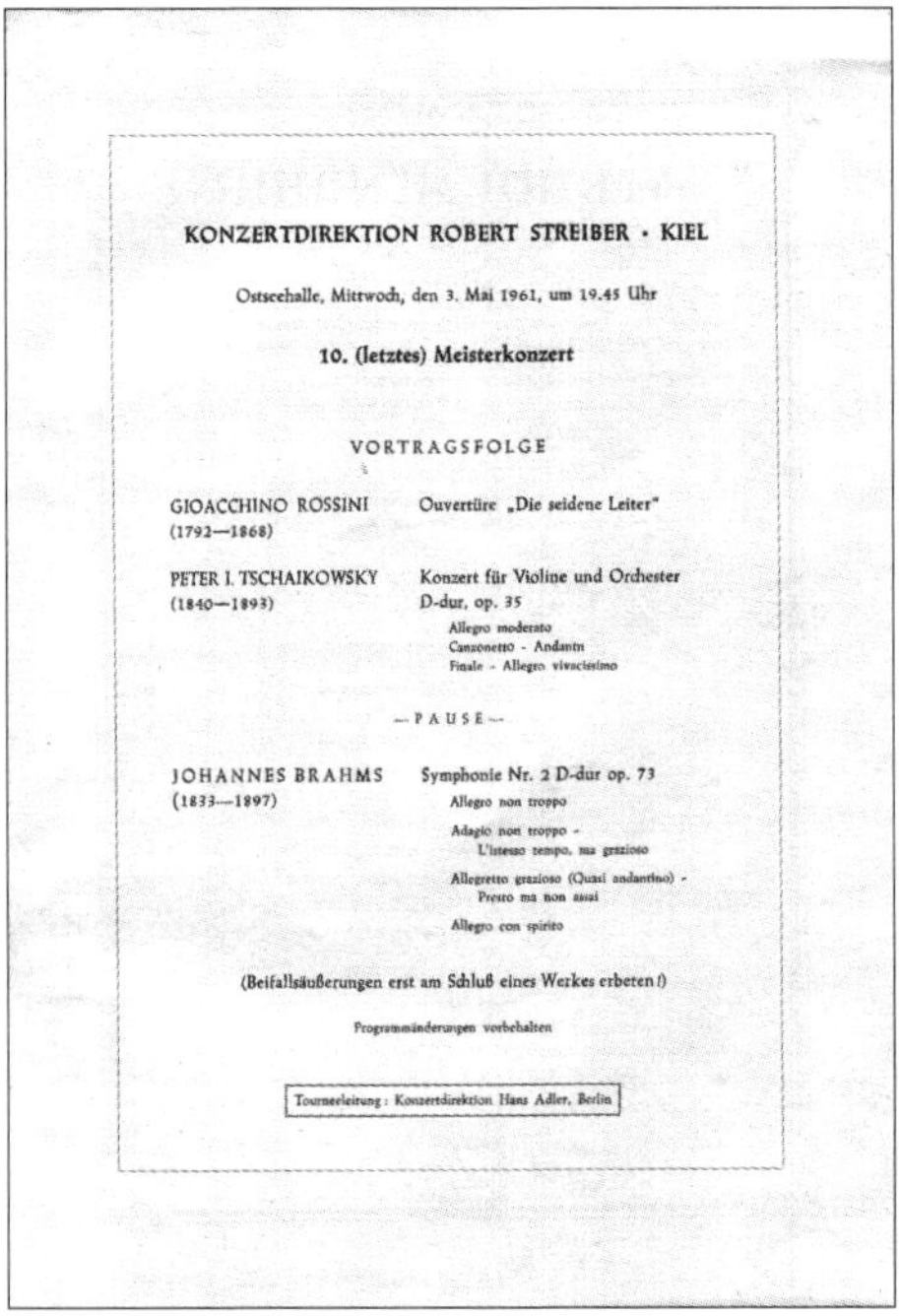
KONZERTDIREKTION ROBERT STREIBER · KIEL

Ostseehalle, Mittwoch, den 3. Mai 1961, um 19.45 Uhr

10. (letztes) Meisterkonzert

VORTRAGSFOLGE

GIOACCHINO ROSSINI (1792—1868)	Ouvertüre „Die seidene Leiter"
PETER I. TSCHAIKOWSKY (1840—1893)	Konzert für Violine und Orchester D-dur, op. 35 Allegro moderato Canzonetto - Andantn Finale - Allegro vivacissimo

— PAUSE —

JOHANNES BRAHMS (1833—1897)	Symphonie Nr. 2 D-dur op. 73 Allegro non troppo Adagio non troppo - L'istesso tempo, ma grazioso Allegretto grazioso (Quasi andantino) - Presto ma non assai Allegro con spirito

(Beifallsäußerungen erst am Schluß eines Werkes erbeten!)

Programmänderungen vorbehalten

Tourneeleitung: Konzertdirektion Hans Adler, Berlin

ヴィースマイア（一九〇四～一九六八）は、ミュンヘンの新聞『ミュンヒナー・メルクーア』紙に評をのせた。彼は、この選曲をフリッチャイの「人を驚かせる洒落」[17]としたうえで、「いかにこの曲の合奏上の冗談が彼（筆者注：フリッチャイのこと）を喜ばせ、いかに彼があるいは精妙なあるいは武骨なユーモアをそこで誇張してみせたか……」[17]と評した。

ロンドンでは演奏会のほか、五月九日に英国放送協会（ＢＢＣ）のテレビ放送の収録を行った。曲目は、ロッシーニの《絹のはしご》序曲、ベートーヴェンの《レオノーレ》序曲第三番、そしてブルッフのヴァイオリン協奏曲第一番であった。

エリーザベト・マールクは、この演奏旅行について次のように記している。

ベルリン放送交響楽団はホールを埋めつくして満員の聴衆から大喝采を浴びる成功を手にし、その名声は決定的なものとなった。（中略）拍手喝采にわく聴衆を前にして、オーケストラは負担もかえりみず気前よくアンコールに応えた――コペンハーゲンでもロンドンでもパリでも、聴衆はロッシーニの序曲《絹のはしご》に熱狂し、そしてフリッチャイがその熱烈な拍手にこたえるべく、完璧な腕前を披露した両オーボエ奏者を、そしてオーケストラ全員を聴衆の前に立たせるたびに、歓呼の声をあげつづけたのだった。[48]

そのオーボエの名技は、ＢＢＣテレビ放送の映像で見ることができる。ここでフリッチャイは、極めて速いテンポを要求しているが、オーボエ奏者はこれに怯むことなく、完璧な演奏を披露している。

またマークルクは、フリッチャイがこの演奏旅行で演奏した《新世界より》の第三楽章のトリオでの、シンプルでありながら優しさの滲み出たメロディを例に「一つひとつのフレーズは、知性を持って精密に、正確無比に磨き上げられていながらも、そこには測定不可能な、つまりメトロノームでは捕らえられない息づかいが生み出されていた[49]」と評している。

このとき、ソリストとして同行したメニューインは、彼の八十歳を記念して制作された映像作品『ヴァイオリンの世紀』の中で、フリッチャイのことを、長生きしていたならば、カラヤンに匹敵する指揮者になっただろうと評し、「彼が指揮をするとどの曲も密度の濃いものとなった[50]」と回想している。

一九六一年六月は、四、五日に芸術大学ホールで、ベルリン放送交響楽団の定期演奏会を指揮した。曲目は、ブラームスの《二重協奏曲》、バルトークの《管弦楽のための協奏曲》ほかであった。その後、単身、ロンドンにわたりフィルハーモニア管弦楽団へ客演した。

PHILHARMONIA CONCERT SOCIETY LTD
Artistic Director: WALTER LEGGE

PHILHARMONIA
ORCHESTRA

FERENC FRICSAY
ANNIE FISCHER

June 9, 1961

● 記録 28
1961 年 6 月、ロンドン
フィルハーモニア管弦楽団に客演

ROYAL FESTIVAL HALL
General Manager: T. E. Bean, C.B.E.

PHILHARMONIA CONCERT SOCIETY LTD
Artistic Director: WALTER LEGGE

PHILHARMONIA
ORCHESTRA
LEADER: HUGH BEAN

FERENC FRICSAY
ANNIE FISCHER

KODÁLY:	Suite, Háry János
BARTÓK:	Piano Concerto No. 3
	Interval
DVOŘÁK:	Symphony No. 5 in E minor ('From the New World')

Friday, June 9, at 8 p.m.

Programme One Shilling and Sixpence

六月十六〜二十五日には、再度ベルリン放送交響楽団と演奏旅行に出かけ、ウィーン、グラーツ、パッサウを周った。ウィーンでは、現代音楽祭とウィーン芸術週間に出演した。

プーフェンドルフによれば、四〜五月、そして六月の演奏旅行は、「オーケストラ、指揮者、ソリストが一体となってかつてないハーモニーを奏で、(中略)説得力のある音楽的なメッセージで国際的に他の追随を許さない高い評価を得た[16]」のである。

一九六一年、ザルツブルク音楽祭、ルツェルン音楽祭

一九六一年七月、フリッチャイは、一九五二年にフルトヴェングラーの代役として出演して以来、九年振りにザルツブルク音楽祭に出演した。

当時の総裁、ベルンハルト・パウムガルトナーは、このときのフリッチャイについて「素晴らしく円熟[3]」したと評している。彼は「その姿は痩せて背が高く、苦悩を抱え、深い自省によって達観した修行者のようで(中略)音楽への献身には不可欠な情熱と、音楽の世界の存在と構造に対する知識による、確たる自信に満ちていました[3]」と回想している。

演目は、モーツァルトの《イドメネオ》であった。フリッチャイはこの曲に対して「他の追随

● 写真 33
1961 年 7 月、ザルツブルク
《イドメネオ》を指揮

を許さない威厳と気品、巨大な力、荒々しく熱い情熱がある(3)」としながらも「唯一の欠点は、世間がこの歌劇をあまりにも知らなさすぎる(3)」と述べている。

前年オープンした祝祭大劇場での、七月二十六日の初日の上演は大変好評であった。これにより、フリッチャイは新しいモーツァルト・チクルスの指揮者に指名された。また、フリッチャイは追加公演を要請され、八月二十七日にウィーン・フィルハーモニー管弦楽団と演奏会を行った。

曲目は、コダーイの《ガランタ舞曲》、ベートーヴェンの《三重協奏曲》、そして、ブラームスの交響曲第二番であった。ソリストは前年、ベルリン放送交響楽団とスタジオ録音した時と同じ、ゲザ・アンダ（ピアノ）、ヴォルフガング・シュナイダーハン（ヴァイオリン）、ピエール・フルニエ（チェロ）であった。

フリッチャイは、一九五二年以来となるウィーン・フィルハーモニー管弦楽団との再会を「素晴らしい贈り物(2)」と喜んだ。

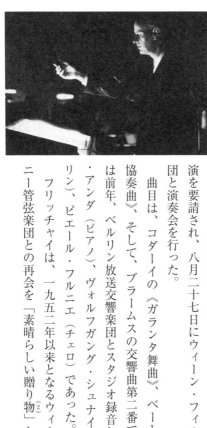

SALZBURGER
FESTSPIELE
1961

IDOMENEO

OPERA SERIA IN DREI AUFZUGEN
TEXT VON GIAMBATTISTA VARESCO

MUSIK VON
WOLFGANG AMADEUS MOZART

DIRIGENT
FERENC FRICSAY

INSZENIERUNG
PAUL HAGER

BÜHNENBILD
STEFAN HLAWA

CHOREOGRAPHIE
HEINZ ROSEN

KOSTÜME
CHARLOTTE FLEMMING

ORCHESTER
DIE WIENER PHILHARMONIKER
CHOR DER WIENER STAATSOPER

● 記録 29
1961年7月、ザルツブルク
モーツァルト《イドメネオ》

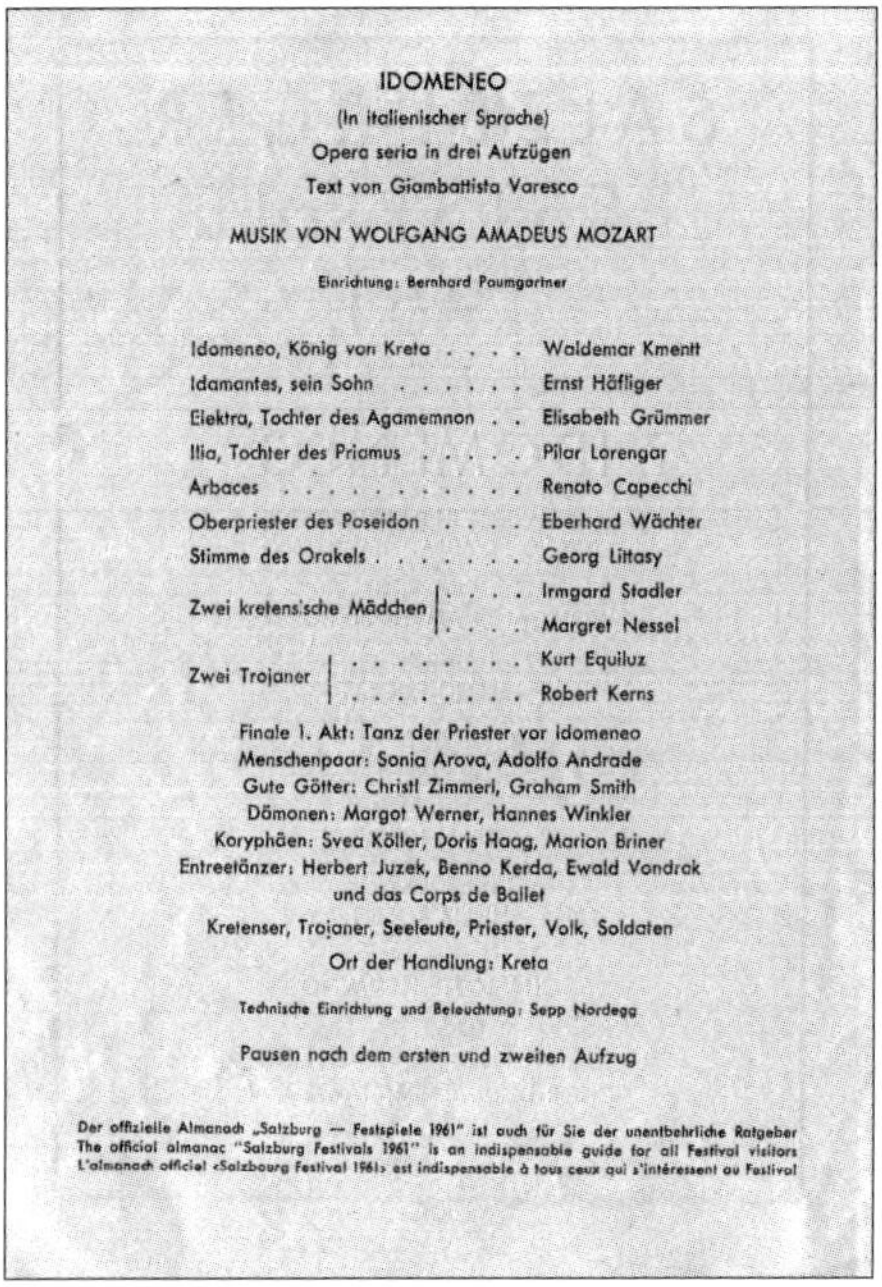

IDOMENEO

(In italienischer Sprache)

Opera seria in drei Aufzügen

Text von Giambattista Varesco

MUSIK VON WOLFGANG AMADEUS MOZART

Einrichtung: Bernhard Paumgartner

Idomeneo, König von Kreta	Waldemar Kmentt
Idamantes, sein Sohn	Ernst Häfliger
Elektra, Tochter des Agamemnon . .	Elisabeth Grümmer
Ilia, Tochter des Priamus	Pilar Lorengar
Arbaces	Renato Capecchi
Oberpriester des Poseidon	Eberhard Wächter
Stimme des Orakels	Georg Littasy
Zwei kretens'sche Mädchen	Irmgard Stadler
. . . .	Margret Nessel
Zwei Trojaner	Kurt Equiluz
. . . .	Robert Kerns

Finale 1. Akt: Tanz der Priester vor Idomeneo
Menschenpaar: Sonia Arova, Adolfo Andrade
Gute Götter: Christl Zimmerl, Graham Smith
Dämonen: Margot Werner, Hannes Winkler
Koryphäen: Svea Köller, Doris Haag, Marion Briner
Entreetänzer: Herbert Juzek, Benno Kerda, Ewald Vondrak
und das Corps de Ballet

Kretenser, Trojaner, Seeleute, Priester, Volk, Soldaten

Ort der Handlung: Kreta

Technische Einrichtung und Beleuchtung: Sepp Nordegg

Pausen nach dem ersten und zweiten Aufzug

Der offizielle Almanach „Salzburg — Festspiele 1961" ist auch für Sie der unentbehrliche Ratgeber
The official almanac "Salzburg Festivals 1961" is an indispensable guide for all Festival visitors
L'almanach officiel ‹Salzbourg Festival 1961› est indispensable à tous ceux qui s'intéressent au Festival

一方、ルツェルン音楽祭では、八月十六日の開幕演奏会で、師コダーイの交響曲の世界初演を指揮した。これは、コダーイたっての希望で、本人立会いのもと行われた。

フリッチャイは、この交響曲を「傑作である」とし、「悲劇的な基調をたたえる第二楽章は内面的に完璧な作品で、コダーイの創作においてすら二度とない頂点をなしている[52]」と絶賛している。また、「人は最初の数小節を聞いただけで、ただちに認識してこう言うのです、〝これは紛れもなくコダーイだ！[44]〟」とも語っている。

この日は、ほかにソリストにメニューーインを迎えてチャイコフスキーのヴァイオリン協奏曲、そしてベートーヴェンの交響曲第七番が演奏された。

チャイコフスキーのヴァイオリン協奏曲については、次のようなエピソードがある。

フリッチャイとメニューーインは、演奏会終了後の楽しみがあった。フリッチャイは彼の大好物であるタルタル・ステーキを食べること。そして、メニューーインは、ガーリック・スープを飲むことだった。メニューーインによれば、そのような楽しみが何晩か続くと、チャイコフスキーの協奏曲の第一楽章の終わりのところで、まるで「もうすぐタルタル・ステーキ、もうすぐガーリック・スープ[53]」とでも言うように、互いに頷き合ったというのである。

一楽章の最後？　あー、あそこのあたりか。そんなことを思って演奏しているのか……と演奏者の心の内が垣間見える楽しいエピソードである。

● 写真 34
1961 年 8 月、ルツェルン
メニューインと

フリッチャイが音楽祭に出演している間に、ベルリンでは再び危機を迎えていた。

八月十三日、東ドイツ当局は東西ベルリンの通行を遮断して、西ベルリンの周りを有刺鉄線で囲み、のちにコンクリートの壁を立てたのである。ベルリンの壁である。当時、東西ベルリンの通行は自由であったが、社会主義に不満を持つ者たちの東ベルリンから西ベルリンへの逃亡が後を絶たず、それを阻止するためにとられた処置である。再び戦争になるのではないかという危機であったが、互いに均衡を保った状態で推移し、それは一九八九年の東欧革命まで続いた。この壁建設により、フリッチャイがよく共演した聖ヘドヴィッヒ大聖堂聖歌隊は、大聖堂は東ベルリン、合唱団の本拠地は西ベルリンに分断されてしまった。

ベートーヴェン、交響曲第五番

ベルリンの壁が作られた翌月の一九六一年九月九〜十一日、フリッチャイは自由ベルリン放送会館大ホールで、ベルリン放送交響楽団の定期演奏会を指揮した。曲目は、前月、ルツェルン音楽祭で初演したばかりのコダーイの交響曲、オーケストラの首席奏者ハイリッヒ・ゴイザーをソリストにしたモーツァルトのクラリネット協奏曲、そしてベートーヴェンの交響曲第五番であった。ベルリンの壁という危機にあって、ベートーヴェンの交響曲第五番を演奏したのは、まさに運命的であったといえよう。

ドイツ・グラモフォンは、一九七七年から一九七八年にかけて、フリッチャイ協会の後押しで、没後十五年を記念した四十四枚からなるＬＰレコード「フリッチャイ・エディション」を発売した。そこでは音楽評論家のエールマンが、フリッチャイの紹介文を書いているが、その中でベートーヴェンの交響曲第三番、そして第五番の演奏について「経験や知覚を越えた驚くべき啓示とでもいうべきもの[54]」と評している。

二月の定期演奏会での交響曲第三番、そして九月の交響曲第五番がまさにそれである。

定期演奏会は、これまで二日間であったが、このときは三日間にわたって行われた。フリッチャイ自身も「各プログラムは三回繰り返される[1]」と述べていることから、この頃から三回になったのであろう。

● 記録30
1961年9月、ベルリン
ベートーヴェン 交響曲第5番ほか

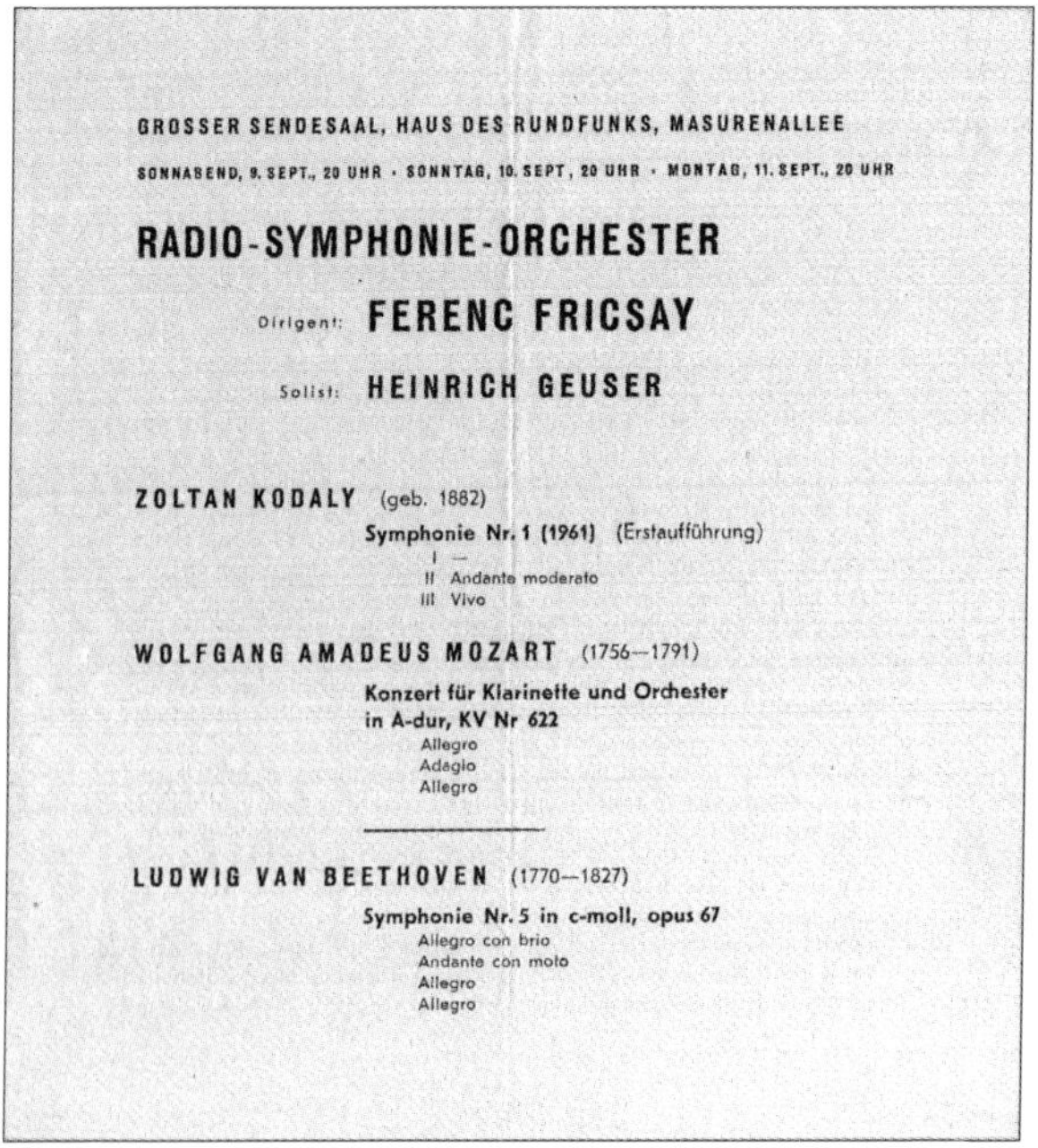

GROSSER SENDESAAL, HAUS DES RUNDFUNKS, MASURENALLEE

SONNABEND, 9. SEPT., 20 UHR · SONNTAG, 10. SEPT, 20 UHR · MONTAG, 11. SEPT., 20 UHR

RADIO-SYMPHONIE-ORCHESTER

Dirigent: **FERENC FRICSAY**

Solist: **HEINRICH GEUSER**

ZOLTAN KODALY (geb. 1882)

Symphonie Nr. 1 (1961) (Erstaufführung)
I —
II Andante moderato
III Vivo

WOLFGANG AMADEUS MOZART (1756—1791)

Konzert für Klarinette und Orchester in A-dur, KV Nr 622
Allegro
Adagio
Allegro

LUDWIG VAN BEETHOVEN (1770—1827)

Symphonie Nr. 5 in c-moll, opus 67
Allegro con brio
Andante con moto
Allegro
Allegro

フリッチャイはこの後、二十五、二十六日にベルリン・フィルハーモニー管弦楽団とベートーヴェンの交響曲第五番をドイツ・グラモフォンへ録音した。この演奏については、プーフェンドルフが「比較的遅いテンポをとることで、ふだんは聴き取れないような細部まで容易に把握できるようになり、密度の高い表現を実現している。それにより、このおなじみの曲があたかも初めて演奏されたかのようであった[16]」と評している。これで、三、五、七、九番がステレオで録音されたが、フリッチャイの死によりこれが最後となってしまった。

ベルリン・ドイツ・オペラこけら落とし

一九六一年九月二十四日、フリッチャイは、シャルロッテンブルクに再建されたベルリン・ドイツ・オペラのこけら落とし公演をモーツァルトの《ドン・ジョバンニ》で飾った。フィッシャー＝ディースカウは、このときのフリッチャイを次のように回想している。

彼が蒼ざめひどく痩せた姿で最初の練習に現れたとき、（中略）彼の昔ながらの情熱、ならびに彼が描き出そうとする対象への燃えるような愛が、いつにもまして烈しいものとなるだろうということだった。[(3)―2]

フリッチャイはその目的を達成するため、自己の「楽器となる演奏者すべてを、自分の感情表現の中に取り込んで(3)」いったのである。

しかし、これを実現するには多くの困難が伴った。演出は、前任の総支配人、カール・エーベルトであったが、ドン・ジョバンニという役柄の解釈について、フリッチャイと意見が合わず、相当混乱したようだ。このときフリッチャイは、エーベルトとは全く異なった演劇論を、フィッシャー＝ディースカウに一時間半も押しつけるように説き続けたのである。フィッシャー＝ディースカウは、フリッチャイのことを病気の進行が影響しているのか「いくらか独断的傾向が見え始めていた(19)」と回想している。

指揮者と演出家の間に立たされたフィッシャー＝ディースカウは、「フリッチャイの音楽上の解釈に全幅の信頼を置きつつも、私自身の主張を通す(3)」という困難な道を選んだのである。彼は、ドン・ジョバンニという人間を次のようにとらえていた。

抑えた情火、逃走途上で我と我が身に対する絶望にまでエスカレートしてゆく姿、地獄の使者が彼を奈落に引きさらう前に、己の自我に踏み留まることによって見せる究極の偉大さ(3)—2

ただそれは、結果としてフリッチャイが目指すところでもあったのである。

● 写真 35
1961 年 9 月、ベルリン
エーベルトと打ち合わせ

● 写真 36
1961 年 9 月、ベルリン
《ドン・ジョバンニ》を指揮

また、前日のドレス・リハーサルにテレビ撮影が入ることになり、エーベルトはテレビ写りがよくなるようにと、演奏日の直前になってフェンシングの師範を呼び寄せて稽古をつけることにしたのである。しかし、フィッシャー＝ディースカウが「今まではリハーサルの間に達成されていたものまでが、軍曹が訓練でだすような大声の罵り声のもと弾け散った(19)」と述べているように、効果を期待できるものではなかった。フリッチャイも、「改善の希望をもはやほとんど諦めていた(19)」ようだ。

このような困難もあったが、初日の上演は大好評であった。この日は、ドイツ連邦共和国大統領をはじめ、政治家、外交官、西ドイツや他の西ヨーロッパ諸国の演劇監督、作曲家、指揮者、俳優、作家、画家、彫刻家、ベルリンの大学の学長や講師、そして世界をリードする音楽評論家などが列席した。

フリッチャイ自身も、「私の芸術家としての人生のクライマックスとなりました(1)」と回想しているように、この《ドン・ジョバンニ》は彼にとって集大成ともいえるものであった。

この公演は、十一月十四日まで初日も含め七回行われた。

●記録 31
1961年9月、ベルリン
モーツァルト《ドン・ジョバンニ》

DEUTSCHE OPER BERLIN

MITTWOCH, DEN 27. SEPTEMBER 1961

Beginn 19.30 Uhr　　Ende: 23.00 Uhr

Im Rahmen der 11. Berliner Festwochen

In der Neuinszenierung

1. Aufführung

DON GIOVANNI

Dramma giocoso in 2 Akten von

WOLFGANG AMADEUS MOZART

Text von Lorenzo da Ponte

Deutsche Bearbeitung nach der Überlieferung und dem Urtext von
Georg Schünemann

Musikalische Leitung: Ferenc Fricsay · Inszenierung: Carl Ebert
Bühnenbild und Kostüme: Georges Wakhevitch · Chöre: Walter Hagen-Groll

Don Giovanni	Dietrich Fischer-Dieskau
Donna Anna	Elisabeth Grümmer
Don Octavio	Donald Grobe
Komtur	Josef Greindl
Donna Elvira	Pilar Lorengar
Leporello	Walter Berry
Masetto	Ivan Sardi
Zerline	Erika Köth

Bauern und Bäuerinnen, Musikanten, Diener

Ort der Handlung ist eine Stadt in Spanien

Große Pause nach dem 1. Akt

Einlaß für Zuspätkommende nach dem 1. Akt

◆ロッシーニの《スターバト・マーテル》再び

九月三十日、十月一日には、自由ベルリン放送会館大ホールでベルリン放送交響楽団を指揮して、ハイドンの《テ・デウム》、アイネムの《管弦楽のためのバラード》、そしてフリッチャイお気に入りのロッシーニの《スターバト・マーテル》を演奏した。この演奏会には、音楽評論家で日本ロッシーニ協会の初代会長であった高崎保男（一九三〇〜二〇一七）が聴きに来ており、『ディスク』一九六三年四月号に寄せたフリッチャイの追悼文の中で次のように述べている。

（筆者注：高崎は、この前にザルツブルク音楽祭で《イドメネオ》を、ベルリン芸術週間で《ドン・ジョバンニ》を聴いており、この二曲と比較している）それ以上に感銘深かったのは、ロッシーニの晩年のあの美しい「スターバト・マーテル」だった。この音楽の中にしみわたっている「カンタービレの魂」が、ほのかな悲しみのヴェールに包まれて現われるのを、フリッチャイはまことにみごとに表現してみせた。(51)

高崎は、プーフェンドルフが、「イタリア人の敬虔な心を表している」(16)と評したのと同じような印象を感じ取っている。

日本人でフリッチャイの演奏に直に接して、文章に残しているのは、（筆者が確認した限りにおいて）第五章で紹介した吉田秀和、この章の始めに紹介した佐藤菊夫、そして高崎保男の三人である。

◆ドイツ連邦共和国功労勲章を授与される

十月七〜九日には、シルヴィア・キント（一九〇七〜二〇〇二）ほかをソリストにマルタンの小協奏交響曲、アンダをソリストにチャイコフスキーのピアノ協奏曲第一番ほかを演奏した。十月九日の演奏会の際には、ベルリン上院議員のヨハヒム・ティブルテウス教授（一八八九〜一九六七）からドイツ連邦共和国功労勲章の大功労十字章を授与された[49]。

ウィーン・フィル定期

その後、フリッチャイはウィーンへ赴き、一九六一年十月十四、十五日、ムジークフェラインザールでウィーン・フィルハーモニー管弦楽団の定期演奏会に初めて出演した。このときは、ハイドンの交響曲第九十八番、アンダをソリストにバルトークのピアノ協奏曲第二番（これはウィーン・フィルにとって「初めて演奏[14]」する曲であった）、そしてブラームスの交響曲第二番を演奏した。フリッチャイは、ブラームスの交響曲の中では第二番を好んで演奏しており、若い頃、ＲＩＡＳ交響楽団と演奏したほか、各都市のオーケストラとも演奏している。一九六〇年には、ベルリン・フィルハーモニー管弦楽団の定期演奏会、一九六一年には、ベルリン放送交響楽団の定期演奏会と演奏旅行、そしてザルツブルク音楽祭でウィーン・フィルと演奏したばかりであった。

音楽評論家のカール・レーブル（一九三〇〜二〇一四）は、ウィーンの『エクスプレス』紙に次のような批評を載せている。

最初の予約演奏会は、さまざまな意味で並外れていた。フェレンツ・フリッチャイはフィルハーモニー・コンサートを初めて指揮し、聴衆にもオーケストラ自身にも納得のいく大きな成功を導いた。（中略）フリッチャイは、作品を細かすぎるほど入念に表現し多彩なニュアンスに緻密な注意を払うことが、決して〝客観性〟という決まり文句で説明される冷徹な音楽を生み出すわけではないことを証明した。音楽的に細部を厳密に作り上げるという意味では彼は客観的な指揮者であるが、そうした細部を緊張感のある交響形式へとまとめあげるという点ではロマン主義者である。さまざまなフレージングの解釈と強弱のニュアンスに関する限りフリッチャイは主観的であるが、同時に彼は、今日少なくなりつつある作品に対する真の謙虚さというものをも持ち合わせている。情熱と説得力、そして鋭敏な知性と自己規律を備えたフリッチャイは、加えて趣のある偉大な音楽家である。(55)

ウィーン・フィルハーモニー管弦楽団の楽団長、オットー・シュトラッサーは、著書『栄光のウィーン・フィル』で「私たちは、いかなる点からみてもふさわしいミトロプーロス（筆者注：ディミトリー・ミトロプーロス［一八九六〜一九六〇］）、一九五〇年代、ミトロプーロスは、ウィーン・フィルハーモニー管弦楽団と良い関係にあった）の後継者の一人を当時見出したと信じたのであった[14]」と記しているが、これは、フリッチャイをウィーン・フィルの首席指揮者に迎えようとしていた、ということである。一九三三年以降、首席指揮者を置かないと決めていたウィーン・フィルが首席指揮者を置こうとしていたのは驚きである。さらに、そのシュトラッサーが後年、プーフェンドルフに「オーケストラは将来のニューイヤー・コンサートの指揮者にフリッチャイを招待することを計画していた[16]」と語っていたという。しかし、いずれもフリッチャイの病気のため実現にはいたらなかった。

《魔法使いの弟子》、《ハーリ・ヤーノシュ》テレビ収録

ベルリンに戻ったフリッチャイは、自由ベルリン放送でリハーサルと本番のテレビ収録を行った。十月三十日から十一月一日にかけて、デュカスの《魔法使いの弟子》を、続いて十一月十三日から十五日まで、コダーイの《ハーリ・ヤーノシュ》組曲をベルリン放送交響楽団と収録した。また、この間の十一月二、三日にはテレビ収録と同じ《ハーリ・ヤーノシュ》組曲を、そして三日はさらにベルリオーズの《ラコッツィ行進曲》をドイツ・グラモフォンへ録音している。

プーフェンドルフによれば、フリッチャイはテレビ収録について、シルヴィア夫人に、「何とも妙なことだが……私がちょっとしかめっ面をするだけで楽員たちはちゃんと演奏を直してくれるのに、視聴者には音楽解釈が一つの演奏として出来上がっていくプロセスを見せろと言うんだよ！(56)」と語ったとか。

その映像を見ると、《魔法使いの弟子》の本番では、少し疲れを感じさせるところがあるが、二週間後の《ハーリ・ヤーノシュ》では、実に活力に満ちた演奏をしている。フリッチャイの録音が最初にCD化（一九八五年、ドヴォルジャークの《新世界より》ほか）された際、解説を書いたノルベルト・エリーは「非常に集中して練習に打ち込んだフリッチャイが、本番の演奏では、かなり瞬間の閃きに身を任せた演奏を行ったのである(57)」と述べているが、《ハーリ・ヤーノシュ》の映像でもそれを見ることができる。第五曲〈間奏曲〉での最後の三つの和音を、リハーサルでは「ただちに大きな音で、弓を長く、しかし短い音で(56)」と指示しているが、本番ではリタルダンドをかけている。

ベルリン最後の演奏会、ハイドン《四季》

一九六一年十一月十〜十二日、フリッチャイは、自由ベルリン放送会館大ホールで、ベルリン放送交響楽団ほかと、ハイドンの《四季》を演奏した。これは、結果としてベルリンでの最後の演奏会となった。そして、フリッチャイにとって、まさに最後を飾る記念碑的な演奏となった。マリア・シュターダーは、そのときのリハーサルが今でも語り草になっていて、これが録音されなかったのはとても残念としつつ、次のように回想している。

フリッチャイはハイドンのリハーサルでは、イメージを喚起しようと絵本まで持ってきて楽員に開いて見せていました。私たちはみな作曲者の思想世界とその時代にいるように感じたものです。自然な響きを持ち、芸術的に作られているこのオラトリオは、演奏の際には細部にいたるまでそれにふさわしい意義を与えられ、居合わせた人はハイドンの天才性に対して賛嘆の念を抱きました。この上演は私の長い演奏のキャリアの中で経験したもののうち、最高の思い出となりました。[3]

エールマンは、「ハイドンのオラトリオ《四季》はフリッチャイにとって、生きていることへの喜ばしい回顧となり、同時にそれは、彼岸の高き世界を敬虔な心で仰ぎ見る結果となった[54]」と評している。

一九六一年、最後となった旅

ベルリンでの演奏会のあと、フリッチャイとベルリン放送交響楽団は、西ドイツの首都、ボンに行き、十一月十六日に《エグモント》序曲、ハンス＝エーリヒ・リーベンザーム（一九〇六〜一九八八）をソリストにピアノ協奏曲第一番、そして交響曲第七番というオール・ベートーヴェン・プログラムの演奏会を開いた。これは、八月に建設されたベルリンの壁により中止になった外交官と報道関係者のための恒例のパーティの代わりに、ボンのベートーヴェン・ハーレで行われたものである。

フリッチャイはこの後ジュネーヴに行き、十一月二十二日にスイス・ロマンド管弦楽団へ、またロンドンで、十二月五、七日にロンドン・フィルハーモニー管弦楽団へ客演した。

ジュネーヴでは、ヴィクトリア・ホールで、バルトークの《管弦楽のための協奏曲》とブラームスの交響曲第四番を指揮した。ロンドンでは、フェスティヴァル・ホールで、五日は《二つの肖像》、アンダをソリストにピアノ協奏曲第二番、《管弦楽のための協奏曲》というオール・バルトーク・プログラム、七日は、コダーイの交響曲、シュナイダーハンをソリストにメンデルスゾーンのヴァイオリン協奏曲、そしてベートーヴェンの交響曲第七番を指揮した。これがフリッ

● 記録 32
1961 年 12 月、ロンドン
ベートーヴェン交響曲第 7 番ほか

チャイ最後の演奏会となった。

ロンドン・フィルハーモニー管弦楽団のヴァイオリン奏者であったピーター・プールは、これまでピエール・モントゥー（一八七五～一九六四）、シャルル・ミュンシュ（一八九一～一九六八）、パウル・クレッキ（一九〇〇～一九七三）といった名匠の指揮の下で演奏をして大きな感銘を受けていたが、フリッチャイは別格であったとして、次のように回想している。

彼の指揮の下で演奏したリハーサルや演奏会は、魅惑的でした。あのように強烈で、色彩感にあふれ、そして完璧にバランスの取れた精密な演奏を聴いたことは、今でもありません。

彼はささやくようにしか話せませんでしたが、楽員全員を虜にしました。彼らはフリッチャイの一言一句に耳を傾けていました。

バルトークのピアノ協奏曲第二番の緩徐楽章で、

彼がオーケストラから引き出した静粛な響きが忘れられません。それは背筋が寒くなるほどでした。オーケストラからこのように張り詰めたピアニッシモを引き出した指揮者は、あとにも先にもいません。(58)

フリッチャイは、このピアノ協奏曲第二番などのバルトークの曲の緩徐楽章について、執筆中であった彼の唯一の著作『モーツァルトとバルトーク』の中で、「不気味で実体のない幽霊のような影が、片時だが浮かび上がり、孤独のうちにある人を幻覚が苦しめる(3)」と評しているが、まさにそれが奏者に伝わった例と言えよう。

十一月にテレビ収録をした際のリハーサルの映像では、めりはりのある声で、てきぱきと指示をしながら指揮をする元気な姿が見られたが、このロンドンの時は、プールが言及しているように「ささやくようにしか話せない(58)」ほど体調が悪くなってしまったようだ。

再び病に倒れる

一九五八年の十一月と一九五九年一月に胃と腸の手術を受け、一時は生死をさまようような状況であったが、それ克服したフリッチャイは積極的に演奏活動を続け、健康を回復したかに見えた。しかし、一九六〇年六月には客演先のシュトゥットガルトで体調を崩すなど、全快したわけではなかった。シルヴィア夫人が、「演奏会では、私はしばしば三番目か四番目の列に医師と一緒に座りました」[22]と回想しているように常に健康に不安を抱えていた。

そして、一九六一年十二月、ロンドンで客演した後、再び重い病気に罹り、以降のスケジュールは全てキャンセルになった。

フリッチャイは一九六一年の暮れ、アローザの別荘に三日間滞在した。彼は、エルマティンゲンの邸宅が湖のほとりにあったことから、今度は山の中の家を持ちたいと考えていたが、それを実現させたのがこの別荘である。この家は、一七六四年に建築された南向きの農家で、息を呑むような景色が臨める標高二千メートルの場所にあった。フリッチャイはこのアローザの別荘に滞在中の十二月三十日、ベルリン・ドイツ・オペラの総支配人、ゼルナーに手紙を送った。内容は次のプロジェクト、ビゼーの《カルメン》のコンセプトや原案についてゼルナーと打ち合わせができていないことを心配するものであった[16]。

フリッチャイは、一九六一年のザルツブルク音楽祭で《イドメネオ》を演奏した後、最も愛する作曲家、モーツァルトと自国の作曲家、バルトークに関する本を書くことを決意して原稿を執筆していた。そして一九六二年一月、遂にそれが完成し、『モーツァルトとバルトーク』としてコペンハーゲンのW・ハンゼン社から出版された。また、この年は自伝の草稿を執筆し、一部はドイツ・グラモフォンの『わが生涯』の録音に使われたほか、一九六三年にナンネン社から出版された『音楽家の自画像』に改訂の上、収録された。

一九六二年一月、フリッチャイは手術を受け、一月二十五日の新聞で経過良好と伝えられた。彼は、一九六一年からラトヴィアの作家、エッセイストのゼンタ・マウリナ（一八九七～一九七八）と文通をしており、病床にあったフリッチャイがその時々の状況を便箋にしたためている。

一月にマウリナ宛てに送った手紙には、「神は私を再び厳しく試されました。ある時私は確信したのです。この先には安息が待っており、そこには心配も苦痛も恐れもないと。私はほとんど死んだようなものですが、まだ彼岸にいるのでもありません。なぜならば、魂は浮遊を始めているのに、体には苦痛を感じるからです(3)」とその苦しみを書いている。二月になって少し回復したのか、そのときの手紙では、キャンセルした演奏会を気にしていることが書かれている。

フリッチャイは、イムレ・パロとの面会を希望、四月四日、パロがバーゼルで「重病の床(3)」にあったフリッチャイを見舞った。そのときフリッチャイは、「あなたは父の生前から『若い父』のような存在でした。そして父の死後は私の理想の父親像でした(3)」と彼に対する思いを吐露した。パロは、涙があふれそうになるのを必死にこらえたと回想している。

五月、ベルリン放送交響楽団の現状を報告するヘーフスからの手紙を受け取り、フリッチャイはその返信として、二十五日に電報を打っている。そのなかに、自分の病気の間にオーケストラが示した、温かな思いやりと処遇に感謝し、「まだ時間がかかるとは思いますが、私が再びオーケストラの前に立って、一緒に音楽を奏でることができるその瞬間を楽しみにしています(13)」と記した。

一九六二年六月十九日にマウリナに宛てた手紙には、「音楽を聴くこともすることも、また読むこともできなくなった(3)」と書かれており、「この世は私にはとても新鮮で、とても美しい。私はあなた方の心の中に生き、もうどこへも行きません(3)」と死後を思わせるような内容が書かれていた。

この月には、ベルリン放送交響楽団の代表、ヘーフスが見舞い、次のシーズンについて打ち合わせを行った(13)。このときの様子についてヘーフスは、「とても重病の様子で、杖を持って歩いて(3)」いたと報告している。

八月には、マウリナがエルマティンゲンにフリッチャイを見舞っている。そのときも「かなり具合が悪そう」だったが、「周知の軽妙な優雅さを備えた紳士振りで、顔や腕は日焼けしたように血色がよく、目は天才ならではの、炎の中に燃える石炭のように輝いて(3)」いたという。このときフリッチャイは、「私の痛みが、時にいかに狂暴であるか、あなたは想像できないでしょう(3)」

と嘆いている。

この夏、シュトレーゼマンもエルマティンゲンにフリッチャイを見舞っている。そのときフリッチャイは家の向かいに見える山壁を指さしながら、「私はあそこの上に建てさせたいと思っている家に移るか、または、その近くの墓地に移るだろう[14]」と話していたと回想している。

また、メニューイン、コダーイもエルマティンゲンに見舞いに来ており、そのときの様子が映像に残されている。

八月十三日にはパウムガルトナー、八月二十日にはシュトレーゼマン、八月二十二日にはベルリン市立劇場総支配人のボレスラフ・バルロク（一九〇六～一九九九）、九月二十九日にはゼルナーにそれぞれ手紙を書いている。

パウムガルトナーには、ザルツブルク音楽祭で上演する予定の《青ひげ公の城》と《オイディプス王》について、フリッチャイが推薦する演出家、舞台監督を挙げている。シュトレーゼマンには、自分は芸術に関して本質しか興味がなく、回復した後は新たな活動を見せますと自己ＰＲをしている。バルロクには、フリッチャイが作曲の題材にしたマダッハの『人間の悲劇』を紹介している。そして、ゼルナーには、これからの仕事についての心配と、エルマティンゲンへの来訪を望んでいる、と記している。

一九六二年十月、ヘーフスとシュラーダーが再度エルマティンゲンにフリッチャイを見舞った。このときの様子についてヘーフスは、「とても具合が良いように見えました。十分快復し、力がみなぎり、精力的ですらありました[3]」と報告しており、この日は十一時から十八時まで昼食をはさみながら、将来のことについて打ち合わせを行った。フリッチャイは、ベルリン放送交響楽団と共演する指揮者やソリストの計画を立て、その中にはラファエル・クーベリック（一九一四〜一九九六）の名前が何度も挙がっていた。

一月の手術以降、「重病」の状態だったフリッチャイであったが、八月頃には各所に手紙を書いたり、見舞いに来た人たちと外に出て散策するなど、だいぶ回復してきたようである。しかし、十二月のクリスマスの頃には次のマルグリット・ウェーバーに宛てた手紙のように、かなり絶望的な状況になってしまった。

今年もまた、多くの人の心を喜びと愛で満たす聖なる夜がやってきました。（中略）私の精神は深く痛めつけられ、体力も著しく落ちてしまいました。このような容態でまた手術が必要ということになれば、その後どうなるか、わかりません……（中略）来る年には、私がまた健康体に戻れるか、それとも今年のうちにクリスマスのロウソクが燃え尽きてしまうのか、はっきりしていることでしょう[3]。

なんとも、痛々しい内容であることか。フリッチャイは、二か月後の一九六三年二月二十日の朝、スイスのバーゼルで「胆のうに開いた穴の発見が遅れたため激痛に悩んだ末亡くなった[15]」のである。九回とも十回とも伝えられる手術をもってしても、フリッチャイの命を救うことはできなかった。

五日後、エルマティンゲンの丘にある墓地で葬儀が行われた。教会では、ベルリン放送交響楽団の楽員がヤーノシュ・クルカ（ハンガリーの指揮者、フリッチャイの紹介でバイエルン州立歌劇場の指揮者になっている。一九二九～二〇〇一）の指揮で《レクイエム》（誰が作曲した曲かは不明）を演奏した。シルヴィア夫人はのちにヘーフスに「夫は、息を引き取るまで、ブルックナーの交響曲第八番の総譜を研究していました[13]」と語った。

「モーツァルトを通して、人はより善き人となれるのである[3]」

(Druch Mozart wird man ein besserer Mensch)

フリッチャイが自伝に残したモーツァルトに対する思いである。

四十八歳と六か月の生涯であった。

三月二十四日には、ベルリンで追悼演奏会が開催された。ベルリン放送交響楽団をクーベリックが指揮し、ベートーヴェンの交響曲第三番から〈葬送行進曲〉、メニューインをソリストにバッハのヴァイオリン協奏曲第二番、フィッシャー＝ディースカウをソリストにマーラーの《大地の歌》から〈告別〉が演奏された。

一九六三年十月二十日、東京の日比谷に落成した日生劇場では、カール・ベーム指揮、ベルリン・ドイツ・オペラによるベートーヴェン《フィデリオ》でこけら落とし公演が行われた。フリッチャイが元気であれば、来日して指揮したであろう公演である。

● 写真 37
1963 年 2 月、エルマティンゲン 葬式

● 写真 38
エルマティンゲン フリッチャイの墓

コラム7　フリッチャイを蝕んだ病気について

フリッチャイは、病気により四十八歳の若さで亡くなるが、その病気とは何であったのだろうか。

一九五八年十一月と一九五九年一月に受けた手術は胃と腸の癌であった。ゼンタ・マウリナによれば、彼は十七歳の時にも胃の手術を受けていたという。

一九五八年の手術より前、一九五七年の末、《仮面舞踏会》を指揮した頃にはすでに体調が悪かったようだ（ハルトマン談）。そして、一九五八年六月《フィガロの結婚》を指揮した時は、すでに医師から所見を聞いていた（ケストナー談）。

一九五九年一月の手術は生死を分けるものであったようだが、奇跡的に回復し、九月から活動を再開している。しかし、一九六〇年六月にシュトゥットガルトで、《モルダウ》のテレビ収録を行う前日は、具合が悪くて一睡もできなかった。一九六一年十二月、ロンドンに客演した際、リハーサル時のフリッチャイは「ささやき声でしか話せない」状態であった（プール談）。

一九六二年の一月を皮切りに、九回とも十回とも伝えられる手術を受けたが、それでもフリッチャイの命は助からなかった。最後は、胆のうに開いた穴の発見が遅れたという。

日本では、『音楽芸術』一九六三年四月号で「肝臓癌」で亡くなったと報告されている。また、現在、日本国内の資料では「白血病」とするものがほとんどである。

「胃と腸の癌」、「肝臓癌」、「胆のうの穴」、「白血病」といくつもの病名があるが、一体どれが正しいのであろうか。

直接の死因は、「胆のうの穴」であることは間違いないだろう。そして、それを「肝臓癌」としたのは、胆のう自体は肝臓に関係が深いからかもしれない。

胃、腸、胆のう、そして十回も手術を必要とするような病気、それが「白血病」なのか。このことについて、近年、日本の医学関係の機関誌で新たな見解が示されている。

その機関誌とは、『医家芸術』二〇一五年度夏季号である。

この雑誌では、海山道人が、フリッチャイが指揮するブラームスの交響曲第一番のその苦悩に満ちた演奏について紹介しているが、その最後で、フリッチャイの病気についてやはり疑問を抱いている。そこで彼は知り合いの二人の医師にそのことを話したところ、「悪性リンパ腫では」という答えが返ってきたのである。「一般的に、白血病と悪性リンパ腫は間違われやすい。胃原発の悪性リンパ腫の場合、胃癌と混同されやすい。いろいろな話を総合すると、フリッチャイは悪性リンパ腫に罹患し、この病気と格闘しながら、人類の宝とも言える一群の録音を残したのではないか[59]」とまとめている。

補完

◆フリッチャイの病気及び死によって水泡に帰した計画

●演奏会

一九六一年暮れ　フランス国立放送管弦楽団　ロッシーニ《スターバト・マーテル》

一九六二年　ベルリン・ドイツ・オペラ　ビゼー《カルメン》

一九六二年五月　ウィーン芸術週間

ウィーン交響楽団　マルグリット・ウェーバー（Pf）、モーツァルト、ベートーヴェン

一九六二年　ザルツブルク音楽祭　モーツァルト《イドメネオ》再演　ペーター・マーク（一九一九～二〇〇一）が指揮

一九六二年　ルツェルン音楽祭　バルトーク《青ひげ公の城》（イルムガルト・ゼーフリート、ディートリヒ・フィッシャー＝ディースカウ）（日本では『レコード芸術』一九六二年八月号「海外楽信」に予定が掲載されている）　ラファエル・クーベリックが指揮

一九六三年　ザルツブルク音楽祭　モーツァルト《魔笛》新演出　イシュトヴァン・ケルテス（一九二九～一九七三）が指揮

一九六三年　ウィーン芸術週間開幕演奏会　ベートーヴェン　合唱幻想曲、交響曲第九番

一九六三年　ベルリン・ドイツ・オペラ　ベートーヴェン《フィデリオ》アルトゥール・ローターが指揮

ザルツブルク音楽祭　ストラヴィンスキー《オイディプス王》

ウィーン・フィル　ニューイヤー・コンサート

●録音

一九六二年　マーラー《亡き子をしのぶ歌》リハーサルと本番テレビ収録（SFB）

一九六三年　ブラームス　交響曲全曲録音（ベルリン放送交響楽団）録音の日程まで組まれていた。

一九六三年　ヴェルディ《リゴレット》録音（ミラノ・スカラ座、ディートリヒ・フィッシャー＝ディースカウほか）

以降時期未詳　ベートーヴェン　交響曲第一、二、四、六、八番（ベルリン・フィルハーモニー管弦楽団）、《エグモント》全曲録音

ベルク《ヴォツェック》録音（イルムガルト・ゼーフリート、ディートリヒ・フィッシャー＝ディースカウほか）

アイネム《時禱歌》録音
バッハの《マタイ受難曲》又は《ヨハネ受難曲》又はロ短調ミサの録音
R・シュトラウス《ティル・オイレンシュピーゲルの愉快な悪戯》リハーサルと本番テレビ収録（SFB）

●役職

時期未詳　ウィーン・フィルハーモニー管弦楽団首席指揮者

・このほか、具体的な計画があったのかはわかっていないが、フリッチャイは、ヴェルディの歌劇《アイーダ》、《オテロ》（ミュンヘンでは度々指揮しているので、ベルリンでの上演か?）、《ファルスタッフ》を指揮することを望んでいた。

◆生前に受賞したフランス・ディスク大賞（Grand Prix du Disque）

・モーツァルト《ドン・ジョバンニ》一九五九年
・バルトーク《管弦楽のための協奏曲》一九五九年
・バルトーク　ピアノ協奏曲第二番、第三番　一九六一年
・バルトーク《青ひげ公の城》一九六一年

◆フリッチャイ死後の出版、録音（シリーズ、全集もの）の発売等

一九六四年　『フェレンツ・フリッチャイを偲んで』（*Ein Gedenkbuch*）Rembrandt から発刊

一九七四年　フリッチャイ協会発足（常務：ルッツ・フォン・プーフェンドルフ、幹部：ゲザ・アンダ、ディートリヒ・フィッシャー＝ディースカウ、ユーディ・メニューイン、エゴン・ゼーフェルナー、名誉会員：カール・ベーム、ヴォルフガング・ガイスラー）

一九七五年　ベルリン大学でフリッチャイ回顧イベント

一九七七〜七八年　ＤＧが『フリッチャイ・エディション』発売（ＬＰ四十四枚）ウィーンの笛時計賞、ドイツ・レコード大賞受賞（没後十五年）

一九八八年　『フェレンツ・フリッチャイ　回顧と展望』（*Retrospektive-Perspektive*）BOTE&BOCK から発刊

一九九四年　ＤＧが『フリッチャイ・ポートレート』発売（ＣＤ十枚、ボーナスＣＤ一枚）ドイツ・レコード批評家賞受賞（生誕八十年）

一九九三〜九四年　日本で『フリッチャイ・エディション』発売（全三十六点・ＣＤ四十四枚、プレゼントＣＤ二枚）（没後三十年）

一九九四年　日本で『フリッチャイ・エディションⅡ』発売（全二十五点・ＣＤ三十枚、

二〇〇〇年　プレゼントCD二枚）（生誕八十年）
二〇〇三年　日本でフリッチャイのウェブサイト「My Favorite Fricsay」開設
二〇〇七年〜　DGが『ア・ライフ・イン・ミュージック』発売（CD九枚）（生誕九十年）
アウディーテ（audite）が放送録音、ライヴ録音を『エディション・フェレンツ・フリッチャイ』ほかで次々発売
二〇一四年　ハンガリー（セゲド、ブダペスト）、ドイツ（ベルリン）で生誕百年記念イベント（講演会、演奏会、展示会等）
二〇一四、一五年　DGが『コンプリート・エディション』発売（CD八十二枚、DVD一枚）（生誕百年）
二〇一五年　日本で、『伝説の指揮者　フェレンツ・フリッチャイ　自伝・音楽論・讃辞・記録・写真』をアルファベータブックスから発刊

・近年の話題として、女優の中谷美紀がティロ・フェヒナーと結婚したというニュースがあった。ティロ・フェヒナーは、一九六八年、ベルリン生まれ。ウィーン・フィルハーモニー管弦楽団のヴィオラ奏者を務めているが、彼は一九九二年に「フェレンツ・フリッチャイ奨学金」を得ていたことが紹介された。

◆夫人、子供たちの消息

★シルヴィア・ゲーナー（一九一三〜二〇〇三）

一九六八年、スイスの実業家エルンスト・ゲーナーと再婚、一九七一年死別、スイス対麻痺障害者支援財団の支援を行う。

スイス対麻痺障害者支援財団が発行した訃報

訃報：

辛いお知らせをしなければなりません

シルヴィア・ゲーナー・フリッチャイが

二〇〇三年一月二十一日に九十一歳で亡くなりました。

シルヴィア・ゲーナー女史は、設立以来スイス対麻痺障害者支援財団の運営に携わってきました。一九七五年から一九八六年まで、彼女は理事会のメンバーでした。志の高い、人を惹きつけてやまない人物であった女史は、財団とノットヴィルの対麻痺障害者センターの目的の実現を生涯、自らの責務とみなしていました。

財団理事会は、対麻痺障害に苦しむ人々の総体的なリハビリテーションを目指しつつ、共に歩んだ献身的な仲間の死を悼みます。スイス対麻痺障害者支援財団と関係者全員が、故人の記憶を感謝とともに留めるでしょう。

財団理事会を代表して
医学名誉博士　グイド・A・ツェッヒ会長

葬儀
二〇〇三年一月三十日（木）十一時
ツークの聖ミカエル教会
（筆者注：「九十一歳で亡くなりました」とあるが、満年齢では九十歳である）

★フェレンツ・フリッチャイ（一九四一～）
ホテルの専門家、ヘッドハンターとして活躍、またロータリークラブにも所属し、奉仕活動に尽力、現在はタイのパタヤで余生を過ごす。

★アンドラーシュ・フリッチャイ（一九四二～）
ベルリン在住、舞台・映画俳優、監督

★マルタ・ドバイ（一九四三〜）
スイスのオルテン在住、ウェブサイト「Dirigent Ferenc Fricsay」を開設

付章　特に忘れ難い演奏

この章では、筆者が選んだ特に忘れ難い演奏十曲を紹介する。もちろん、ここで挙げているものは個人的な好みに基づいてはいるが、これらがなければ筆者はフリッチャイ研究に向かうこともなかったと思うので、ひとつの参考として読者にお示ししたい。

一　ドヴォルジャーク　交響曲第九番　ホ短調　作品九五《新世界より》

○ベルリン・フィルハーモニー管弦楽団

■一九五九年十月五、六日　イエス・キリスト教会

（商用録音）ＤＧ（Ｓ）

愛好家の間では言わずと知れたフリッチャイの代表盤である。記録媒体がＬＰレコードからＣＤに移っていった際、フリッチャイの録音の中で最初にＣＤ化された。

筆者が、最初に購入したクラシック音楽のレコードでもある。聴き始めた頃の印象は、テンポが目まぐるしく変わる「変な演奏」。しかし、聴き込むうちにその変化が心地よくなり、次第に惹かれて行った。

このフリッチャイの《新世界より》では、全体にわたって陰影の濃い深遠広大な演奏が繰り広げられている。第一楽章の冒頭から、フリッチャイは寂寥感に満ちた深遠な世界を提示しているが、これは他のどの指揮者でも聴くことができない。

また、先に触れたとおり、随所でこの指揮者ならではのものともいえる絶妙なテンポの変化が、時に大胆に、時にさりげなく加えられている。それが、わざとらしくなく、自然に聴けるのは、フリッチャイの楽譜の読みが深い証拠ではないだろうか。

第一楽章序奏では、テーマ提示後のホルンの一音目を長くとることによって、より深い演奏になっているのが印象的だ。第二楽章では、中間部開始時の三連符の一音目をいくらか長めに演奏しているが、これにより、そこはかとなく哀愁や寂寥感を漂わせている。第三楽章中間部では、マールクが言及（本書第七章）しているように「メトロノームでは捕らえられない息づかい」（Elisabeth Mahlke: *Ferenc Fricsay*［筆者訳　LP2721 171 解説］）ともいうべき自在なテンポの動きがある。このような入念かつ自在な表現の素晴らしさは、第四楽章になっても序奏でのテンポの変化をはじめ十分に発揮されている。スタジオ録音であるにもかかわらず、ライヴ演奏のような生々しい感動が息づいている名演奏である。

二　ベートーヴェン　交響曲第三番　変ホ長調　作品五五《英雄》

○ベルリン放送交響楽団
■一九六一年二月五日　自由ベルリン放送会館大ホール
（ライヴ録音）ＥＭＩほか（Ｍ）

二〇〇〇年にＣＤ－Ｒで発売され、その後、二〇〇二年にＥＭＩクラシックスから他のライヴ録音や放送録音と合わせて「二〇世紀の偉大な指揮者たち」のシリーズの一つとして、ＣＤ二枚組で発売された。

フリッチャイは全体的にテンポを遅くして、深遠な音楽を奏でている。随所で聴かれるティンパニの音は神々しいまでの響きである。そして、時おり行われるテンポの大胆な変化が大きな効果を上げている。筆者には特に第一楽章と第二楽章が素晴らしく思われ、フルトヴェングラーさえも凌駕するような大胆な表現を随所で聴くことができるのが魅力的である。

第二楽章冒頭のアウフタクトについては、宇野功芳が「遅さにびっくりさせられる」（『レコード芸術』二〇〇二年九月号）と評しているが、遅いテンポはその後も楽章全体にわたっていて、極めて厳粛な演奏となっている。

三　ベートーヴェン　交響曲第五番　ハ短調　作品六七

○ベルリン・フィルハーモニー管弦楽団
■一九六一年九月二十五、二十六日　イエス・キリスト教会
（商用録音）DG（S）

渡辺護（一九一五～二〇〇七）は「はじめ私はこの演奏に戸まどいした。テンポの速いことをもって知られたフリッチャイがここでは他に類例のない程の遅いテンポで演奏している」と、その驚きをフリッチャイが亡くなった時の追悼文に記している（『レコード芸術』一九六三年四月号「フリッチャイの死を悼む」）。

このベートーヴェンの交響曲第五番は、同曲の最も遅い演奏の部類に属する。渡辺は「かすんでいきそうな意識の中に、一方では音の流れるままに身をまかせつつ、他方では一つの音の表現も見逃すまいとする神経の緊張がある。（中略）衰えた体躯にもなお失われない力強さをせい一

杯みなぎらせようとしている」（前と同じ追悼文から）と評している。遅いテンポをとったからこそ、フリッチャイは力強い精神的な音楽を力を振り絞って生み出すことができたように思う。

四　モーツァルト　交響曲第四十番　ト短調　K．五五〇

○ウィーン交響楽団
■一九五九年十一月二十六、二十九日　ムジークフェライン大ホール
（商用録音）DG（S）

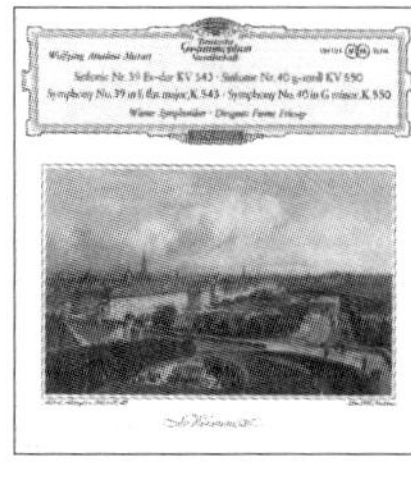

「悲しみのシンフォニー」と言われるこの交響曲、ベートーヴェンの交響曲第五番と同様、フリッチャイの演奏は他に類例がないほど遅い。筆者の学生時代の友人は、フリッチャイのこの演奏の全体を覆う暗さ、遅いテンポを「悲しみ過ぎたシンフォニー」と評したが、なかなか的を射ている表現ではないかと思う。

五　ハイドン　オラトリオ《四季》

○マリア・シュターダー（S）、エルンスト・ヘフリガー（T）、ヨーゼフ・グラインドル（Bs）、ベルリン放送交響楽団、聖ヘドヴィッヒ大聖堂聖歌隊

■一九六一年十一月十一日　自由ベルリン放送会館大ホール（ライヴ録音）ＤＧ（Ｍ）〈冬〉のみ（Ｓ）

ベルリンでの最後の演奏会を収録した記念碑的な録音。

ハイドンの音楽というと筆者は無邪気とか軽妙といったイメージを持っているが、この《四季》でフリッチャイは重厚で内省的な音楽を造形している。テンポはそのときの楽想に沿って大きく変化し、快活な部分はストレートかつ大胆に一気にもっていくのに対し、ゆったりした部分では、一音一音いつくしむかのように奏でている。〈春〉の出だしでのティンパニの一打は、まるで深い奈落の底に我々を突き落とすかのようである。

喜多尾道冬は、このフリッチャイの個性的な演奏について「ともあれフリッチャイのアプローチは、この曲の新局面を開いていることに間違いはない」（『レコード芸術』一九九五年四月号）と評しているが、人生の最後に近づいたフリッチャイが、達観しているかのような深遠な音楽がここにはあるように思う。

六　ハイドン　テ・デウム

○ベルリン放送交響楽団、北ドイツ放送合唱団、ＲＩＡＳ室内合唱団

■一九六一年九月三十日、十月一日　自由ベルリン放送会館大ホール

（商用録音）ＤＧ（Ｓ）

フリッチャイ最晩年の録音。活力がみなぎる演奏であるが、まるで衰弱し切った身体からあらん限りの力を振り絞っているようで、痛々しい感じさえする。終始緊張感が持続し、それは最後の和音まで解放されることはない。

喜多尾道冬は「フリッチャイの雄勁な音づくりと緊張の持続で進行するが、ハイドン特有のユーモアと晴朗感に不足する」（『レコード芸術』一九九四年二月号）と評している。これも《四季》と同様、ハイドンというよりフリッチャイの意図が全体にわたって表現されているといえよう。

七　シューベルト　交響曲第八番　ハ長調《ザ・グレート》

○ヘッセン放送交響楽団
■一九五五年十一月四日　フランクフルト
（ライヴ録音）tahra ほか（M）

フリッチャイ、唯一の《グレート》。

一九五五年十一月というと、たった八回の定期演奏会を指揮しただけでヒューストン交響楽団の常任指揮者を辞任し、次のバイエルン州立歌劇場の音楽総監督に就任するまでの間のフリーランスで活動していた時期である。筆者は、この頃にドイツ・グラモフォンへ録音した演奏が以前の演奏と比べると覇気に欠け、心湧きたつものが少ないような気がしていた。そのため、この録音が発売されたとき、初めての《グレート》という期待がありながらも、一方でこの時期の他の録音と同様なのではないかという不安もあった。聴いてみた結果は、その不安を裏切るとてつもない素晴らしい演奏であった。

《グレート》は、フルトヴェングラーが一九五一年にベルリン・フィルと演奏したドイツ・グラモフォンのスタジオ録音が有名であるが、この演奏はそれに負けず劣らず熱い演奏である。特に第一楽章が充実していて、随所でテンポを動かしながら緊張感に満ちた活気ある演奏を展開している。コーダはフルトヴェングラーさえも凌駕するほどスケールが大きい。第二楽章は大河のようなゆったりしたテンポで推移する。そして第三、第四楽章は第一楽章同様に活気ある演奏で、終楽章のコーダの最後ではぐっとリタルダンドをかけて締めくくっている。

ただ、この演奏が素晴らしいがゆえ、一九四九年七月と一九五七年一月に行われた、ベルリン・フィルとの演奏会の録音が残っていないのが残念でならない。

八　ブラームス　交響曲第一番　ハ短調　作品六八

○北ドイツ放送交響楽団
■一九五八年二月二、三日　ハンブルク　ムジークハレ
（ライヴ録音）tahra（M）

二〇一二年三月に当録音が発売された時の紹介文では、「フルトヴェングラーを彷彿させる魂をふりしぼるような情念と巨大な音楽作りに驚かされ、あたかもフルトヴェングラーの高音質盤が出現したのかと錯覚してしまうほど感動的」（キングインターナショナル）と評されている。筆

者も初めてこの演奏を聴いた時、フルトヴェングラーが同じ北ドイツ放送交響楽団に客演した時の演奏と、同じくベルリン・フィルを指揮した時の演奏をミックスしたような印象を受けた。

　フリッチャイは終始張り詰めた緊張感を持続させ、苦悩に満ちた音楽を造り出している。まず出だしの一音目をぐっと溜めているのである。フルトヴェングラーのベルリン・フィルとのライヴ盤も同様な溜めがあるが、フリッチャイのほうがより凄まじい。この後も、第一楽章第一主題提示後の二つの和音や、終楽章提示部と再現部の終わりの二つの和音でテンポを思い切って落として大胆なアクセントを付けている。終楽章のコーダは狂喜乱舞しているようだ。そして、テンポを落としながら最後の和音を壮大に締めくくっている。フルトヴェングラーが客演した時と同じ奏者とされるティンパニの打撃は強烈である。

九　ヴェルディ《レクイエム》

○マリア・シュターダー（S）、オラリア・ドミンゲス（Ms）、ガボール・カレッリ（T）、イヴァン・サルディ（Bs）、ベルリン放送交響楽団、聖ヘドヴィッヒ大聖堂聖歌隊
■一九六〇年十月二十三日　自由ベルリン放送会館大ホール（ライヴ録音）DG（M）

ドイツ・グラモフォンがフリッチャイ協会の後押しで、フリッチャイ没後十五年を記念して一九七七年から一九七八年にかけてLP全四十四枚の『フリッチャイ・エディション』を発売した際、新たに商品化されたライヴ録音。日本国内では、フリッチャイ没後三十年企画として一九九三年から一九九四年にかけて発売されたCD全四十四枚の『フェレンツ・フリッチャイ・エディション』の中におさめられたが、このとき『レコード芸術』で新譜として唯一特選をとった。

演奏は、晩年特有の陰影の濃いスケールの大きなもので、フリッチャイ自身がこの曲の出だしを「最初の数小節に、ほとんど光の届かぬ地下納骨堂に下りていく人を想起した」（フリードリヒ・ヘルツフェルト著／歌崎和彦訳「完全性と人間的なイメージの間で（二）」［CD POCG3327 解説］）と表現したように、なんとも言いようのない重く暗い雰囲気で始まる。前述の特選をとった『レコード芸術』で畑中良輔は「数小節といわず、既に最初のフレーズから私の耳は釘づけとなってしまった。曲はほとんど暗記しているので譜面の用意もせず聴きはじめたのだが、一旦とめて、楽譜を持ち出し、また最初からやり直した」（一九九四年三月号）と述べている。フリッチャイの表現は他に類例を見ないやり方であったのだろう。

〈キリエ〉の独唱が始まるところでは、三番目に歌うシュターダーのところでぐっとテンポを落としてじっくり歌わせている。終曲の〈リベラ・メ〉でもテンポの変化はめまぐるしく、その最後の盛り上がるところでは徐々にテンポを上げ急速になっていくが、クライマックスでは逆に大きくテンポを落としている。それはまるで息も絶え絶えに力を振り絞っているようで、まことに痛々しい。

一〇　チャイコフスキー　交響曲第六番　ロ短調　作品七四《悲愴》

○ベルリン・フィルハーモニー管弦楽団
■一九五三年七月一～四日　イエス・キリスト教会
（商用録音）DG（M）

フリッチャイの《悲愴》というと、死後に発売された一九五九年の録音が有名であるが、筆者はテンポの極端に速いこの盤が好きである。

能う限りの速さで驀進していく演奏は、聴いていて爽快である。しかし、速いだけの演奏ではなく、フリッチャイは第一楽章展開部や第三楽章後半など、ところどころでテンポに変化を持たせて演奏に奥行きを与えている。

あとがき

私がフリッチャイの演奏に出会って五十年になります。

きっかけは、転校生の存在でした。一九七二年、中学二年生になった新学期、私のクラスに一人の転校生がやって来たのです。私はすぐに彼と仲良くなり、私が好きだった鉄道、彼が好きだったクラシック音楽をお互い好きになりました。当時、ドヴォルジャークの《新世界より》の第四楽章の出だしがCMに使われていて、格好いいなと思っていたのですが、その彼がコンヴィチュニー指揮の《新世界より》のLPレコードを持っていました。しばらくは、彼の家でそのレコードを聴かせてもらっていましたが、自分もレコードが欲しくなり、高崎駅前にあった「赤羽楽器」で物色しました。お小遣いがそれほどありませんでしたので、対象は、その当時呼ばれていた「千円盤」。そして、見つけたのがフリッチャイの《新世界より》だったのです。

当時の私はフリッチャイという指揮者を知りませんでしたが、なぜ彼を選んだのか。なんといっても世界最高のオーケストラ、ベルリン・フィルハーモニー管弦楽団の演奏であったこと、それと解説にあったフリッチャイの顔写真、「少しダサいおじさん」という感じでしたが、何か訴えかけるものを感じたのです。

そのレコードを聴くと、コンヴィチュニーとまったく違うので、最初は好きになれませんでしたが、次第にその深遠な音楽世界に惹かれていったのです。そして、フリッチャイをより知りたいと思い、ベートーヴェンの交響曲第五番、続いてモーツァルトの交響曲第四十番を購入しました。どちらも晩年の極めてテンポの遅い演奏で、その個性的な演奏が私にとって衝撃でした。高校を卒業するころには、フリッチャイのもう一つの面、若い頃のテンポの速い演奏にも触れるようになり、二つのフリッチャイそれぞれに魅力を感じるようになりました。

大学に入ると、フリッチャイの生涯にも興味を持つようになりました。幸いにも、私が通っていた大学の図書館には『音楽芸術』のバックナンバーが充実していたので、彼の記事をスクラップしました。また、上野の東京文化会館の音楽資料室には、『レコード芸術』のバックナンバーや参考になる書籍が多くあり、よく通ったものです。

もう一つの趣味である鉄道は、仕事になりました。私はフリッチャイのウェブサイトを開設しているのですが、そのきっかけは、仕事の中から生まれました。別の部署の上役が趣味でウェブサイトを開設していて、その上役から作り方を教わったのです。そして、二〇〇〇年十一月、My Favorite Fricsay という私設ウェブサイトを開設することができました。最初は、大した記事もありませんでしたが、随時、記事を追加していき、また記録関係も充実させていきました。

My Favorite Fricsay を開設したことにより、大きな効果がありました。同好の人たちと情報交換をしたり、その方々から資料提供などがあったのです。

Ferenc Fricsay Ein Gedenkbuch そして一九六一年のザルツブルク音楽祭のプログラムは、私の

ウェブサイトを見た香川大学教授の最上英明さんから提供していただきました。
アメリカ在住の木村久雄さんからは、シルヴィア夫人の回想本 *Miene Lieben, meine Frueinde, und ich* をはじめ貴重な資料を提供していただきました。

さて、大きな転機は、生誕百年を迎えようとしていた二〇一四年にやってきました。やはりフリッチャイのウェブサイトを見た音楽学者、作曲家、指揮者で東京フルトヴェングラー研究会の代表、野口剛夫さんから、本の出版の手伝いをメールで依頼されたのです。彼は、これより少し前、『「全聾の天才作曲家」佐村河内守は本物か』でこの作曲家に対する疑問を論じ、一躍名前が知られるようになっていました。その後、ゴーストライターの存在が発覚したのはご承知のとおりです。

メールの内容は、*Ferenc Fricsay Ein Gedenkbuch* と *Über Mozart und Bartok* の日本語訳を出版するので、巻末に私のウェブサイトの演奏会記録や録音記録を「リライト」したうえで、収録したいというものでした。もちろん絶好の機会でしたので、二つ返事で依頼を受けました。

「リライト」は、主に記録の記載順の変更とソリストや歌手など人名の表記。日本語で名前を表記するのは苦労しました。なんとかＯＫを出していただき、二〇一五年三月に出版された『伝説の指揮者　フェレンツ・フリッチャイ　自伝・音楽論・讃辞・記録・写真』に収録していただくことができました。

一方、チェコ生まれの指揮者、カレル・アンチェルも私の好きな音楽家の一人であり、二〇〇八年、アンチェルの日本語サイト Hommage to Karel Ancerl を見つけた私は、開設者のピアニスト、高橋綾さんにリンクを申し込みました。以来、情報交換をさせていただいているのですが、その彼女が二〇一八年十二月、『カレル・アンチェル　悲運に生きたマエストロ』(アルファベータブックス)を上梓されました。これに大いに刺激を受け、音楽家でもない、文筆家でもない、そんな私ではありましたが、フリッチャイの本を出版したいと思うにいたったのです。

ちょうど、二〇一九年六月で会社を定年退職する予定でしたので、退職の少し前から通勤の列車内でタブレット端末を使用して原稿を書き始め、退職してからは、演奏会プログラムなど資料の追加収集、音楽資料室にも出かけ記録を集め、そして、これまで収集していたドイツ語や英語の本の翻訳をしつつ、原稿を書くことに専念しました。

この原稿を作成するにあたっては、多くの方々にお世話になりました。

野口さんには、前出の本の出版の際、記載や表記の仕方などについて厳しい指導をしていただき、今回の出版に際しても、査読を買って出ていただき、そもそも査読ということ自体知らない私にとって、大変な助けになりました。

言葉の使い方や録音評の書き方など細かく見ていただきましたが、その中で、ドイツ語や英語の参考文献から私が訳した文章に多くの誤りがあることがわかりましたが、途方にくれましたが、その窮地から救ってくれたのが、やはり同好の九州工業大学教授の石橋邦俊さんと前出の木村さんです。石橋さんと木村さんには、それぞれドイツ語・英語の原文と私の日本語訳を見ていただき、誤りの指摘はもとより適切な日本語表現まで丁寧にアドバイスしていただきました。

フリッチャイの娘のマルタさんには、実の母である最初の妻マルタについて、彼女の心情や状況を知りたいとお願いしたところ、快く引き受けていただき、貴重な写真とともに実の母の思い出を寄せていただきました。

次の方々には貴重な資料を提供していただきました。

最上さんにはベルリン・フィルの演奏会の記録を、木村さんにはヒューストン交響楽団の資料を、石橋さんにはフリッチャイのお墓の写真を、ヒューストン交響楽団アーカイブからはヒューストン交響楽団の演奏会プログラムを、それぞれ提供していただきました。

また、高橋さんには、原稿の作成法・資料の整理法、写真使用の許諾の取り方などを教えていただきました。

そしてアルファベータブックスの結城加奈さんには、出版に向け全般にわたりお世話になりました。

みなさまに感謝、そしてお礼申し上げます。

二〇二三年二月

大脇 利雄

＊次の頁から横組みになります。
「参考文献・写真記録の出典」は三二五頁から、「資料　ディスコグラフィ」は三六三頁から始まります。

・写真 36　Ilse Buhs、Ferenc Fricsay Ein Gedenkbuch

・写真 37　撮影者不明、St. Galler Tagblatt Website

・写真 38　石橋邦俊

・記録 2、3、5 ～ 16、18 ～ 28、30、31　筆者所蔵

・記録 1　In memoriam Ferenc Fricsay Website

・記録 17　ヒューストン交響楽団アーカイブ提供

・記録 29　筆者所蔵（最上英明氏から寄贈）

・記録 4、32　Ferenc Fricsay Retrospektive-Perspektive

・14、15 ページの地図　筆者作成

写真記録の出典

・写真 1、2、16　Fricsay-Privat、Ferenc Fricsay Ein Gedenkbuch
・写真 3　撮影者不明、Derigent Ferenc Fricsay Website
・写真 4、8、13　撮影者不明、Marta Dobay–Fricsay 提供
・写真 5　撮影者不明、OPERETT KLUB KÉPGALÉRIÁI Website
・写真 6　Fricsay-Privat、Ferenc Fricsay Retrospektive-Perspektive
・写真 7　Photo-Ellinger、STR 10067 ダントンの死 CD 解説
・写真 9　Photo-Ellinger、Ferenc Fricsay Retrospektive-Perspektive
・写真 10、12、21　撮影者不明、Meine Lieben, meine Freunde und ich
・写真 11、28　Croner、Ferenc Fricsay Retrospektive-Perspektive
・写真 14　RIAS-Rudolph、Ferenc Fricsay Ein Gedenkbuch
・写真 15　Magen-Bilderdienst、Ferenc Fricsay Retrospektive-Perspektive
・写真 17　Godfried Groot、筆者所蔵
・写真 18　撮影者不明、02-9614　イスラエル・フィル 70 周年 ＣＤ解説
・写真 19　Hans Blättler、431 872-2 モーツァルト ピアノ協奏曲第 19、27 番 CD 解説
・写真 20　Fournes、Ferenc Fricsay Retrospektive-Perspektive
・写真 22　撮影者不明、ヒューストンＳＯウェブサイト
・写真 23　Laila Storch、Ferenc Fricsay Ein Gedenkbuch
・写真 24　Jarl Ekenryd、BIS-LP-331/333　スウェーデン放送ＳＯ 50 周年 レコード解説
・写真 25　撮影者不明、Ferenc Fricsay Retrospektive-Perspektive
・写真 26　Remembering Ferenc Fricsay 映像から
・写真 27　Rudolf Betz、Ferenc Fricsay Ein Gedenkbuch
・写真 29　Hugo Jehle、MH 5045,46　後宮からの誘拐 レコード解説
・写真 30　撮影者不明、MEL 29001　こうもり CD 解説
・写真 31　撮影者不明、138 700　オペラ・アリア集 レコード解説
・写真 32　Werner Neumeister、2721 170 ハイドン 四季 レコード解説
・写真 33　撮影者不明、ウィーン・フィルハーモニーとザルツブルク
・写真 34　撮影者不明、『レコード芸術』1963 年 4 月号
・写真 35　Ilse Buhs、Ferenc Fricsay Retrospektive-Perspektive

（47）日本語字幕：松尾麻理、解説：金子建志「名指揮者たちのリハーサル」（DVD TOBW-3506）

（48）エリーザベト・マールク著、加藤博子訳「フェレンツ・フリッチャイと彼のベルリンのオーケストラ」（ＣＤ POCG3345/46 解説）

（49）Elisabeth Mahlke : *Ferenc Fricsay*（LP2721 171 解説）（筆者訳）

（50）「ヴァイオリンの世紀／ユーディ・メニューイン 80 歳記念」日本語字幕（LD TOLW-3745）

（51）高崎保男著「フリッチャイ追悼」『ディスク』1963 年 4 月号、ディスク新社

（52）フェレンツ・フリッチャイ著、西原稔訳「バルトークとコダーイの意味と彼らの音楽の世界全体に与えた影響」（ＣＤ POCG3105 解説）

（53）ユーディ・メニューイン著、歌崎和彦訳「フリッチャイ・エディションに寄せて」（ＣＤ POCG3321 解説）

（54）ヴェルナー・エールマン著、歌崎和彦訳「フェレンツ・フリッチャイ」（ＣＤ POCG3071 解説）

（55）ルッツ・フォン・プーフェンドルフ著、武石みどり訳「ブダペストからウィーンへ――フェレンツ・フリッチャイが歩んだブラームスへの道――」（ＣＤ POCG3323 解説）

（56）*Music Transfigured : Remembering Ferenc Fricsay* 英語字幕（筆者訳）（DVD3078528）

（57）ノルベルト・エリー著、川嶋正幸訳「フェレンツ・フリッチャイ　ドヴォルザーク、スメタナ、リストを振る」（ＣＤ POCG2132 解説）

（58）Jon Tolansky : *Ferenc Fricsay*（筆者訳）

（59）海山道人著「フェレンツ・フリッチャイの苦悩」『医家芸術』2015 年度夏季号、日本医家芸術クラブ

（60）ユーディ・メニューイン著、歌崎和彦訳「フリッチャイとの演奏旅行」（ＣＤ POCG3325 解説）

（61）ヴェルナー・テーリヒェン著、平井吉夫・高辻知義訳『あるベルリン・フィル楽員の警告』（音楽之友社、1998 年）

(28) 猿田悳著「偉大なる指揮者たち（4）クーベリック・フリッチャイ」『レコード芸術』1960年1月号、音楽之友社
(29) *Nozze di Figaro 1950*　Opera Scotland ウェブサイト（筆者訳）
(30) ビルギット・ニルソン著、市原和子訳『オペラに捧げた生涯』（春秋社、2008年）
(31) 畠山睦雄著『クララ・ハスキル－神が地上に遣われたピアノの使途』（ハンナ、2011年）
(32) 西谷晋著「ハスキル、シュターダー、フリッチャイ」『モーツァルティアン』第4号（モーツァルティアン・フェライン、1984年）
(33) Rudolf A. Bruil : *RIAS Symphony Orchestra* THE REMINGTON SITE（筆者訳）
(34) 吉田秀和著『世界の指揮者』（新潮社、1982年）
(35)「楽壇抄」『音楽芸術』1954年5月号、音楽之友社
(36) 作成者不明 : *The « Fricsay Affair » in Houston*（CD THA635 解説）（筆者訳）
(37) Laila Storch : *Eight weeks music with Ferenc Fricsay*（筆者訳）
(38) 三浦淳史著「テキサスのフリッチャイ」（CD DCI-1054 解説）
(39) Hubert Roussel : *The Houston Symphony Orchestra, 1913-1971,* University of Texas Press, Austin & London, 1972.（筆者訳）
(40) Kate Sayen Kirkland : *The Hogg Family and Houston,*University of Texas Press, 2009.（筆者訳）
(41) フランツ・ブラウン著、野口剛夫編訳『クナッパーツブッシュの想い出』（芸術現代社、1999年）
(42) Harmonie bei Gewitter : *HINDEMITH-PREMIERE* DER SPIEGEL 1957年8月21日号（筆者訳）
(43) Werner Oehlmann : *Begegnung mit einem neuen Fricsay* 1959年9月（新聞記事、筆者訳）
(44) ルッツ・フォン・プーフェンドルフ著、茂木一衞訳「世界へのメッセージ — ゾルタン・コダーイの音楽の受容に対するフリッチャイの貢献 — 」（CD POCG3337 解説）
(45) 佐藤菊夫著「現代演奏家論№13 フェレンツ・フリッチャイ」『レコード芸術』1962年8月号、音楽之友社
(46) 佐藤菊夫著『指揮棒はわが最愛の楽器なり』（秋田魁新報社、2016年）

（白水社、2001 年）

（12）Peter Heyworth : *Otto Klemperer His Life and Times*, Cambridge University Press, 1996.（筆者訳）

（13）Lutz von Pufendorf, ed : *Ferenc Fricsay Retrospektive-Perspektive*, Bote&Bock, 1988.（筆者訳）

（14）オットー・シュトラッサー著、ユリア・セヴェラン訳『栄光のウィーン・フィル』（音楽之友社、1977 年）

（15）ルッツ・フォン・プーフェンドルフ著、長木誠司訳「現代音楽への道 —— 同時代の作曲家の受容におけるフリッチャイの功績」（ＣＤ POCG3342 解説）

（16）Lutz von Pufendorf : *FERENC FRICSAY - A PIONEER IN TURBULENT TIMES* ドイツ・クラモフォンのウェブサイトから（筆者訳）

（17）ルッツ・フォン・プーフェンドルフ著、須永恆雄訳「フェレンツ・フリッチャイとリヒャルト・シュトラウス —— ある対決」（ＣＤ POCG3324 解説）

（18）ケネス・Ｓ・ホイットン著、小林利之訳『フィッシャー＝ディースカウ』（東京創元社、1985 年）

（19）ディートリヒ・フィッシャー＝ディースカウ著、實吉晴夫・田中栄一・五十嵐蕗子訳『自伝フィッシャー＝ディースカウ追憶』（メタモル出版、1998 年）

（20）ルッツ・フォン・プーフェンドルフ著、茂木一衞訳「ベートーヴェン指揮者フリッチャイ」（ＣＤ POCG3322 解説）

（21）ルッツ・フォン・プーフェンドルフ著、岡本稔訳「真の審美眼をもつ聴衆のためのチャイコフスキー」（ＣＤ POCG3326 解説）

（22）Silvia Göhner Fricsay : *Meine Lieben, meine Freunde und ich,* 2003.（私家本、筆者訳）

（23）作成者不明 : *Die Walküre*（CD 3MCD933.81 解説）（筆者訳）

（24）Marta Dobay-Fricsay : *MARTHA FRICSAY – TELBISZ*（筆者訳）

（25）ルッツ・フォン・プーフェンドルフ著、塚田れい子訳「当然のこととしてのモダン・クラシックス　ストラヴィンスキー指揮者、フリッチャイ」（ＣＤ POCG3333 解説）

（26）「楽壇抄」『音楽芸術』1954 年 9 月号、音楽之友社

（27）「西ドイツのオーケストラ」『レコード芸術』1988 年 5 月号、音楽之友社

遺稿の一部が収録されている。

（3）-2 ディートリヒ・フィッシャー＝ディースカウ著、許光俊訳「《ドン・カルロス》から《ドン・ジョバンニ》まで」（ＣＤ POCG3073 解説）

（3）-3 フリードリヒ・ヘルツフェルト編、須永恆雄訳「プルトから見たフリッチャイ（＝楽員の側から）－対話（2）」（ＣＤ POCG3103 解説）

（3）-4 フェレンツ・フリッチャイ著、礒山雅訳「モーツァルトにおける旋律と形式」（ＣＤ POCG3095 解説）

（3）-5 フリードリヒ・ヘルツフェルト著、歌崎和彦訳「完全性と人間的なイメージの間で（２）」（ＣＤ POCG3327 解説）

（3）-6 フェレンツ・フリッチャイ著、許光俊訳「バルトーク《管弦楽のための協奏曲》に関する意見」（ＣＤ POCG3080 解説）

（3）-7 ゲザ・アンダ著、歌崎和彦訳「今も輝きを失わぬ演奏」（ＣＤ POCG3078 解説）

※（3）は Ferenc Fricsay :*Über Mozart und Bartok*,1962 及び Friedrich Herzferd, ed : *Ein Gedenkbuch*,1964、（3）-2,3,5,7 は Friedrich Herzferd, ed : *Ein Gedenkbuch*,1964、（3）-4,6 は Ferenc Fricsay : *Über Mozart und Bartok* からの翻訳である。

（4）ルッツ・フォン・プーフェンドルフ著、茂木一衞訳「母国語としての音楽－イタリア音楽　フェレンツ・フリッチャイとイタリア・オペラ作品」（ＣＤ POCG3338 解説）

（5）Marta Dobay-Fricsay 作成、筆者訳　Dirigent Ferenc Fricsay　（娘マルタが開設しているフリッチャイのウェブサイト）

（6）渡留辺修・歌崎和彦・鳴海史生訳「指揮者の仕事と仕事場の秘密について　フェレンツ・フリッチャイ講演記録」（ＣＤ POCG3074、3086、3087 解説）

（7）岩城宏之、属啓成対談「クナッパーツブッシュ逝く　最後の巨星！」『音楽の友』1965 年 12 月号、音楽之友社

（8）エゴン・ゼーフェルナー著、山崎睦訳『ウィーンわが都 — ウィーン音楽界回想録』（音楽之友社、1986 年）

（9）スティーヴン・ギャラップ著、城戸朋子・小木曾俊夫訳『音楽祭の社会史』（りぶらりあ選書／法政大学出版局、1993 年）

（10）Michele Selvini : *Einem Dantons Tod*（ＣＤ STR 10067 解説）（筆者訳）

（11）リチャード・オズボーン著、木村博江訳『ヘルベルト・フォン・カラヤン』

参考文献

＊全体を通しての参考文献は、以下のとおりである。

○ Ferenc Fricsay : *Ein Selbstportrait,* Radio-Symponie-Orchesters Berlin, 1983.（筆者訳）

○ Josef Müller-Marein, Hannes Reinhardt, ed : *Das musikalische Selpstportrait,* Nannen-Verlag, 1963.（筆者訳）

○フェレンツ・フリッチャイ著、フリードリヒ・ヘルツフェルト編、野口剛夫訳編『伝説の指揮者　フェレンツ・フリッチャイ』（アルファベータブックス、2015年）

○ Lutz von Pufendorf, ed : *Ferenc Fricsay Retrospektive-Perspektive,* Bote&Bock, 1988.（筆者訳）

○ Lutz von Pufendorf : *FERENC FRICSAY - A PIONEER IN TURBULENT TIMES*
ドイツ・クラモフォンのウェブサイトから（筆者訳）

○ Silvia Göhner Fricsay : *Meine Lieben, meine Freunde und ich,* 2003.（私家本）（筆者訳）

○ Dirigent Ferenc Fricsay（娘マルタが開設しているフリッチャイのウェブサイト）

＊個々の引用は、以下のとおりである（資料のカッコ数字は、本文中の番号に符号）。

（1）Ferenc Fricsay : *Ein Selbstportrait,* Radio-Symponie-Orchesters Berlin, 1983.（筆者訳）

（1）-2 フェレンツ・フリッチャイ著、歌崎和彦訳「オペラの責任者でもあったセゲドの軍楽隊長時代」（ＣＤ POCG3108 解説）

（2）Josef Müller-Marein, Hannes Reinhardt : *Das musikalische Selpstportrait,* Nannen-Verlag, 1963.（筆者訳）

（3）フェレンツ・フリッチャイ著、フリードリヒ・ヘルツフェルト編、野口剛夫訳編『伝説の指揮者　フェレンツ・フリッチャイ』（アルファベータブックス、2015年）

※（1）、（2）、それと（3）の一部はフリッチャイの自伝である。（2）は、1963年に出版されたもの。（1）は、そのもととなったと思われる遺稿で、フリッチャイ没後20年を記念して出版された。（3）も同じく遺稿であり、1964年に追悼文集と一緒に出版されたもの。（1）（2）（3）とも内容は少し異なる。（2）は（1）を出版用に編集したもので、２／３程度の分量となっている。内容は、（1）が一番詳しい。ただし、（2）は（1）には無い内容も少し含まれている。（3）は、

A. ドヴォルジャーク

■《赤・白・緑》行進曲

●第 9 陸軍軍楽隊◆ 1938 年 10 月 27、28 日◎ CD(M)：NEMZETEK

※《新世界より》を作曲したドヴォルジャークの楽曲一覧に含まれていない曲のため、同一人物であるか不明

■ピアノ協奏曲 Op.20

●ベルリン RSO ◆ 1961 年 2 月 7 日▲ G. ヘルツォーク (Pf) ◎ CD(S)：DG ★★

■歌劇《ダントンの死》

●【L】ウィーン PO ◆ 1947 年 8 月 6 日▲ダントン：P. シェフラー、デムーラン：J. パツァーク、セシェル：P. クライン、ロペスピエール：J. ヴィトー、ジュスト：L. ヴェーバー、ヘルマン：H. アルセン、シモン：G. ハン、若人：E. ノバロ、絞首刑人 1：W. ヴェルニック、絞首刑人 2：M. フェルデン、ジュリー：G. トゥリィ、ルシレ：M. チェボターリ、娘：T. バラッシ、ウイーン国立歌劇場 Cho ◎ CD(M)：Stradivarius ★、ザルツブルク音楽祭における世界初演の実況録音

■歌劇《ダントンの死》から「急速な行進曲」

● RIAS-SO ◆ 1949 年 9 月 22 日◎ CD(M)：DG

B.A. ツィンマーマン (1918-1970)

■バレエ組曲「アラゴアナ」からカボクロ

●【L】シュトゥットガルト RSO ◆ 1955 年 10 月 10 日 ◎ CD(M)：SWR-CLASSIC

H.W. ヘンツェ (1926-2012)

■バレエ変奏曲から第 4 曲、第 5 曲

● RIAS-SO ◆ 1949 年 12 月 6 日◎ CD(M)：DG

以下、生没年不詳

D. ピーター

■《ラースロー 1 世》行進曲

●第 9 陸軍軍楽隊◆ 1938 年 10 月 27、28 日◎ CD(M)：NEMZETEK

N. アラジョス

■《第 34 ウィルヘルム》行進曲

●第 9 陸軍軍楽隊◆ 1938 年 10 月 27、28 日◎ CD(M)：NEMZETEK

W. フォルトナー (1907-1987)
■交響曲（1947）より第４楽章
●RIAS-SO ◆ 1949 年 12 月◎ CD(M)：DG

R. リーバーマン (1910-1999)
■管弦楽のためのフリオーソ
●RIAS-SO ◆ 1954 年 5 月 15 日◎ CD(M)：DG ★
■スイス民謡による組曲
●RIAS-SO ◆ 1955 年 6 月◎ CD(M)：DG ★
■レオノーレ 40/45 組曲
●【L】バイエルン RSO ◆ 1952 年 11 月 21 日◎ web 動画 (M)

J. フランセ (1912-1997)
■ピアノ協奏曲
●ベルリン RSO ◆ 1956 年 9 月 5 日▲ M. ウェーバー (Pf) ◎ CD(M)：DG

F. フリッチャイ (1914-1963)
■メライ・マーチ
●室内アンサンブル◆ 1937 年◎ CD(M)：
●第 9 陸軍軍楽隊◆ 1938 年 10 月 27、28 日◎ CD(M)：NEMZETEK
■《ヴェルト・ヘンリク》行進曲
●第 9 陸軍軍楽隊◆ 1938 年 10 月 27、28 日◎ CD(M)：NEMZETEK
■生涯を語る
◆ 1962 年◎ CD(M)：DG

G.v. アイネム (1918-1996)
■管弦楽のためのカプリッチョ Op.2
●RIAS-SO ◆ 1952 年 3 月 22 日◎ CD(M)：DG
■瞑想 Op.18
●【L】RIAS-SO ◆ 1955 年 10 月 8 日◎ web 動画 (M)
■管弦楽のためのバラード Op.23
●ベルリン RSO ◆ 1961 年 9 月 30 日◎ CD(S)：DG ★

A. チェレプニン (1899-1977)
■ 10 のバガテル
●ベルリン RSO ◆ 1960 年 6 月 3 ～ 9 日▲ M. ウェーバー (Pf) ◎ CD(S)：DG

W. エック (1901-1983)
■フランス組曲
● RIAS-SO ◆ 1955 年 9 月 12 ～ 23 日◎ CD(M)：DG
■バレエ《アブラクサス》組曲
● RIAS-SO ◆ 1949 年 9 月◎ CD(M)：DG

B. ブラッハー (1903-1975)
■パガニーニの主題による変奏曲
● RIAS-SO ◆ 1950 年 10 月 4 日◎ CD(M)：DG ★★
■ピアノ協奏曲第 1 番より第 3 楽章
● RIAS-SO ◆ 1949 年 12 月▲ G. ヘルツォーク (Pf) ◎ CD(M)：DG

M. ペラガッロ (1903-1996)
■ピアノ協奏曲
●【L】バイエルン RSO ◆ 1952 年 11 月 21 日▲ P. スカルピーニ (Pf) ◎ CD(M)：Rhine Classics

K.A. ハルトマン (1905-1963)
■交響曲第 6 番
● RIAS-SO ◆ 1955 年 9 月 19、20、23 日◎ CD(M)：DG
■弦楽のための交響曲第 4 番から第 3 楽章「アダージョ・アパッショナート」
● RIAS-SO ◆ 1949 年 12 月◎ CD(M)：DG

D. ショスタコーヴィチ (1906-1975)
■交響曲第 9 番
●【R】RIAS-SO ◆ 1954 年 4 月 30 日、5 月 3 日◎ CD(M)：EMI

●【L】スウェーデン室内O◆1955年11月16日◎LP(M)：Orfeus

A. オネゲル (1892-1955)

■ピアノ協奏曲

●RIAS-SO◆1955年6月13日▲M. ウェーバー (Pf) ◎CD(M)：DG

●【L】シュトゥットガルトRSO◆1955年10月10日▲M. ウェーバー (Pf) ◎CD(M)：SWR-CLASSIC

■交響的詩篇《ダヴィデ王》

●【R】RIAS-SO◆1952年9月29、10月1日▲E. トレッチェル、L. フィッシャー、W. ルートヴィヒ、S. シュナイダー、聖ヘドヴィッヒ大聖堂聖歌隊、RIAS室内Cho◎CD(M)：Relief★★

P. ヒンデミット (1895-1963)

■交響的舞曲

●RIAS-SO◆1950年10月4日◎CD(M)：DG★★

■ウェーバーの主題による交響的変容

●【R】RIAS-SO◆1952年6月3、4日◎CD(M)：EMI

C. オルフ (1895-1982)

■カンタータ《カルミナ・ブラーナ》から「胸のうちは抑えようもない」「わしは僧院長さまだぞ」「酒場に私がいるときにゃ」「おいで、おいで、さあきておくれ」「天秤棒に心をかけて」「今こそ愉悦の季節」

●【R】RIAS-SO◆1949年12月8日▲D. フィッシャー＝ディースカウ (Br)、A. シュレム (S)、RIAS室内Cho◎CD(M)：DG、tahra

■歌劇《アンティゴネ》

●【L】ウィーンPO◆1949年8月9日▲アンティゴネ：R. フィッシャー、イスメネ：M. イロスファァイ、クレオン：H. ウーデ、ヘモン：L. フェーンベルガー、見張り：H. クレプス、ティレシアス：E. ヘフリガー、使者：J. グラインドル、エウリディーチェ：H. ツァデック、合唱指揮：B. クッシェ、ウィーン国立歌劇場Cho◎CD(M)：Stradivarius★、ザルツブルク音楽祭における世界初演の実況録音

● RIAS-SO ◆ 1951 年 1 月 30 日▲聖ヘドヴィッヒ大聖堂聖歌隊、RIAS 室内 Cho ◎ CD(M)：DG

■オペラ＝オラトリオ《オイディプス王》

● 【L】ベルリン RSO ◆ 1960 年 9 月 29 日▲オイディプス：E. ヘフリガー (T)、イオカステ：H. テッパー (Ms)、クレオン：K. エンゲン (BBr)、使者：I. サルディ (Bs)、ティレシアス：I. サルディ (Bs)、羊飼：P. キューン (T)、語り：E. ドイチェ、北ドイツ放送 Cho、RIAS 室内 Cho ◎ CD(M)：DG ★★

A. ベルク (1885-1935)

■歌劇《ヴォツェック》から第 3 幕第 1、2 場

● 【L】バイエルン州立 O ◆ 1960 年 7 月 4 日▲ヴォツェック：A. ペーター (Br)、マリー：A. ジーダー (S) ◎ LP(M)：オランダ音楽祭の実況録音、オランダ放送自主製作盤

F. マルタン (1890-1974)

■小協奏交響曲

● RIAS-SO ◆ 1950 年 4 月 11 ～ 13 日▲ G. ヘルツォーク (Pf)、S. キント (Ce)、I. ヘルミス (Hrp) ◎ CD(M)：DG ★

■オラトリオ《魔法の酒》

● 【L】魔法の酒 O ◆ 1948 年 8 月 24 日▲ M. チェボターリ、J. パツァーク、E. コレー、H. ツァデク、M. イロスファイ、D. ヘルマン、A. ペル、C. デンヒ、W. フリードリヒ、ウィーン国立歌劇場 Cho ◎ CD(M)：Orfeo、ザルツブルク音楽祭

S. プロコフィエフ (1891-1953)

■交響曲第 1 番《古典》

● RIAS-SO ◆ 1954 年 1 月 4 日◎ CD(M)：DG ★★

H. ルーセンベリ (1892-1985)

■歌劇《マリオネット》序曲

● 【L】スウェーデン RSO ◆ 1953 年 2 月 8 日◎ LP(M)：BIS

■ガランタ舞曲

●【L】セゲド PO ◆ 1944 年 3 月◎ web 動画 (M)（一部のみ）

● RIAS-SO ◆ 1953 年 9 月 14 日◎ CD(M)：DG ★

●【L】シュトゥットガルト RSO ◆ 1955 年 10 月 10 日 ◎ CD(M)：SWR-CLASSIC

●【L】ウィーン PO ◆ 1961 年 8 月 27 日◎ CD(M)：EMI ★★、ザルツブルク音楽祭

■マロセカー舞曲

● RIAS-SO ◆ 1954 年 9 月 25、26 日◎ CD(M)：DG ★

■ハンガリー詩篇

● RIAS-SO ◆ 1954 年 10 月 6、7 日▲ E. ヘフリガー (T)、聖ヘドヴィッヒ大聖堂聖歌隊、RIAS 室内 Cho ◎ CD(M)：DG

●【L】ベルリン RSO ◆ 1959 年 9 月 29 日▲ E. ヘフリガー (T)、聖ヘドヴィッヒ大聖堂聖歌隊◎ CD(S)：DG

I. ストラヴィンスキー (1882-1971)

■バレエ《春の祭典》

● RIAS-SO ◆ 1954 年 3 月 11 ～ 13 日◎ CD(M)：DG

●【L】ケルン RSO ◆ 1953 年 10 月 5 日◎ CD(M)：Medici Masters ★

■バレエ《ペトルーシュカ》

● RIAS-SO ◆ 1953 年 4 月 19、21 日◎ CD(M)：DG ★

■ディヴェルティメント

● RIAS-SO ◆ 1954 年 9 月 27、28 日◎ CD(M)：DG

●【L】バイエルン RSO ◆ 1952 年 11 月 21 日◎ CD(M)：ENTERPRISE

■ヴァイオリン協奏曲

●【L】ケルン RSO ◆ 1951 年 7 月 8 日▲ A. グルミュー (Vn) ◎ CD(M)：Medici Masters

■ピアノと管弦楽のためのカプリッチョ

● RIAS-SO ◆ 1950 年 9 月 26、27 日▲ M. アース (Pf) ◎ CD(M)：DG ★

■ピアノと管弦楽のためのムーヴメンツ

●ベルリン RSO ◆ 1960 年 9 月 14 日▲ M. ウェーバー (Pf) ◎ CD(S)：DG

■詩篇交響曲

●【L】RIAS-SO◆1950年1月16日▲L.ケントナー(Pf)◎CD(M)：audite★★

●ベルリンRSO◆1959年9月7～9日▲G.アンダ(Pf)◎CD(S)：DG★★

●【L】バイエルンRSO◆1960年11月24日▲A.フィッシャー(Pf)◎CD(M)：Orfeo★

■ピアノと管弦楽のためのラプソディ

●ベルリンRSO◆1960年10月15～19日▲G.アンダ(Pf)◎CD(S)：DG★

●【L】RIAS-SO◆1951年12月12日▲A.フォルデス(Pf)◎CD(M)：audite

■歌劇《青ひげ公の城》

●【R】スウェーデンRSO◆1953年2月10日▲ユディット：B.ニルソン(Ms)、青ひげ公：B.シェーネルシュテット(Bs)◎CD(M)：Bluebell

●ベルリンRSO◆1958年10月7、8日▲ユディット：H.テッパー(Ms)、青ひげ公：D.フィッシャー＝ディースカウ(Br)◎CD(S)：DG★★

■カンタータ・プロファーナ《魔法にかけられた鹿》

●【R】RIAS-SO◆1951年9月12日▲H.クレプス(T)、D.フィッシャー＝ディースカウ(Br)、聖ヘドヴィッヒ大聖堂聖歌隊、RIAS室内Cho◎CD(M)：DG

S.コダーイ(1882-1967)

■交響曲

●【L】ベルリンRSO◆1961年9月11日◎CD(S)：DG★★

■《ハーリ・ヤーノシュ》組曲

●RIAS-SO◆1954年9月22～24日◎CD(M)：DG

●【L】スイス・ロマンドO◆1958年2月12日◎CD(M)：OSR自主製作

●ベルリンRSO◆1961年11月2、3日◎CD(S)：DG★★

■《ハーリ・ヤーノシュ》組曲　リハーサルと本番

●【R】ベルリンRSO◆1961年11月13～15日◎DVD(M)：DG★★

■歌劇《ハーリ・ヤーノシュ》

●【R】ローマRAI-SO◆1955年5月21日▲ハーリ：S.コロンボ(Br)、エルジェ：L.マラグリダ(S)、エーレグ・マーシ：A.オピチェルリ(Br)、ベラスティン卿：V.ペトロフ(T)、皇后：B.プレツィーオサ(S)、マリー・ルイーズ：O.ドミンゲス(CA)、ローマRAI-Cho◎MP3(M)：Hause Of Opera

●【R】RIAS-SO◆1952年10月14日◎CD(M)：audite★★

■弦楽のためのディヴェルティメント

●RIAS-SO◆1953年4月11、13日◎CD(M)：DG★

●【L】ローザンヌ室内O◆1951年11月19日◎web動画(M)

●【L】RIAS-SO◆1952年2月11日◎CD(M)：audite

●【L】ケルンRSO◆1953年5月4日◎CD(M)：Medici Masters

●【L】ヒューストンSO◆1953年11月23日◎LP(M)：ヒューストンSO自主製作

●【L】スイス・ロマンドO◆1956年2月3日◎CDR(M)：ETERNITILES

■二つの肖像

●RIAS-SO◆1952年6月7日◎CD(M)：DG

●【R】RIAS-SO◆1951年9月11日◎CD(M)：audite

■舞踏組曲

●RIAS-SO◆1953年6月9、12日◎CD(M)：DG

●【R】RIAS-SO◆1953年6月10日◎CD(M)：audite

■ヴァイオリン協奏曲第2番

●ベルリンPO◆1950年1月5～15日▲T.ヴァルガ(Vn)◎CD(M)：DG

●【L】RIAS-SO◆1951年9月13日▲T.ヴァルガ(Vn)◎CD(M)：audite

■ピアノ協奏曲第1番

●ベルリンRSO◆1960年10月15～19日▲G.アンダ(Pf)◎CD(S)：DG★

■ピアノ協奏曲第2番

●ベルリンRSO◆1959年9月10、15、16日▲G.アンダ(Pf)◎CD(S)：DG★

●【R】RIAS-SO◆1953年9月7日▲G.アンダ(Pf)◎CD(M)：audite★

●【L】ケルンRSO◆1952年6月27日▲G.アンダ(Pf)◎CD(M)：audite、ザルツブルク現代音楽祭

●【L】ウィーンSO◆1955年5月6日▲G.シャンドール(Pf)◎CD(M)：Orfeo

●【L】スイス音楽祭O◆1956年8月22日▲G.アンダ(Pf)◎CD(M)：Relief★、ルツェルン音楽祭

■ピアノ協奏曲第3番

●RIAS-SO◆1954年4月27～30日▲M.アース(Pf)◎CD(M)：DG

■弦楽オーケストラのための組曲から第 1、2、4 楽章

●【L】ベルリン PO ◆ 1949 年 11 月 28 日◎ CD(M)：audite

■室内交響曲

●【R】RIAS-SO ◆ 1953 年 1 月 10 日◎ CD(M)：audite

R. グリエール (1875-1956)

■交響曲第 3 番《イリア・ムーロメツ》

● RIAS-SO ◆ 1955 年 9 月 24 ～ 29 日◎ CD(M)：DG

M. ラヴェル (1875-1937)

■ボレロ

● RIAS-SO ◆ 1953 年 4 月 16 日◎ CD(M)：DG

●【L】シュトゥットガルト RSO ◆ 1955 年 10 月 10 日◎ CD(M)：SWR-CLASSIC ★

■ラ・ヴァルス

●【R】RIAS-SO ◆ 1953 年 6 月 8 日◎ CD(M)：DG

■序奏とアレグロ

●ベルリン RSO ◆ 1957 年 1 月 15 日▲ N. サバレタ (Hrp) ◎ CD(M)：DG

M. ファリャ (1876-1946)

■スペインの庭の夜

●ベルリン RSO ◆ 1957 年 4 月 2 ～ 4 日◎ M. ウェーバー (Pf) ◎ CD(M)：DG ★

O. レスピーギ (1879-1936)

■バレエ音楽《風変わりな店》（ロッシーニの原曲を編曲）

● RIAS-SO ◆ 1955 年 2 月 16 ～ 18 日◎ CD(M)：DG

B. バルトーク (1881-1945)

■管弦楽のための協奏曲

●ベルリン RSO ◆ 1957 年 4 月 9、10 日◎ CD(M)：DG ★★

■弦楽器、打楽器とチェレスタのための音楽

● RIAS-SO ◆ 1953 年 6 月 17 ～ 20 日◎ CD(M)：DG ★★

CD(M)：DG

■ピアノと管弦楽のためのブルレスケ

●【L】RIAS-SO◆1955年5月31日▲M. ウェーバー (Pf) ◎ CD(M)：audite

●RIAS-SO◆1955年9月13日▲M. ウェーバー (Pf) ◎ CD(M)：DG

●【L】シュトゥットガルト RSO◆1955年10月10日▲M. ウェーバー (Pf) ◎ CD(M)：SWR-CLASSIC

A. グラズノフ (1865-1936)

■ヴァイオリン協奏曲

●ベルリン RSO◆1958年10月14～17日▲E. モリーニ (Vn) ◎ CD(S)：DG

P. デュカス (1865-1935)

■交響詩《魔法使いの弟子》

●ラムルー O◆1952年3月11日◎ CD(M)：DG

●【R】ベルリン RSO◆1961年11月14日◎ CD(S)：EMI★

■交響詩《魔法使いの弟子》リハーサルと本番

●【R】ベルリン RSO◆1961年10月30日～11月1日◎ DVD(M)：DG★

U. ジョルダーノ (1867-1948)

■歌劇《アンドレア・シェニエ》から「祖国の敵か」

●ベルリン RSO◆1961年4月17～21日▲D. フィッシャー＝ディースカウ (Br) ◎ CD(S)：DG

S. ラフマニノフ (1873-1943)

■パガニーニの主題による狂詩曲

●ベルリン RSO◆1960年6月3、4、7、8日▲M. ウェーバー (Pf) ◎ CD(S)：DG★

A. シェーンベルク (1874-1951)

■ヴァイオリン協奏曲

●【L】ベルリン RSO◆1960年9月12日▲T. ヴァルガ (Vn) ◎ CDR(M)：TREASUREOFTHEEARTH

J. フバイ (1858-1937)

■《チャルダッシュの情景》第 2 番

●ブタペスト O ◆ 1942 年▲ E. テルマーニ (Vn) ◎ CD(M)：Danacord

■《チャルダッシュの情景》第 4 番「ハイレ・カティ」

● RIAS-SO ◆ 1954 年 1 月▲ H. ツァハリアス (Vn) ◎ CD(M)：DG

G. プッチーニ (1858-1924)

■歌劇《ラ・ボエーム》から「冷たき手を」

●ベルリン RSO ◆ 1957 年 1 月 18 ～ 22 日▲ E. コップ (T) ◎ CD(M)：DG

■歌劇《トスカ》から「妙なる調和」

●ベルリン RSO ◆ 1957 年 1 月 18 ～ 22 日▲ E. コップ (T) ◎ CD(M)：DG

G. マーラー (1860-1911)

■リュッケルトの詩による 5 つの歌

●ベルリン RSO ◆ 1958 年 9 月 16 日▲ M. フォレスター (A) ◎ CD(S)：DG ★

C. ドビュッシー (1862-1918)

■牧神の午後への前奏曲

●【R】RIAS-SO ◆ 1953 年 1 月 3 日◎ CD(M)：DG

■ハープと弦楽のための舞曲

●ベルリン RSO ◆ 1957 年 1 月 14 日▲ N. サバレタ (Hrp) ◎ CD(M)：DG

R. シュトラウス (1864-1949)

■交響詩《ティル・オイレンシュピーゲルの愉快な悪戯》

●ベルリン PO ◆ 1950 年 6 月 22、23 日◎ CD(M)：DG ★

●【L】RIAS-SO ◆ 1952 年 2 月 11 日◎ CD(M)：audite ★★

■交響詩《ドン・ファン》

●【L】RIAS-SO ◆ 1952 年 10 月 13 日◎ CD(M)：DG ★

■オーボエ協奏曲

●【R】RIAS-SO ◆ 1949 年 9 月 30 日▲ L. クーゼンス (Ob) ◎ CD(M)：audite

■クラリネットとファゴットのための協奏曲

●【R】RIAS-SO ◆ 1953 年 4 月 20 日▲ H. ゴイザー (Cl)、W. フークマン (Fg) ◎

A. ドヴォルジャーク (1841-1904)

■交響曲第 9 番 Op.95《新世界より》

●ベルリン PO ◆ 1959 年 10 月 5、6 日◎ CD(S)：DG ★★★

● RIAS-SO ◆ 1953 年 9 月 11 ～ 13 日◎ CD(M)：DG ★★

●【L】ケルン RSO ◆ 1953 年 6 月 1 日◎ CDR(M)：World Music Xpress ★★

■ヴァイオリン協奏曲 Op.53

● RIAS-SO ◆ 1953 年 6 月 10 ～ 12 日▲ J. マルツィ (Vn) ◎ CD(M)：DG ★★

●【R】RIAS-SO ◆ 1953 年 6 月 8 日▲ J. マルツィ (Vn) ◎ CD(M)：audite ★★

■スターバト・マーテル Op.58

●【R】RIAS-SO ◆ 1953 年 2 月 1 日▲ E. トレッチェル (S)、L. フィッシャー (A)、W. ルートヴィヒ (T)、J. グラインドル (Bs)、聖ヘドヴィッヒ大聖堂聖歌隊、RIAS 室内 Cho ◎ CD(M)：Relief ★

P. サラサーテ (1844-1908)

■ツィゴイネルワイゼン

● RIAS-SO ◆ 1954 年 1 月▲ H. ツァハリアス (Vn) ◎ CD(M)：DG ★

N. リムスキー＝コルサコフ (1844-1908)

■交響組曲《シェエラザード》

●ベルリン RSO ◆ 1956 年 9 月 13、14、16、17 日◎ CD(M) ★

G. マルトゥッチ (1856-1909)

■管弦楽のための夜曲

●【R】ケルン RSO ◆ 1953 年 3 月 25 日◎ web 動画 (M)

R. レオンカヴァッロ (1857-1919)

■歌劇《道化師》からプロローグ

●ベルリン RSO ◆ 1961 年 4 月 17 ～ 21 日▲ D. フィッシャー＝ディースカウ (Br) ◎ CD(S)：DG

■交響曲第 6 番《悲愴》

●ベルリン PO ◆ 1953 年 7 月 1 ～ 4 日◎ CD(M)：DG ★★★

●【L】バイエルン RSO ◆ 1960 年 11 月 24 日◎ CD(M)：Orfeo ★★

●ベルリン RSO ◆ 1959 年 9 月 17 ～ 19、22 日◎ CD(S)：DG ★★

■バレエ《白鳥の湖》組曲から「情景」「ワルツ」「小さな白鳥たちの踊り」「情景」「ハンガリーの踊り」

●ベルリン RSO ◆ 1957 年 9 月 10 ～ 12 日◎ CD(M)：DG ★

■バレエ《眠れる森の美女》からワルツ

●ベルリン RSO ◆ 1957 年 9 月 10 ～ 12 日◎ CD(M)：DG

■バレエ《くるみ割り人形》組曲から「花のワルツ」

●ベルリン RSO ◆ 1957 年 9 月 10 ～ 12 日◎ CD(M)：DG

■バレエ《くるみ割り人形》組曲から「行進曲」「中国の踊り」「葦笛の踊り」「ロシアの踊り（トレパック）」

●【R】サンフランシスコ SO ◆ 1953 年 12 月 20 日◎ CDR(M) : FORGOTTEN RECORDS

■歌劇《エウゲニ・オネーギン》からワルツ

●ベルリン RSO ◆ 1957 年 9 月 10 ～ 12 日◎ CD(M)：DG

●ベルリン RSO ◆ 1960 年 1 月 28 日～ 2 月 1 日◎ CD(S)：DG

■歌劇《エウゲニ・オネーギン》からポロネーズ

●ベルリン RSO ◆ 1960 年 1 月 28 日～ 2 月 1 日◎ CD(S)：DG

■弦楽セレナーデ

● RIAS-SO ◆ 1952 年 10 月 14、15 日◎ CD(M)：DG

■序曲《1812 年》

● RIAS-SO ◆ 1953 年 1 月 14、15 日◎ CD(M)：DG

■ヴァイオリン協奏曲

●【R】RIAS-SO ◆ 1949 年 9 月 24 日▲ Y. メニューイン (Vn) ◎ CD(M)：DG

●【L】RIAS-SO ◆ 1952 年 10 月 13 日▲ E. モリーニ (Vn) ◎ CD(M)：audite ★★

●【L】スイス音楽祭 O ◆ 1961 年 8 月 16 日▲ Y. メニューイン (Vn) ◎ CD(M)：tahra

■ピアノ協奏曲第 2 番

●【R】RIAS-SO ◆ 1951 年 1 月 16 日▲ S. チェルカスキー (Pf) ◎ CD(M)：audite

ラスキータ：M. ライヒ (S)、メルセデス：R. コルサヴェ (S)、RIAS 室内 Cho ◎ CD(M)：audite ★★

■歌劇《カルメン》から「闘牛士の歌」

●ベルリン RSO ◆ 1957 年 1 月 18 ～ 22 日▲ J. メッテルニヒ (Br) ◎ CD(M)：DG

●ベルリン RSO ◆ 1961 年 4 月 17 ～ 21 日▲ D. フィッシャー＝ディースカウ (Br) ◎ CD(S)：DG

■歌劇《真珠取り》から「おおナディール、なつかしい幼友達」

●ベルリン RSO ◆ 1961 年 4 月 17 ～ 21 日▲ D. フィッシャー＝ディースカウ (Br) ◎ CD(S)：DG

M. ブルッフ (1838-1920)

■ヴァイオリン協奏曲第 1 番

●ベルリン RSO ◆ 1958 年 10 月 14 ～ 17 日▲ E. モリーニ (Vn) ◎ CD(S)：DG ★

●【R】ベルリン RSO ◆ 1961 年 5 月 9 日▲ Y. メニューイン (Vn) ◎ DVD(M)：EMI

M. ムソルグスキー (1839-1881)

■交響詩《はげ山の一夜》

● RIAS-SO ◆ 1952 年 3 月 19 日◎ CD(M)：DG

P. チャイコフスキー (1840-1893)

■交響曲第 4 番

● RIAS-SO ◆ 1952 年 9 月 9、10 日◎ CD(M)：DG

■交響曲第 5 番

●ベルリン PO ◆ 1949 年 9 月 12 ～ 14 日◎ CD(M)：DG ★

●【L】ウィーン SO ◆ 1955 年 5 月 6 日◎ CD(M)：Orfeo

●【L】ベルリン RSO ◆ 1957 年 1 月 24 日◎ CD(M)：audite ★★

●【L】ストックホルム PO ◆ 1957 年 3 月 6 日◎ CD(M)：IMG ★★

■交響曲第 5 番第 2 楽章のリハーサルの一部

●【L】ストックホルム PO ◆ 1957 年 3 月 6 日◎ CD(M)：BIS

●ベルリン RSO ◆ 1957 年 9 月 15 日▲ M. フォレスター (A)、RIAS 女声 Cho ◎ CD(M)：DG

A. ボロディン (1833-1887)

■交響詩《中央アジアの平原にて》

●RIAS-SO ◆ 1952 年 2 月 23 日◎ CD(M)：DG

■歌劇《イーゴリ公》から「ダッタン人の踊り」

●RIAS-SO ◆ 1950 年 4 月 4、5 日◎ CD(M)：DG ★

A. ポンキェルリ (1834-1886)

■歌劇《ジョコンダ》から「時の踊り」

●ベルリン RSO ◆ 1960 年 1 月 28 日〜 2 月 1 日◎ CD(S)：DG

G. ビゼー (1838-1875)

■歌劇《カルメン》から「前奏曲」「第 2 幕への間奏曲、第 3 幕への間奏曲、第 4 幕への間奏曲」「ファランドーレ」「パストラーレ」「ジプシーの踊り」「行進曲」

●ベルリン RSO ◆ 1956 年 9 月 13 〜 19 日▲ RIAS 室内 Cho ◎ CD(M)：DG ★★

■歌劇《カルメン》から「前奏曲」「ハバネラ」「母からの手紙」「セギディーリャ」「ジプシーの歌」「闘牛士の歌」「きけきけ仲間よ」「花の歌」「カルタの歌」「何を恐れることがありましょう」「行進曲」「終曲」

●バイエルン州立 O ◆ 1958 年 1 月 6 〜 12 日▲カルメン：O. ドミンゲス (Ms)、ドン・ホセ：J. シマンディ (T)、エスカミリョ：J. メッテルニヒ (Br)、ミカエラ：M. シュターダー (S)、フラスキータ：H. シュテフェク (S)、メルセデス：L. フェルザー (S)、レメンダート：P. キューン (T)、ダンカイロ：K. ヴェホーフシッツ (T)、バイエルン州立歌劇場 Cho ◎ CD(S)：DG

■歌劇《カルメン》から「前奏曲」「ハバネラ」「母からの手紙」「セギディーリャ」「第 2 幕への間奏曲」「ジプシーの歌」「花の歌」「第 3 幕への間奏曲」「カルタの歌」「何を恐れることがありましょう」「第 4 幕への間奏曲」「ファランドーレ」「パストラーレ」「ジプシーの踊り」「終曲」

●【R】RIAS-SO ◆ 1951 年 9 月 3、29 日、10 月 1 〜 5 日▲カルメン：M. クローゼ (Ms)、ドン・ホセ：R. ショック (T)、ミカエラ：E. トレッチェル (S)、フ

J. ブラームス (1833-1897)

■交響曲第 1 番 Op.68

●【L】スイス・ロマンド O ◆ 1956 年 2 月 8 日◎ CD(M)：Cascavelle ★★

●【L】北ドイツ RSO ◆ 1958 年 2 月 2、3 日◎ CD(M)：tahra ★★★

■交響曲第 1 番から第 4 楽章のリハーサルの一部

●【L】スイス音楽祭 O ◆ 1960 年 8 月◎ DVD(M)：Euroarts、ルツェルン音楽祭

■交響曲第 2 番 Op.73

●【L】ウィーン PO ◆ 1961 年 8 月 27 日◎ CD(M)：DG、ザルツブルク音楽祭 ★★

●【L】スイス・ロマンド O ◆ 1958 年 2 月 12 日◎ CD(M)：OSR 自主製作★

●【L】バイエルン州立 O ◆ 1958 年 5 月 12 日◎ CD(M)：ディスク・ル・フラン

●【R】RIAS-SO ◆ 1953 年 10 月 13 日◎ CD(M)：audite ★

■ハイドンの主題による変奏曲 Op.56a

●ベルリン RSO ◆ 1957 年 9 月 17、18 日◎ CD(M)：DG

●【R】RIAS-SO ◆ 1953 年 9 月 7 日◎ CD(M)：tahra ★★

■ヴァイオリンとチェロのための二重協奏曲 Op.101

●ベルリン RSO ◆ 1961 年 6 月 3 ～ 5 日▲ W. シュナイダーハン (Vn)、J. シュタルケル (Vc) ◎ CD(S)：DG

■ピアノ協奏曲第 1 番 Op.15

●【L】RIAS-SO ◆ 1953 年 4 月 19 日▲ C. ハンゼン (Pf) ◎ CD(M)：LUGATO ★

■ピアノ協奏曲第 2 番 Op.83

●ベルリン PO ◆ 1960 年 5 月 9 ～ 12 日▲ G. アンダ (Pf) ◎ CD(S)：DG ★★

●バイエルン州立 O? ◆ 1958 年 5 月 12 日？▲ G. アンダ (Pf) ◎ MP3(M)：Gazza Ladra

■ヴァイオリン協奏曲 Op.77

●【R】RIAS-SO ◆ 1951 年 10 月 8 日▲ G. デ・ヴィート (Vn) ◎ CD(M)：audite ★★

■ヴァイオリン協奏曲から第 2 楽章リハーサルの一部

●【L】ベルリン RSO ◆ 1961 年 4 月 25 日▲ Y. メニューイン (Vn) ◎ DVD(M)：medici arts

■アルト・ラプソディ Op.53

●【L】RIAS-SO◆1951年2月6日◎CD(M)：Gebhardt

■常動曲

●ベルリンPO◆1949年9月16日◎CD(M)：DG★

●【R】RIAS-SO◆1950年6月6～8日◎CD(M)：audite

■喜歌劇《スペードの女王》序曲

●【R】RIAS-SO◆1950年6月6～8日◎CD(M)：audite

■喜歌劇《こうもり》から「チック・タック・ポルカ」

●【R】RIAS-SO◆1952年10月28日◎CD(M)：audite★

■喜歌劇《ヴェネチアの夜》から「入り江のワルツ」

●【R】RIAS-SO◆1952年10月28日◎CD(M)：audite

■ワルツ《芸術家の生活》

●【R】RIAS-SO◆1950年6月6～8日◎CD(M)：audite

■ポルカ《浮気心》

●【R】RIAS-SO◆1952年10月28日◎CD(M)：audite

■ワルツ《酒、女、歌》

●【L】RIAS-SO◆1951年2月6日◎RIAS室内Cho◎CD(M)：Gebhardt

■喜歌劇《ジプシー男爵》から「すべてを名誉にかけて」「結婚の証人は」「哀しくも誠実なジプシーたち」

●【L】RIAS-SO◆1951年2月6日▲M.ムジアル(S)、P.アンダース(T)、RIAS室内Cho◎CD(M)：Gebhardt

■喜歌劇《ヴェネチアの夜》から「ゴンドラにお乗りなさい」

●【L】RIAS-SO◆1951年2月6日▲M.ムジアル(S)、P.アンダース(T)、RIAS室内Cho◎CD(M)：Gebhardt

■喜歌劇《こうもり》

●【R】RIAS-SO◆1949年11月1～8日、12月23日▲アイゼンシュタイン：P.アンダース(T)、ロザリンデ：A.シュレム(S)、アデーレ：R.シュトライヒ(S)、アルフレート：H.クレプス(T)、フランク：H.ヴォッケ(Br)、オルロフスキー：A.ミュラー(T)、ファルケ：H.ブラウアー(Br)、フロッシュ：H.ホッペ(S)、ブリンド：E.ヘイヤー(T)、イーダ：S.メンツ(S)、RIAS室内Cho◎CD(M)：audite★

●【R】サンフランシスコ SO◆1953 年 12 月 20 日◎ CDR(M) : FORGOTTEN RECORDS

■ワルツ《美しく青きドナウ》

●ベルリン RSO◆1961 年 2 月 2、8、9 日◎ CD(S)：DG★

●ベルリン PO◆1949 年 9 月 16 日◎ CD(M)：DG

●【R】RIAS-SO◆1949 年 11 月 1～8 日◎ CD(M)：audite

●【R】RIAS-SO◆1950 年 6 月 6～8 日◎ CD(M)：audite★★

■ポルカ《ハンガリー万歳》

●ベルリン RSO◆1961 年 2 月 2、8、9 日◎ CD(S)：DG★★

■ワルツ《ウィーンの森の物語》

●ベルリン RSO◆1961 年 2 月 2、8、9 日◎ CD(S)：DG

●【L】RIAS-SO◆1951 年 2 月 6 日◎ CD(M)：Gebhardt

■喜歌劇《ジプシー男爵》序曲

● RIAS-SO◆1952 年 9 月 10 日◎ CD(M)：DG

●【L】RIAS-SO◆1951 年 2 月 6 日◎ CD(M)：Gebhardt

■ワルツ《春の声》

● RIAS-SO◆1952 年 6 月 17 日◎ CD(M)：DG

●ベルリン PO◆1952 年 3 月 22 日▲ W. リップ (S) ◎ CD(M)：DG

●【R】RIAS-SO◆1950 年 6 月 6～8 日◎ CD(M)：audite

■ワルツ《朝刊》

● RIAS-SO◆1952 年 9 月 11 日◎ CD(M)：DG

■ワルツ《南国のバラ》

● RIAS-SO◆1952 年 6 月 8 日◎ CD(M)：DG

●【L】RIAS-SO◆1951 年 2 月 6 日◎ CD(M)：Gebhardt

■ワルツ《ウィーン気質》

●ベルリン PO◆1951 年 1 月 16 日◎ CD(M)：DG★

●【L】RIAS-SO◆1951 年 2 月 6 日◎ CD(M)：Gebhardt

●【R】サンフランシスコ SO◆1953 年 12 月 6 日◎ CDR(M) : FORGOTTEN RECORDS

■ピチカート・ポルカ

●ベルリン PO◆1950 年 7 月 4 日◎ CD(M)：DG

●【R】RIAS-SO◆1950 年 6 月 6～8 日◎ CD(M)：audite

●ベルリン PO ◆ 1960 年 1 月 23、24 日、2 月 2 日◎ CD(S)：DG ★★

●【R】サンフランシスコ SO ◆ 1953 年 12 月 6 日◎ CDR(M) : FORGOTTEN RECORDS

■連作交響詩《わが祖国》から「モルダウ」リハーサルと本番

●【R】シュトゥットガルト RSO ◆ 1960 年 6 月 14 日◎ CD(M)：DG、DVD(M)：EMI ★

■連作交響詩《わが祖国》から「ボヘミアの森と草原より」

●ベルリン PO ◆ 1953 年 6 月 30 日、7 月 1 日◎ CD(M)：DG ★★

J. シュトラウス二世 (1825-1899)

■喜歌劇《こうもり》序曲

●ベルリン RSO ◆ 1961 年 2 月 2、8、9 日◎ CD(S)：DG ★

● RIAS-SO ◆ 1952 年 6 月 10 日◎ CD(M)：DG ★★

●【R】RIAS-SO ◆ 1949 年 12 月 23 日◎ CD(M)：audite

●【L】RIAS-SO ◆ 1951 年 2 月 6 日◎ CD(M)：Gebhardt ★

●【R】サンフランシスコ SO ◆ 1953 年 11 月 29 日◎ CDR(M) : FORGOTTEN RECORDS ★

■アンネン・ポルカ

●ベルリン RSO ◆ 1961 年 2 月 2、8、9 日◎ CD(S)：DG ★

● RIAS-SO ◆ 1952 年 6 月 8 日◎ CD(M)：DG

●【L】RIAS-SO ◆ 1951 年 2 月 6 日◎ CD(M)：Gebhardt

■皇帝円舞曲

●ベルリン RSO ◆ 1961 年 2 月 2、8、9 日◎ CD(S)：DG ★

●【R】RIAS-SO ◆ 1950 年 6 月 6 ～ 8 日◎ CD(M)：audite

●【R】サンフランシスコ SO ◆ 1953 年 12 月 20 日◎ CDR(M) : FORGOTTEN RECORDS

■トリッチ・トラッチ・ポルカ

●ベルリン RSO ◆ 1961 年 2 月 2、8、9 日◎ CD(S)：DG ★★

● RIAS-SO ◆ 1952 年 6 月 8 日◎ CD(M)：DG

●【R】RIAS-SO ◆ 1950 年 6 月 6 ～ 8 日◎ CD(M)：audite

●【L】RIAS-SO ◆ 1951 年 2 月 6 日◎ CD(M)：Gebhardt ★

ラッター (A)、H. クレプス (T)、J. グラインドル (Bs)、聖ヘドヴィッヒ大聖堂聖歌隊、RIAS 室内 Cho ◎ CD(M)：Andromeda ★★

■アベ・マリア

●【L】RIAS-SO ◆ 1952 年 1 月 14 日▲聖ヘドヴィッヒ大聖堂聖歌隊、RIAS 室内 Cho ◎ CD(M)：DG

■スターバト・マーテル

●【L】RIAS-SO ◆ 1952 年 1 月 14 日▲聖ヘドヴィッヒ大聖堂聖歌隊、RIAS 室内 Cho ◎ CD(M)：DG

■聖母マリアを讃える歌

●【L】RIAS-SO ◆ 1952 年 1 月 14 日▲聖ヘドヴィッヒ大聖堂聖歌隊、RIAS 室内 Cho ◎ CD(M)：DG

■テ・デウム

●【L】RIAS-SO ◆ 1952 年 1 月 14 日▲聖ヘドヴィッヒ大聖堂聖歌隊、RIAS 室内 Cho ◎ CD(M)：DG

●【R】ケルン RSO ◆ 1953 年 3 月 30 日▲ケルン放送 Cho ◎ CD(M)：Archipel

C. グノー (1818-1893)

■歌劇《ファウスト》からバレエ音楽

●ベルリン RSO ◆ 1961 年 1 月 28 日～ 2 月 1 日◎ CD(S)：DG

■歌劇《ファウスト》からワルツ

●ベルリン RSO ◆ 1961 年 1 月 28 日～ 2 月 1 日◎ CD(S)：DG

■歌劇《ファウスト》から「故郷の土地を離れる時」

●ベルリン RSO ◆ 1961 年 4 月 17 ～ 21 日▲ D. フィッシャー＝ディースカウ (Br) ◎ CD(S)：DG

C. フランク (1822-1890)

■交響的変奏曲

●ベルリン RSO ◆ 1957 年 4 月 5、6 日▲ M. ウェーバー (Pf) ◎ CD(M)：DG

B. スメタナ (1824-1884)

■連作交響詩《わが祖国》から「モルダウ」

●ベルリン PO ◆ 1953 年 1 月 10、15 日◎ CD(M)：DG

CD(M)：Walhall

■歌劇《ドン・カルロ》から「呪わしき美貌」

●ベルリン RSO◆1957年1月18～22日▲H. テッパー(A)◎CD(M)：DG

●【R】バイエルン州立O◆1957年頃▲H. テッパー(A)◎web動画(M)

■歌劇《トロヴァトーレ》から「炎は燃えて」

●ベルリン RSO◆1957年1月18～22日▲H. テッパー(A)◎CD(M)：DG

■歌劇《運命の力》から「この中に私の運命がある」

●ベルリン RSO◆1961年4月17～21日▲D. フィッシャー＝ディースカウ(Br)◎CD(S)：DG

■歌劇《椿姫》から「プロバンスの海と陸」

●ベルリン RSO◆1961年4月17～21日▲D. フィッシャー＝ディースカウ(Br)◎CD(S)：DG

■歌劇《リゴレット》

●【R】RIAS-SO◆1950年9月20～30日▲マントヴァ公爵：R. ショック(T)、リゴレット：J. メッテルニヒ(Br)、ジルダ：R. シュトライヒ(S)、スパラフチーレ：F. ホッペ(Bs)、マッダレーナ：M. クローゼ(A)、ジョバンナ：S. メンツ(Ms)、モンテローネ伯爵：W. ラング(Br)、マルッロ：L. クレイン(Br)、マッテオ・ボルサ：R. ペータース(T)、チェプラーノ伯爵：O. ヒュンシュ(Bs)、伯爵夫人：S. メンツ(S)、RIAS室内Cho◎CD(M)：audite★

■歌劇《ファルスタッフ》第2幕第1場から「行くぞ、老練なジョンよ」～「それでは一緒に」

●RIAS-SO◆1951年1月4日▲ファルスタッフ：J. メッテルニヒ(Br)、フォード：D. フィッシャー＝ディースカウ(Br)、バルドルフォ：C.v. ダイク(T)、RIAS室内Cho◎CD(M)：DG★★

■レクイエム

●RIAS-SO◆1953年9月22～26日▲M. シュターダー(S)、M. ラデフ(A)、H. クレプス(T)、K. ボルイ(Bs)、聖ヘドヴィッヒ大聖堂聖歌隊、RIAS室内Cho◎CD(M)：DG★★

●【L】ベルリン RSO◆1960年10月23日▲M. シュターダー(S)、O. ドミンゲス(Ms)、G. カレッリ(T)、I. サルディ(Bs)、聖ヘドヴィッヒ大聖堂聖歌隊◎CD(M)：DG★★★

●【L】ベルリン市立歌劇場O◆1951年1月27日▲E. グリュンマー(S)、J. ブ

■歌劇《椿姫》第3幕

●【R】RIAS-SO◆1951年1月5～6日▲ヴィオレッタ：E. トレッチェル(S)、アンニーナ：H. ヘアフルート(S)、アレフレッド：P. アンダース(T)、父：J. メッテルニヒ(Br)、医師：J. グラインドル(Bs)、RIAS室内Cho◎CD(M)：audite★★

■歌劇《オテロ》冒頭～「ロデリーゴ、飲もう」

●【R】RIAS-SO◆1951年1月8日▲オテロ：P. アンダース(T)、カッシオ：C.v. ダイク(T)、イャーゴ：J. メッテルニヒ(Br)、モンターノ：E. ヘイヤー(Bs)、RIAS室内Cho◎CD(M)：audite★

■歌劇《オテロ》第2幕から「無慈悲な神の命ずるままに」「ある夜のこと」

●【L】バイエルン州立O◆1956年▲オテロ：B. アルデンホーフ(T)、イャーゴ：J. メッテルニヒ(Br)◎CD(M)：Gebhardt

■歌劇《オテロ》第4幕から「柳の歌とアヴェ・マリア」

●【R】RIAS-SO◆1951年1月3日▲デズデーモナ：E. トレッチェル(S)◎web動画(M)

■歌劇《オテロ》第4幕から「オテロの死」

●【R】RIAS-SO◆1951年1月8日▲オテロ：P. アンダース(T)◎CD(M)：audite

■歌劇《オテロ》バレエ音楽

●ベルリンRSO◆1960年1月28日～2月1日◎CD(S)：DG★

■歌劇《ドン・カルロ》

●【L】ベルリン市立歌劇場O◆1948年11月18日▲フィリッポ2世：J. グラインドル(Bs)、ドン・カルロ：B. グレヴェリウス(T)、ロドリーゴ：D. フィッシャー＝ディースカウ(Br)、宗教裁判長：J. ヘルマン(Bs)、修道士：H. ホフマン(Bs)、エリザベッタ：I. デムート(S)、エボーリ姫：J. ブラッター(Ms)、テバルド：E. ハフナゲル(S)、レルマ伯爵：G. ゲルハルト(T)、天からの声：E. ヒングスト(S)、ベルリン市立歌劇場Cho◎CD(M)：MYTO★

■歌劇《トロヴァトーレ》

●【R】ケルンRSO◆1953年4月▲マンリーコ：H. ホッペ(T)、レオノーラ：C. ゴルツ(S)、アズチェーナ：I. マラニウク(Ms)、ルーナ伯爵：J. メッテルニヒ(Br)、フェルランド：W. シルプ(Bs)、イネス：U. ケルプ(S)、ルイス：W. イェンケル(T)、シブシー：H. ホルン、ボーテ：A. ペイサング、ケルン放送Cho◎

(Ms)、舵取り：E. ヘフリガー (T)、オランダ人：J. メッテルニヒ (Br)、RIAS 室内Cho ◎ CD(M)：DG ★★

●【L】ベルリン市立歌劇場 O ◆ 1952 年 4 月 26 日▲ダーラント：G. フリック (Bs)、ゼンタ：H. ウェルス (S)、エリック：L. ズートハウス (T)、マリー：E. ハーゲマン (Ms)、舵取り：H. ヴィルヘルム (T)、オランダ人：J. ヘルマン (Br)、ベルリン市立歌劇場 Cho ◎ web 動画 (M)

■楽劇《ワルキューレ》

●【L】ベルリン市立歌劇場 O ◆ 1951 年 6 月 10 日▲ジークムント：L. ズートハウス (T)、フンディング：J. グラインドル (Bs)、ヴォータン：J. ヘルマン (Br)、ジークリンデ：M. ミュラー (S)、ブリュンヒルデ：P. ブーフナー (S)、フリスカ：M. クローゼ (Ms)、シュヴェルトライテ：C. シェプレン (S)、ヘルムヴィーゲ：F. フライク (S)、ジークルーネ：H. グローマン (S)、ゲルヒルデ：I. グルノウ (S)、オルリンデ：C. ブレスケ (S)、ヴァルトラウテ：F. シュマッツ (S)、グリムゲルデ：E. ハーゲマン (S)、ロスヴァイセ：E. ハフナゲル (S)、ベルリン市立歌劇場 Cho ◎ CD(M)：MYTO ★

G. ヴェルディ (1813-1901)

■歌劇《ナブッコ》序曲

● RIAS-SO ◆ 1952 年 10 月 16 日◎ CD(M)：DG ★

■歌劇《椿姫》第 1 幕前奏曲

● RIAS-SO ◆ 1953 年 6 月 27 ～ 29 日◎ CD(M)：DG ★★

■歌劇《椿姫》第 3 幕前奏曲

● RIAS-SO ◆ 1953 年 6 月 27 ～ 29 日◎ CD(M)：DG ★★

■歌劇《運命の力》序曲

● RIAS-SO ◆ 1953 年 6 月 26、27 日◎ CD(M)：DG ★★

■歌劇《シチリア島の晩鐘》序曲

● RIAS-SO ◆ 1952 年 3 月 21 日◎ CD(M)：DG

■歌劇《アイーダ》前奏曲

●【R】RIAS-SO ◆ 1953 年 4 月 14 日◎ CD(M)：DG ★

■歌劇《アイーダ》バレエ音楽

●【R】RIAS-SO ◆ 1954 年 1 月 14 日◎ CD(M)：DG ★

●ベルリン RSO ◆ 1960 年 1 月 28 日～ 2 月 1 日◎ CD(S)：DG ★

●【L】RIAS-SO◆1952年9月8日▲A. ブライロフスキー (Pf) ◎CDR(M)：St-Laurent Studio

R. シューマン (1810-1856)

■交響曲第1番《春》

●RIAS-SO◆1955年2月14、15日◎CD(M)：DG

■ピアノ協奏曲

●【L】RIAS-SO◆1951年5月15日▲A. コルトー (Pf) ◎CD(M)：audite★★

■チェロ協奏曲

●【L】スイス・ロマンドO◆1957年2月6日▲P. フルニエ (Vc) ◎CD(M)：Cascavelle

F. リスト (1811-1886)

■交響詩《前奏曲》

●ベルリンRSO◆1959年9月17～23日◎CD(S)：DG★

■ハンガリー狂詩曲第1番

●RIAS-SO◆1954年9月10、11日◎CD(M)：DG

■ハンガリー狂詩曲第2番

●RIAS-SO◆1954年9月10、11日◎CD(M)：DG

■ピアノ協奏曲第1番

●【L】RIAS-SO◆1952年2月11日▲S. チェルカスキー (Pf) ◎CD(M)：audite

■ピアノ協奏曲第2番

●【L】スイス・ロマンドO◆1956年2月8日▲A. チッコリーニ (Pf) ◎CD(M)：Relief

R. ワーグナー (1813-1883)

■《ジークフリート牧歌》

●【R】バイエルンRSO◆1957年7月1日◎web動画 (M)

■歌劇《さまよえるオランダ人》

●RIAS-SO◆1952年10月▲ダーラント：J. グラインドル (Bs)、ゼンタ：A. クーパー (S)、エリック：W. ヴィントガッセン (T)、マリー：G. ワーグナー

H. ベルリオーズ (1803-1869)

■序曲《ローマの謝肉祭》

●ラムルー O◆1952年3月11日◎CD(M)：DG

■歌劇《ファウストの劫罰》から「妖精の踊り」

●RIAS-SO◆1952年3月2日◎CD(M)：DG

■歌劇《ファウストの劫罰》から「鬼火のメヌエット」

●【R】サンフランシスコ SO◆1953年12月6日◎CDR(M)：FORGOTTEN RECORDS

■歌劇《ファウストの劫罰》から「ラコッツィ行進曲」

●ベルリン PO◆1950年7月4日◎CD(M)：DG★★

●ベルリン RSO◆1961年11月3日◎CD(S)：DG★★

●【R】サンフランシスコ SO◆1953年12月6日◎CDR(M)：FORGOTTEN RECORDS

J. シュトラウス一世（1804-1849)

■ラデツキー行進曲

●ベルリン RSO◆1961年2月2、8、9日◎CD(S)：DG★★

●RIAS-SO◆1952年6月7日◎CD(M)：DG

F. メンデルスゾーン (1809-1847)

■劇音楽《真夏の夜の夢》から

●ベルリン PO◆1950年6月29日、7月1、3、4日▲R. シュトライヒ (S)、D. エウストラーティ (A)、RIAS 室内 Cho◎CD(M)：DG

■ヴァイオリン協奏曲

●ベルリン RSO◆1956年9月19～23日▲W. シュナイダーハン (Vn)◎CD(M)：DG

■ヴァイオリン協奏曲から第3楽章一部

●ベルリン PO◆1960年▲Y. メニューイン (Vn)◎web 動画 (M)、映画《ザビーネと100人の男たち》サウンド・トラック

F. ショパン (1810-1849)

■ピアノ協奏曲第1番

E. ヘフリガー (T)、K. ボルイ (Bs)、聖ヘドヴィッヒ大聖堂聖歌隊、RIAS 室内 Cho ◎ CD(M)：DG ★★

●【L】RIAS-SO ◆ 1954 年 9 月 22 日▲ M. シュターダー (S)、M. ラデフ (A)、E. ヘフリガー (T)、K. ボルイ (Bs)、聖ヘドヴィッヒ大聖堂聖歌隊、RIAS 室内 Cho ◎ CD(M)：audite ★★

●【L】ケルン RSO ◆ 1953 年 3 月 30 日▲ E. グリュンマー (S)、M. イロスファイ (A)、W. ルートヴィヒ (T)、H. フェーン (Bs)、ケルン放送 Cho ◎ CD(M)：MELODRAM

●【L】北ドイツ RSO ◆ 1959 年 11 月 8、9 日▲ M. シュターダー (S)、M. ラデフ (A)、E. ヘフリガー (T)、G. フリック (Bs)、北ドイツ放送 Cho ◎ CD(M)：CANTUS CLASSICS ★★

F. シューベルト (1797-1828)

■交響曲第 7 番《未完成》

●ベルリン RSO ◆ 1957 年 9 月 18、19 日◎ CD(M)：DG

■交響曲第 8 番《ザ・グレート》

●【L】ヘッセン RSO ◆ 1955 年 11 月 4 日◎ CD(M)：tahra ★★★

■劇音楽《ロザムンデ》からバレエ音楽第 2 番

●【R】サンフランシスコ SO ◆ 1953 年 12 月 20 日◎ CDR(M) : FORGOTTEN RECORDS

G. ドニゼッテイ (1797-1848)

■歌劇《ランメルモールのルチア》

●【R】RIAS-SO ◆ 1953 年 1 月 22 ～ 28 日▲ルチア：M. シュターダー (S)、アリーサ：S. ワーグナー (A)、エドガルド：E. ヘフリガー (T)、エンリコ：D. フィッシャー＝ディースカウ (Br)、アルトゥール：K. ホルスト (T)、ライモンド：T. シュロット (Bs)、ノルマンノ：C.v. ダイク (T)、RIAS 室内 Cho ◎ CD(M)：audite ★★

■歌劇《ランメルモールのルチア》からルチアとエドカルドの二重唱

●【L】バイエルン州立 O ◆ 1957 年▲ルチア：E. ケート (S)、エドガルド：J. シマンディ (T) ◎ web 動画 (M)

G. ロッシーニ (1792-1868)

■歌劇《セビリアの理髪師》序曲

●RIAS-SO◆1954年1月5日◎CD(M)：DG★★

■歌劇《絹のはしご》序曲

●ベルリンPO◆1950年1月16日◎CD(M)：DG★★

●【R】ベルリンRSO◆1961年5月9日◎DVD(M)：medici arts★★

■歌劇《タンクレディ》序曲

●RIAS-SO◆1952年9月13日◎CD(M)：DG★

■歌劇《セミラーミデ》序曲

●RIAS-SO◆1951年9月20日◎CD(M)：DG★

■歌劇《ブルスキーノ氏》序曲

●RIAS-SO◆1951年9月19日◎CD(M)：DG

●【R】サンフランシスコSO◆1953年12月6日◎CDR(M)：FORGOTTEN RECORDS

■歌劇《ランスへの旅》序曲

●RIAS-SO◆1954年10月5日◎CD(M)：DG

●【L】シュトゥットガルトRSO◆1955年10月10日◎CD(M)：SWR-CLASSIC

■歌劇《アルジェのイタリア女》序曲

●ベルリンPO◆1949年9月15日◎CD(M)：DG

■歌劇《どろぼうかささぎ》序曲

●RIAS-SO◆1953年1月21日◎CD(M)：DG★

■歌劇《セビリアの理髪師》から「私は町の何でも屋」

●ベルリンRSO◆1957年1月18～22日▲J.メッテルニヒ(Br)◎CD(M)：DG

■歌劇《ウィリアム・テル》から「動いてはならぬ」

●ベルリンRSO◆1961年4月17～21日▲D.フィッシャー＝ディースカウ(Br)◎CD(S)：DG

■弦楽のためのソナタ

●【L】ローザンヌ室内O◆1951年11月19日◎CDR(M)：ETERNITIES

■スターバト・マーテル

●RIAS-SO◆1954年9月16～19日▲M.シュターダー(S)、M.ラデフ(A)、

■ピアノ協奏曲第 4 番 Op.58

●【L】スイス・ロマンド O ◆ 1961 年 5 月 24 日▲ W. バックハウス (Pf) ◎ CD(M)：VIBRATO ★★

■ピアノ、ヴァイオリン、チェロと管弦楽のための三重協奏曲 Op.56

●ベルリン RSO ◆ 1960 年 5 月 30 日〜 6 月 1 日▲ W. シュナイダーハン (Vn)、P. フルニエ (Vc)、G. アンダ (Pf) ◎ CD(S)：DG ★★

■ヴァイオリンと管弦楽のための《ロマンス》第 2 番 Op.50 一部

●ベルリン PO ◆ 1960 年▲メニューイン (Vn) ◎ web 動画 (M)、映画《ザビーネと 100 人の男たち》サウンド・トラック

■歌劇《フィデリオ》Op.72

●バイエルン州立 O ◆ 1957 年 5 月 30 日〜 6 月 12 日、7 月 11 日、9 月 24 日▲ドン・フェルナンド：K. エンゲン (Br)、ピツァロ：D. フィッシャー＝ディースカウ (Br)、フロレスタン：E. ヘフリガー (T)、レオノーレ：L. リザネック (S)、ロッコ：G. フリック (Bs)、マルツェリーネ：I. ゼーフリート (S)、ヤキーノ：F. レンツ (T)、バイエルン州立 Cho ◎ CD(S)：DG ★

●【L】スイス・ロマンド O ◆ 1951 年 11 月 6 日▲ H. ウェルス (S)、L. オットー (S)、L. パンチェフ (Bs)、J. メッテルニヒ (Br)、P. アンダース (T)、G. フリック (Bs)、K. ワイザー (T)、ジュネーヴ大劇場 Cho ◎ CD(M)：Relief

■歌劇《フィデリオ》第 2 幕

●【L】サンカルロ劇場 O ◆ 1951 年 4 月 11 日▲ D. ドウ (S)、P. アンダース (T)、M. ペトリ (Bs)、P. グエルフィ (Br)、I. リッコ (Br)、O. ロベレ (S)、サンカルロ劇場 Cho ◎ CD(M)：Gebhardt

C.M. ウェーバー (1786-1826)

■舞踏への勧誘

●ベルリン RSO ◆ 1961 年 2 月 14 日◎ CD(S)：DG ★★

■ピアノと管弦楽のための小協奏曲

●ベルリン RSO ◆ 1960 年 10 月 11、12 日▲ M. ウェーバー (Pf) ◎ CD(S)：DG ★

■クラリネット協奏曲

●ベルリン RSO ◆ 1957 年 9 月 25 日▲ H. ゴイザー (Cl) ◎ CD(M)：DG

■交響曲第 7 番 Op.92

●ベルリン PO ◆ 1960 年 10 月 3 〜 5 日◎ CD(S)：DG ★★

●【R】RIAS-SO ◆ 1953 年 1 月 19、20 日◎ CD(M)：audite ★

■交響曲第 8 番 Op.93

●ベルリン PO ◆ 1953 年 4 月 8、9 日◎ CD(M)：DG ★★

●【R】RIAS-SO ◆ 1954 年 1 月 11、12 日◎ CD(M)：audite ★

■交響曲第 9 番 Op.125

●ベルリン PO ◆ 1957 年 12 月 28 日〜 1958 年 1 月 2 日、4 月 28、29 日▲ I. ゼーフリート (S)、M. フォレスター (A)、E. ヘフリガー (T)、D. フィッシャー＝ディースカウ (Br)、聖ヘドヴィッヒ大聖堂聖歌隊◎ CD(S)：DG ★★

■交響曲第 9 番 Op.125 から第 4 楽章の一部

●【L】ストックホルム PO ◆ 1957 年 2 月 27 日◎ CD(M)：BIS

■《レオノーレ》序曲第 3 番 Op.72b

●ベルリン PO ◆ 1958 年 9 月 30 日◎ CD(S)：DG ★★

●【L】ベルリン RSO ◆ 1961 年 2 月 5 日◎ CD(M)：EMI ★

●【R】ベルリン RSO ◆ 1961 年 5 月 9 日◎ DVD(M)：medici arts ★★

●【L】サンカルロ劇場 O ◆ 1951 年 4 月 11 日◎ CD(M)：Gebhardt

●【L】スイス・ロマンド O ◆ 1951 年 11 月 6 日◎ CD(M)：Relief

●【R】RIAS-SO ◆ 1952 年 10 月 27 日◎ CD(M)：audite

■《エグモント》序曲 Op.84

●ベルリン PO ◆ 1958 年 9 月 29 日◎ CD(S)：DG ★

■ピアノ協奏曲第 2 番第 1 楽章 Op.19

●【R】サンフランシスコ SO ◆ 1953 年 11 月 29 日▲ L. フライシャー (Pf) ◎ CD(M)：DOREMI

■ピアノ協奏曲第 3 番 Op.37

●バイエルン州立 O ◆ 1957 年 12 月 3 日▲ A. フイッシャー (Pf) ◎ CD(S)：DG

●【L】バイエルン州立 O? ◆ 1957 年 12 月 2 日 ? ▲ A. フイッシャー (Pf) ◎ CD(M)：PALLADIO ★

※ CD の表記はベルリン RSO であるがバイエルン州立 O が正当と思われる。

●【L】ベルリン RSO ◆ 1961 年 2 月 5 日▲ G. アンダ (Pf) ◎ CDR(M)：PASSION、CONCENTRATION

●【L】ベルリン・ドイツ・オペラO◆1961年9月24日▲ドン・ジョヴァンニ：D. フィッシャー＝ディースカウ(Br)、レポレロ：W. ベリー(Bs)、騎士長：J. グラインドル(Bs)、ドンナ・アンナ：E. グリュンマー(S)、ドン・オッタービオ：D. グローブ(T)、ドンナ・エルヴィーラ：P. ローレンガー(S)、マゼット：I. サルディ(Bs)、ツェルリーナ：E. ケート(S)、ベルリン・ドイツ・オペラCho◎CD(M)：Golden Melodram★★、ベルリン・ドイツ・オペラこけら落とし

■歌劇《ドン・ジョヴァンニ》K.527から「ぶってよマゼット」

●ベルリンRSO◆1957年1月18～22日▲M. シュターダー(S)◎CD(M)：DG

■歌劇《ドン・ジョヴァンニ》K.527から「なんというひどいことを」「あの恩知らずが私を裏切った」

●【R】RIAS-SO◆1952年9月20日▲S. ダンコ(S)◎CD(M)：DG

■歌劇《魔笛》K.620

●RIAS-SO◆1955年6月1～15日▲ザラストロ：J. グラインドル(Bs)、タミーノ：E. ヘフリガー(T)、夜の女王：R. シュトライヒ(S)、パミーナ：M. シュターダー(S)、パパゲーノ：D. フィッシャー＝ディースカウ(Br)、パパゲーナ：R. オットー(S)、弁者、鎧男2：K. ボルイ(Bs)、モノスタトス：M. ヴァンティン(T)、僧1：W. ボルヒェルト(Bs)、僧2、鎧男1：H. ヴァンデンブルグ(Bs)、僧3：S. シュナイダー(Bs)、侍女1：M. シェヒ(S)、侍女2：L. ロッシュ(S)、侍女3：M. ローゼ(Ms)、童子1：M. ギョーム(S)、童子2：M. ライト(S)、童子3：D. エウストラーティ(S)、RIAS室内Cho、ベルリン・モテットCho◎CD(M)：DG★

L.W. ベートーヴェン (1770-1827)

■交響曲第1番Op.20

●ベルリンPO◆1953年1月9、10日◎CD(M)：DG★★

■交響曲第3番Op.55《英雄》

●ベルリンPO◆1958年10月7、13日◎CD(S)：DG★

●【L】ベルリンRSO◆1961年2月5日◎CD(M)：EMI★★★

■交響曲第5番Op.67

●ベルリンPO◆1961年9月25、26日◎CD(S)：DG★★★

●【L】ベルリンRSO◆1961年9月9日◎CDR(M)：En Larmes★★

ニングセン (Ms)、バジーリオ：P. キューン (T)、クルーツィオ：F. レンツ (T)、バルトロ：I. サルディ (Bs)、アントニオ：G. ヴィーター (Bs)、バルバリーナ：R. シュバイガー (S)、少女：H. テッパー (Ms)、少女：R. シュバイガー (S)、RIAS 室内 Cho ◎ CD(S)：DG ★

■歌劇《フィガロの結婚》K.492 から「手紙の二重唱」

●【R】RIAS-SO ◆ 1952 年 9 月 20 日▲ R. シュトライヒ (S)、S. ダンコ (S) ◎ CD(M)：DG

■歌劇《フィガロの結婚》K.492 から「恋人よ、早くここへ」

●ベルリン RSO ◆ 1957 年 1 月 18 ～ 22 日▲ M. シュターダー (S) ◎ CD(M)：DG

■歌劇《フィガロの結婚》より序曲のリハーサルの一部

●【L】バイエルン州立 O ◆ 1958 年 6 月 13 日◎ DVD(M)：medici arts

■歌劇《フィガロの結婚》K.492

●【R】ケルン RSO ◆ 1951 年 5 月 16 ～ 20 日▲伯爵：P. シェヒター (Br)、伯爵夫人：E. グリュンマー (S)、スザンナ：H. ギューデン (S)、フィガロ：E. クンツ (Br)、ケルビーノ：A. シュレム (Ms)、マルツェリーナ：L. ベニングセン (Ms)、バジーリオ：P. キューン (T)、クルーツィオ：W. カセック (T)、バルトロ：W. シルプ (Bs)、アントニオ：G. ヴィルヘルムス (Bs)、バルバリーナ：R. ファイゲルト (S)、少女：M.L. デニケ (S)、少女：H. イェンケル (S)、ケルン放送 Cho ◎ CD(M)：Relief

■歌劇《ドン・ジョヴァンニ》K.527

●ベルリン RSO ◆ 1958 年 9 月 15 ～ 26 日、10 月 9 日▲ドン・ジョヴァンニ：D. フィッシャー＝ディースカウ (Br)、レポレロ：K. コーン (Bs)、騎士長：W. クレッペル (Bs)、ドンナ・アンナ：S. ユリナッチ (S)、ドン・オッタービオ：E. ヘフリガー (T)、ドンナ・エルヴィーラ：M. シュターダー (S)、マゼット：I. サルディ (Bs)、ツェルリーナ：I. ゼーフリート (S)、RIAS 室内 Cho ◎ CD(S)：DG ★

●【R】ベルリン・ドイツ・オペラ O ◆ 1961 年 9 月 23 日▲ドン・ジョヴァンニ：D. フィッシャー＝ディースカウ (Br)、レポレロ：W. ベリー (Bs)、騎士長：J. グラインドル (Bs)、ドンナ・アンナ：E. グリュンマー (S)、ドン・オッタービオ：D. グローブ (T)、ドンナ・エルヴィーラ：P. ローレンガー (S)、マゼット：I. サルディ (Bs)、ツェルリーナ：E. ケート (S)、ベルリン・ドイツ・オペラ Cho ◎ DVD(M)：ARTHAUS ★★

パー (S)、E. ヘフリガー (T)、I. サルディ (Bs)、聖ヘドヴィッヒ大聖堂聖歌隊◎ CD(S)：tahra ★★

●ベルリン RSO ◆ 1959 年 9 月 30 日、10 月 4、10 日▲ M. シュターダー (S)、H. テッパー (S)、E. ヘフリガー (T)、I. サルディ (Bs)、聖ヘドヴィッヒ大聖堂聖歌隊◎ CD(S)：DG ★★

■レクイエム K.626

●【R】RIAS-SO ◆ 1951 年 3 月 5 日▲ E. グリュンマー (S)、G. ピッツィンガー (A)、H. クレプス (T)、H. ホッター (Bs)、聖ヘドヴィッヒ大聖堂聖歌隊、RIAS 室内 Cho ◎ CD(M)：DG ★

■歌劇《イドメネオ》K.366

●【L】ウィーン PO ◆ 1961 年 7 月 26 日▲イドメネオ：W. クメント (T)、イダマンテ：E. ヘフリガー (T)、エレットラ：E. グリュンマー (S)、イリア：P. ローレンガー (S)、アルバーチェ：R. カペッキ (Br)、高僧：E. ヴェヒター (T)、海神：G. リタシー (Bs)、ギリシャ人：I. シュタドラー (S)、ギリシャ人：M. ネッセル (S)、トロイア人：K. エクイルツ (Bs)、トロイア人：R. ケレンス (Bs)、ウィーン国立歌劇場 Cho ◎ CD(M)：DG ★★、ザルツブルク音楽祭

■歌劇《イドメネオ》K.366 バレエ音楽

●【R】RIAS-SO ◆ 1951 年 12 月 19 日◎ MP3(M)：Jube Classic ★

■歌劇《後宮からの誘拐》K.384

●【R】RIAS-SO ◆ 1949 年 12 月 19、21 日▲コンスタンツェ：S. バラバス (S)、ブロンドヒェン：R. シュトライヒ (S)、ベルモンテ：A. デルモータ (T)、ペドリルロ：H. クレプス (T)、オスミン：J. グラインドル (Bs)、セリム・パシャ：O. テルンブルク、RIAS 室内 Cho ◎ CD(M)：audite ★

● RIAS-SO ◆ 1954 年 5 月 16 ～ 24 日▲コンスタンツェ：M. シュターダー (S)、ブロンドヒェン：R. シュトライヒ (S)、ベルモンテ：E. ヘフリガー (T)、ペドリルロ：M. ヴァンティン (T)、オスミン：J. グラインドル (Bs)、セリム・パシャ：W. フランク、RIAS 室内 Cho ◎ CD(M)：DG ★★

■歌劇《フィガロの結婚》K.492

●ベルリン RSO ◆ 1960 年 9 月 12 ～ 22 日▲伯爵：D. フィッシャー＝ディースカウ (Br)、伯爵夫人：M. シュターダー (S)、スザンナ：I. ゼーフリート (S)、フィガロ：R. カペッキ (Br)、ケルビーノ：H. テッパー (Ms)、マルツェリーナ：L. ベ

●【R】RIAS-SO◆1954年1月11日▲C. ハスキル (Pf)◎CD(M)：DG★

●【L】RIAS-SO◆1954年1月10日▲C. ハスキル (Pf)◎CD(M)：audite★★

■ピアノ協奏曲第27番 K.595

●バイエルン州立O◆1957年5月7～9日▲C. ハスキル (Pf)◎CD(M)：DG、Ph★

■コンサートロンド K.382

●バイエルン州立O◆1959年9月26、27日▲A. フィッシャー (Pf)◎CD(S)：DG★

■コンサートロンド K.386

●バイエルン州立O◆1959年9月26、27日▲A. フィッシャー (Pf)◎CD(S)：DG★

■フルートとハープのための協奏曲 K.299

●【L】RIAS-SO◆1952年3月17日▲H. シュミット (Fl)、I. ヘルミス (Hrp)◎CD(M)：tahra

■クラリネット協奏曲 K.622

●ベルリン RSO◆1957年9月20日▲H. ゴイザー (Cl)◎CD(M)：DG

■ファゴット協奏曲 K.191

●【R】RIAS-SO◆1951年12月10日▲J. ツター (Fg)◎CD(M)：DG

■管楽器のための協奏交響曲 K.297

●【R】RIAS-SO◆1952年6月9日▲H. テトヒャー (Ob)、H. ゴイザー (Cl)、J. ツター (Fg)、K. ブランク (Hr)◎CD(M)：DG★

■モテット《踊れ喜べ幸いなる魂よ》K.165

●RIAS-SO◆1954年1月3、4日▲M. シュターダー (S)◎CD(M)：DG★

●ベルリン RSO◆1960年6月3、4日▲M. シュターダー (S)◎CD(S)：DG★★

■ヴェスペレ《主を讃えよ》K.339

●ベルリン RSO◆1960年6月3、4日▲M. シュターダー (S)◎CD(S)：DG★★

■大ミサ K.427よりリハーサルの一部

●【L】ベルリン RSO◆1959年9月28日▲M. シュターダー (S)、H. テッパー (S)、E. ヘフリガー (T)、I. サルディ (Bs)、聖ヘドヴィッヒ大聖堂聖歌隊◎DVD(M)：medici arts

■大ミサ K.427

●【L】ベルリン RSO◆1959年9月29日▲M. シュターダー (S)、H. テッ

●【L】RIAS-SO◆1952年3月17日◎CD(M)：audite★

■交響曲第41番K.551《ジュピター》

●【R】RIAS-SO◆1951年12月10日◎MP3(M)：Jube Classic★★

●RIAS-SO◆1953年9月9～11日◎CD(M)：DG★★

●ウィーンSO◆1961年3月12、13日◎CD(S)：DG★

■カッサシオンK.63

●【R】RIAS-SO◆1954年4月28、29日◎CD(M)：DG

■セレナーデ第6番K.239《セレナータ・ノットゥルナ》

●【L】RIAS-SO◆1951年2月28日◎CD(M)：DG

●【L】ローザンヌ室内O◆1951年11月19日◎CDR(M)：ETERNITIES

■ディヴェルティメントK.247から第1～3、6、7楽章

●【R】RIAS-SO◆1952年9月12日◎CD(M)：DG

■ディヴェルティメントK.334

●【L】RIAS-SO◆1951年9月24日◎CD(M)：DG★

■セレナーデ第11番K.375

●【R】RIAS-SO◆1952年9月20日◎CD(M)：DG

■フリーメーソンのための葬送音楽K.477

●ベルリンRSO◆1960年1月29日◎CD(S)：DG★★

■《音楽の冗談》K.522

●【R】RIAS-SO◆1954年4月28、29日◎CD(M)：DG

■アイネ・クライネ・ナハトムジークK.525

●ベルリンPO◆1958年4月29、30日◎CD(S)：DG★★

■アダージョとフーガK.546

●ベルリンRSO◆1960年1月29日◎CD(S)：DG★★

■歌劇《コシ・ファン・トゥッテ》序曲K.588

●【R】RIAS-SO◆1951年1月18日◎CD(M)：EMI★

■ピアノ協奏曲第19番K.459

●ベルリンPO◆1955年9月21、22日▲C.ハスキル(Pf)◎CD(M)：DG、Ph★

●【L】ケルンRSO◆1952年5月30日▲C.ハスキル(Pf)◎CD(M)：Medici Masters★★

●【R】RIAS-SO◆1953年1月20日▲C.ハスキル(Pf)◎CD(M)：audite★

■ピアノ協奏曲第20番K.466

聖堂聖歌隊◎ CD(M、〈冬〉のみ S)：DG ★★★

W.A. モーツァルト (1756-1791)

■交響曲第 1 番 K.16

●【R】RIAS-SO ◆ 1952 年 5 月 2 日◎ CD(M)：DG ★

■交響曲第 4 番 K.19

●【R】RIAS-SO ◆ 1952 年 5 月 2 日◎ CD(M)：DG ★

■交響曲第 5 番 K.22

●【R】RIAS-SO ◆ 1952 年 5 月 2 日◎ CD(M)：DG ★

■交響曲第 6 番 K.43

●【R】RIAS-SO ◆ 1952 年 5 月 2 日◎ CD(M)：DG ★

■交響曲第 7 番 K.45

●【R】RIAS-SO ◆ 1952 年 5 月 2 日◎ CD(M)：DG ★

■交響曲第 8 番 K.48

●【R】RIAS-SO ◆ 1952 年 5 月 2 日◎ CD(M)：DG ★

■交響曲第 9 番 K.73

●【R】RIAS-SO ◆ 1952 年 5 月 2 日◎ CD(M)：DG ★

■交響曲第 23 番 K.181

●【R】RIAS-SO ◆ 1951 年 11 月 29 日◎ CD(M)：DG ★

■交響曲第 27 番 K.199

●【R】RIAS-SO ◆ 1952 年 10 月 8 日◎ CD(M)：DG ★

■交響曲第 29 番 K.201

● RIAS-SO ◆ 1955 年 9 月 30 日、10 月 1 日◎ CD(M)：DG

●【L】RIAS-SO ◆ 1955 年 5 月 31 日◎ CD(M)：audite

●ウィーン SO ◆ 1961 年 3 月 13、23 日◎ CD(S)：DG ★★

■交響曲第 35 番 K.385《ハフナー》

● RIAS-SO ◆ 1952 年 9 月 12 日◎ CD(M)：DG ★

■交響曲第 39 番 K.543

●ウィーン SO ◆ 1959 年 11 月 29、30 日、12 月 8 日◎ CD(S)：DG ★

●【R】RIAS-SO ◆ 1950 年 5 月 3 日◎ CD(M)：audite

■交響曲第 40 番 K.550

●ウィーン SO ◆ 1959 年 11 月 26、29 日◎ CD(S)：DG ★★★

トライヒ (S)、RIAS 室内 Cho ◎ CD(M)：DG ★★

J. ハイドン (1732-1809)

■交響曲第 44 番《悲しみ》

● RIAS-SO ◆ 1953 年 6 月 20 日◎ CD(M)：DG ★

●【L】ケルン RSO ◆ 1953 年 10 月 5 日◎ CD(M)：audite ★

■交響曲第 48 番《マリア・テレジア》

●【R】RIAS-SO ◆ 1951 年 8 月 30 日、9 月 1 日◎ CD(M)：DG ★

■交響曲第 53 番《帝国》

●【R】RIAS-SO ◆ 1951 年 8 月 30 日、9 月 1 日◎ MP3(M)：Gaza Ladra ★

■交響曲第 95 番

● RIAS-SO ◆ 1953 年 9 月 8、9 日◎ CD(M)：DG ★

■交響曲第 98 番

● RIAS-SO ◆ 1954 年 9 月 14、16 日◎ CD(M)：DG

●【L】ケルン RSO ◆ 1952 年 6 月 23 日◎ CD(M)：audite

■交響曲第 100 番《軍隊》

●【R】RIAS-SO ◆ 1954 年 5 月 4 日◎ CD(M)：DG

■交響曲第 101 番《時計》

● RIAS-SO ◆ 1951 年 9 月 18、19 日◎ CD(M)：DG ★

●【L】ボストン SO ◆ 1953 年 11 月◎ CDR(M)：Theatre Disques ★★

※ CDR には、953.12.2 と表記されているが、1953.11.13 ～ 16 のいずれかの日と思われる

●【L】ローザンヌ室内 O ◆ 1951 年 11 月 19 日◎ CDR(M)：ETERNITIES

■テ・デウム

●ベルリン RSO ◆ 1961 年 9 月 30 日、10 月 1 日▲北ドイツ放送 Cho、RIAS 室内 Cho ◎ CD(S)：DG ★★★

■オラトリオ《四季》

● RIAS-SO ◆ 1952 年 1 月 21 ～ 28 日▲ハンネ：E. トレッチェル (S)、ルーカス：W. ルートヴィヒ (T)、シモン：J. グラインドル (Bs)、聖ヘドヴィッヒ大聖堂聖歌隊、RIAS 室内 Cho ◎ CD(M)：DG

●【L】ベルリン RSO ◆ 1961 年 11 月 11 日▲ハンネ：M. シュターダー (S)、ルーカス：E. ヘフリガー (T)、シモン：J. グラインドル (Bs)、聖ヘドヴィッヒ大

資料　ディスコグラフィ

作曲家は生年順

記載順　●オーケストラ、◆録音年月日、▲共演者、◎メディア (MorS)：レーベル

筆者の評価（良い順に三ツ星～無星）

凡例　O：管弦楽団、PO：フィルハーモニー管弦楽団、SO：交響楽団、RSO：放送交響楽団、Cho：合唱団、L：ライヴ録音、R：放送録音 (無記入は商用録音)、M：モノラル録音、S：ステレオ録音

※商品化されていないが YouTube 等ウェブサイトから視聴できるものも含む（メディア欄に web 動画と表記）

※ 2023 年 1 月現在

G.F. ヘンデル (1685-1759)

■ハープ協奏曲

●ベルリン RSO ◆ 1957 年 1 月 14 ～ 16 日◎ CD(M)：DG ★

■オラトリオ《ユダス・マカベウス》

●【L】RIAS-SO ◆ 1954 年 5 月 10 日▲ユタス・マカベウス：E. ヘフリガー (T)、イスラエルの女：M. シュターダー (S)、イスラエルの女：E. ハートビック (A)、シモン：D. フィッシャー＝ディースカウ (Br)、イスラエルの男：C.v. ダイク (T)、聖ヘドヴィッヒ大聖堂聖歌隊、RIAS 室内 Cho ◎ CD(M)：Cantus Classics ★★

■オラトリオ《サムソン》

●【L】RIAS-SO ◆ 1955 年 9 月 18 日▲サムソン：E. ヘフリガー (T)、デリラ：M. シュターダー (S)、ミカ：M. ヘフゲン (A)、マノア：K. ボルイ (Bs)、ハラファ：H. レーフス (Bs)、ペリシテの女：M. ライト (S)、聖ヘドヴィッヒ大聖堂聖歌隊、RIAS 室内 Cho ◎ CD(M)：Urania Arts ★

C.G. グルック (1714-1787)

■歌劇《オルフェオとエウリディーチェ》

●ベルリン RSO ◆ 1956 年 9 月 8 ～ 12 日▲オルフェオ：D. フィッシャー＝ディースカウ (Br)、エウリディーチェ：M. シュターダー (S)、アモーレ：R. シュ

著者プロフィール

大脇 利雄（おおわき　としお）

1958年6月、群馬県安中市生まれ。1982年、筑波大学第一学群自然学類（数学主専攻）卒業。同年日本国有鉄道入社、1987年、国鉄分割・民営化に伴い東日本旅客鉄道株式会社に入社、安全対策部門で16年勤めた後、籠原運輸区副区長、安中榛名駅長を歴任。2011年、ＪＲ東日本メカトロニクス株式会社に出向、2019年６月、定年で退職。

吾妻線ＣＴＣ（列車集中制御装置）の信号を操作する時期をアラームで知らせるプログラムをＢＡＳＩＣで作成
高鉄運転史『轣轆114』編集委員、原稿の一部を担当、また数枚の写真を提供
書籍『伝説の指揮者フェレンツ・フリッチャイ　自伝・音楽論・讃辞・記録・写真』（アルファベータブックス）では資料を提供
ウェブサイト「My Favorite Fricsay」 を開設

フェレンツ・フリッチャイ　理想の音楽を追い続けて
2023年　2月20日　第1刷発行

著　者　　大脇利雄
発行人　　春日俊一
発行所　　株式会社 アルファベータブックス
〒102-0072 東京都千代田区飯田橋2-14-5
Tel 03-3239-1850　Fax 03-3239-1851
website http://alphabetabooks.com　e-mail alpha-beta@ab-books.co.jp

装　幀　佐々木正見
印　刷　株式会社 エーヴィスシステムズ
製　本　株式会社 難波製本
用　紙　株式会社 鵬紙業

ISBN 978-4-86598-105-6　C0073

アルファベータブックスの本

伝説の指揮者フェレンツ・フリッチャイ

自伝・音楽論・讃辞・記録・写真　《叢書・20世紀の芸術と文学》

ISBN978-4-87198-312-9 (15・03)

フェレンツ・フリッチャイ 著　フリードリヒ・ヘルツフェルト 編　野口 剛夫 訳・編

音楽に魂を捧げた指揮者が書き遺した、「モーツァルトとバルトーク」論。

他に、自伝的エッセイ、共演者・関係者による追悼文、生涯にわたる写真、演奏、録音記録を収録。　Ａ５判上製　3520円(税込)

時代を超えて受け継がれるもの——ピアニストが語る！

《現代の世界的ピアニストたちとの対話 第五巻》

ISBN978-4-86598-099-8 (22・12)

焦 元溥 著　森岡 葉 訳

人気シリーズ第5弾！イェルク・デームス、パウル・バドゥラ＝スコダ、メナヘム・プレスラー…計14人の世界的ピアニストたちがインタビューに応じ、芸術、文化、政治、社会、家庭、人生について語る！　四六判並製　3960円(税込)

セザール・フランク

ISBN978-4-86598-103-2 (22・12)

ヴァンサン・ダンディ著　佐藤 浩 訳

フランク生誕200年記念出版。フランクの高弟で作曲家のヴァンサン・ダンディが、敬愛する師のために筆をとった思い出の書。伝記としてだけではなく、優れた芸術論・教育論としても読める名著。昭和28年刊行の音楽之友社版を復刊。　四六判並製　2750円(税込)

新版 名曲この一枚

ISBN978-4-86598-093-6 (22・01)

西条 卓夫 著

戦前から1980年代まで「DISQUES」、「芸術新潮」、「ラジオ技術」でレコード評を執筆。レコードに対する感動をあけっぴろげな名文で綴り、多くのファンを魅了してきた「盤鬼」こと西条卓夫の名著を新版として刊行！　新たに「藝術新潮」に掲載された随筆11本を収録。　四六判並製　2750円(税込)